Las poetas cubanas: lo cubano, lo contemporáneo

Latin America
Interdisciplinary Studies

Gladys M. Varona-Lacey
General Editor

Vol. 39

The Latin America series is part of Peter Lang Humanities list.
Every volume is peer reviewed and meets
the highest quality standards for content and production.

PETER LANG
New York • Berlin • Brussels • Lausanne • Oxford

Milena Rodríguez Gutiérrez

Las poetas cubanas: lo cubano, lo contemporáneo

PETER LANG
New York • Berlin • Brussels • Lausanne • Oxford

Library of Congress Cataloging-in-Publication Control Number: 2022029499

Bibliographic information published by **Die Deutsche Nationalbibliothek**.
Die Deutsche Nationalbibliothek lists this publication in the "Deutsche Nationalbibliografie"; detailed bibliographic data are available on the Internet at http://dnb.d-nb.de/.

ISSN 1524-7805
ISBN 978-1-4331-8814-5 (paperback)
ISBN 978-1-4331-8816-9 (ebook pdf)
ISBN 978-1-4331-8817-6 (epub)
DOI 10.3726/b20011

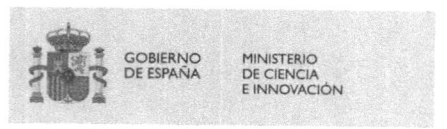 

Este libro ha sido financiado por el Ministerio de Ciencia e Innovación de España / Agencia Estatal de Investigación (AEI) y el Fondo Europeo de Desarrollo Regional (FEDER), en el marco del proyecto de investigación estatal "Las poetas hispanoamericanas: identidades, feminismos, poéticas (Siglos XIX–XXI)" (FEM2016-78148-P)

© 2023 Peter Lang Publishing, Inc., New York
80 Broad Street, 5th floor, New York, NY 10004
www.peterlang.com

All rights reserved.
Reprint or reproduction, even partially, in all forms such as microfilm, xerography, microfiche, microcard, and offset strictly prohibited.

Dedico este libro a las profesoras e investigadoras que me acompañaron en el trabajo del Proyecto "Las poetas hispanoamericanas: identidades, feminismos, poéticas (Siglos XIX-XXI"), desde 2014 hasta 2021; compañeras y hoy, también, amigas; especialmente, a María Lucía Puppo, Alicia Salomone, Tania Pleitez Vela, María Ángeles Pérez López, María Cecilia Graña, María A. Salgado, Márgara Russotto y Luisa Campuzano.

Dedico también el libro a la memoria de Raquel Romeu, estudiosa de las escritoras cubanas, profesora y amiga, y a Gladys M. Varona-Lacey, con el agradecimiento por su confianza en mi trabajo y por su amable acogida, una vez más, en la colección "Latin America: Interdisciplinary Studies", de la Editorial Peter Lang.

Y a Fina García Marruz, *in memoriam*

La poesía es un abrirse del ser hacia dentro y hacia afuera al mismo tiempo. Es un oír en el silencio y un ver en la oscuridad. La música callada, la soledad sonora
María Zambrano

Sólo la poesía tiene el secreto de la fidelidad al ser y saber atravesar las lindes sin destruirlas, como la luz al cristal.
Fina García Marruz

Índice

Las poetas cubanas: lo cubano, lo contemporáneo. Reflexiones, introducción, coordenadas ix

I. Del XIX al modernismo

1. El deseo y el cocuyo: sobre lo cubano en la poesía de Gertrudis Gómez de Avellaneda 3

2. Las respuestas de Carolina Coronado y Luisa Pérez de Zambrana ante la polémica en torno al género en Gertrudis Gómez de Avellaneda (Una lectura transatlántica) 21

3. Modernismo y modernidades en los últimos poemas de Mercedes Matamoros 45

4. La construcción del yo femenino y de la feminidad en el modernismo: el caso de Alma Rubens 61

II. De las Vanguardias y *Orígenes* a la actualidad

5. La dimensión poética en los *Cuentos Negros de Cuba*: la "antropoesía" de Lydia Cabrera ... 77

6. Lo entrañable *versus* lo siniestro: Fina García Marruz corrige a Freud ... 91

7. Las *entrevisiones* de Fina García Marruz: a propósito del poemario *Viaje a Nicaragua* (1987) ... 101

8. Cosas que no estaban o casi no existían: poéticas del espacio y el tiempo en las poetas cubanas ... 119

9. Dos poéticas del exilio cubano. Nivaria Tejera y Magali Alabau: París / Nueva York o el espacio que *no* es ... 133

10. El texto / la tela: *El libro de las clientas* y la poética de Reina María Rodríguez ... 155

11. Poéticas del bolso: reflexiones metapoéticas en Carilda Oliver, Fina García Marruz, Reina María Rodríguez y Damaris Calderón ... 165

Anexos ... 185

Las poetas cubanas: lo cubano, lo contemporáneo. Reflexiones, introducción, coordenadas

Sería una lástima terrible que las mujeres escribieran como los hombres, o vivieran como los hombres, o se parecieran físicamente a los hombres, porque dos sexos son ya pocos, dada la vastedad y variedad del mundo; ¿Cómo nos la arreglaríamos con uno solo?

Virginia Woolf, *Una habitación propia* 121

Este libro constituye un acercamiento a la escritura de las poetas cubanas, desde el siglo XIX hasta la actualidad. Se presenta aquí una genealogía poética femenina, aunque hay que decir que esta genealogía es fragmentaria y parcial, incluso dentro de la propia poesía escrita por mujeres en Cuba.

En este sentido, este libro se inscribe en la misma línea de la antología *Otra Cuba secreta. Antología de poetas cubanas del XIX y del XX* (Verbum, Madrid), que publiqué en 2011; una antología, sin duda, más abarcadora que estos ensayos, pero que suponía también una selección parcial. No se trata así de una historia ni de un recorrido que pretenda abarcar a todas las poetas de la isla. Sino de un libro más específico, que se configura a partir de dos conceptos o categorías: lo cubano, es decir, la cubanidad, y lo contemporáneo. Lo que se propone es rastrear, desde diversas perspectivas o ángulos, la presencia de estas categorías en la escritura de algunas, de varias poetas cubanas que considero significativas y muy relevantes dentro de la literatura cubana, sin que mi elección suponga que dichas categorías no puedan también ser halladas en la obra de otras autoras de la isla, ni tampoco que las aquí reunidas sean las únicas poetas significativas dentro de la poesía cubana. A esta selección, de nombres y textos, pueden añadirse, sin duda, otros.

La genealogía propuesta tiene, por supuesto, sus propósitos. Por una parte, está en sintonía con cierta intención de Virginia Woolf cuando, en *Una habitación propia*, hablaba de su deseo de "añadir un suplemento a la Historia" (65), con "un nombre muy discreto", decía ella, "para que las mujeres pudieran figurar en él sin impropiedad" (65). O sea, este libro podría pensarse como un *discreto suplemento* a los estudios y la crítica sobre poesía cubana, un *suplemento* que se ocupa de la escritura poética de las mujeres, y en concreto, de aquella relacionada con los conceptos mencionados. Pero este *discreto suplemento* se identifica también con Rosi Braidotti: intento, a partir del análisis de la escritura poética, "[...] poner en práctica, aquí y ahora, un modo de representación donde el hecho de ser mujer connote una fuerza política positiva y autoafirmante" (45).

Estos dos propósitos se conjugan, asimismo, con una defensa y apuesta por la poesía, en tiempos en los que esta ha pasado a ocupar un lugar poco sobresaliente dentro de los estudios literarios. En mi opinión, la siguiente idea de Johannes Pfeiffer sobre la especificidad y la relevancia de la poesía sigue siendo válida:

> La poesía logra algo que el impresionismo pictórico jamás podría ni siquiera intentar: logra abarcar de un aletazo la totalidad de lo existente, conjurar de un golpe lo más cercano y lo más lejano. Aquello que para nuestra experiencia está y permanecerá siempre rígidamente separado se une y mezcla en virtud del hechizo poético. (40)

Lo cubano y lo contemporáneo, que podrían pensarse, en buena medida, como lo más cercano y lo más lejano (lugares que cabe alternar) pueden lograr acercarse, mezclarse, a través de la poesía. Porque la poesía, esa especie peculiar de oxímoron, es, como dijera María Zambrano, "un abrirse del ser hacia dentro y hacia afuera al mismo tiempo. Es un oír en el silencio y un ver en la oscuridad. 'La música callada. La soledad sonora'" ("Poesía" 110)

Estos ensayos proponen, entonces, dar cuenta de cómo diversas poetas cubanas han dejado huella, en su escritura poética, de determinados aspectos que bordean lo cubano o lo contemporáneo, bien formulando estos conceptos de manera directa o explícita (fundamentalmente lo cubano o la cubanía) o bien de manera implícita o indirecta (en este caso, lo contemporáneo). Aclaro, además, que en el título del libro se constituye una relación de yuxtaposición entre estos dos términos; sin embargo, hubiera valido, vale también, a menudo, presentarlos como un único término compuesto, es decir, lo cubano contemporáneo o, de otro modo, lo contemporáneo cubano.

En los ensayos que conforman el libro se explora la elaboración de lo cubano en la poesía de varias autoras de la isla (Avellaneda y García Marruz, de manera directa; Rubens / Poveda y Cabrera, de modo más indirecto). Y, por otra parte, se examinan conceptos como los siguientes: feminismos, construcción de la subjetividad femenina; exilio y otros vinculados con las propias poéticas (espacio, tiempo, metapoesía); conceptos relacionados con la contemporaneidad.

Estos ensayos tienen, o pretenden tener, una unidad, pero poseen también autonomía, por lo que pueden leerse de manera independiente. Como sucede en un libro anterior, *Entre el cacharro doméstico y la Vía Láctea. Poetas cubanas e hispanoamericanas* (Renacimiento, Sevilla, colección Iluminaciones, 2012), antecedente de este trabajo, en estos ensayos se privilegian los textos por encima de las propias autoras; de este modo, es en los textos poéticos, en la escritura, donde intento rastrear esas huellas de la cubanía y/o de la contemporaneidad.

La primera parte del libro, titulada "Del XIX al modernismo", se aproxima a cuatro poetas de esos períodos históricos y literarios: Gertrudis Gómez de Avellaneda, Luisa Pérez de Zambrana, Mercedes Matamoros y una poeta peculiar, cuya existencia es exclusivamente textual: Alma Rubens, heterónimo del poeta postmodernista José Manuel Poveda; aparece además en esta parte una autora del Romanticismo español, Carolina Coronado, debido a sus vínculos con Avellaneda dentro de la poesía española. También se oyen aquí las voces de Delmira Agustini y de Dulce María Loynaz.

Dos movimientos literarios, romanticismo y modernismo, constituyen el fondo, o el contexto, de esta primera parte. Vale la pena llamar la atención, brevemente, sobre algunos aspectos relacionados con la escritura de las mujeres poetas, y con la escritura de estas poetas en particular, dentro de estos dos movimientos.

Al referirme al romanticismo, me remito a Susan Kirkpatrick, quien señala que la fecha en que se conforma la tradición de la autoría femenina en España, en la que intervienen la problemática de la subjetividad y el sexo, es 1841 (11); es decir, el mismo año en que Gertrudis Gómez de Avellaneda publica en Madrid la primera edición de sus *Poesías*, y también su primera novela, *Sab*. Al decir de Kirkpatrick, en España, en este período romántico, las mujeres poetas, y fundamentalmente Avellaneda y Carolina Coronado, reescriben "como femenino el yo romántico de la poesía lírica" (45), con lo que inauguran "una tradición desconocida y no estudiada de literatura femenina" (45). Hablar de Avellaneda es hablar así de una fundadora, fundadora de la tradición de la literatura femenina en España y, por supuesto, en Cuba.

Sobre el modernismo y la presencia de las poetas en este movimiento literario, quiero recordar las palabras de Catharina Vallejo en su excelente estudio sobre las poetas modernistas cubanas, donde destaca "[...] cómo esas mujeres invirtieron su discurso con significaciones diferentes en un proceso de resemantización, al apropiarse de la tradición y del discurso modernistas masculinos —y profundamente patriarcales— y al subvertir esa tradición para usarla en pro de la afirmación femenina" (9). La observación de Catharina Vallejo apuntala lo que dijera Sylvia Molloy de Delmira Agustini y de su particular cisne: que la uruguaya emplea diversas intensidades y tonalidades del rojo —sustituyendo el azul dariano— para crear un cisne singular y muy personal (Molloy, "Dos lecturas").

Se trata, en definitiva, en el Romanticismo, y en el modernismo, según las especificidades de cada movimiento, y a partir de las construcciones de cada una de estas poetas, de re-semantizar, de re-significar, de subvertir, más o menos explícitamente, la tradición literaria.

Mercedes Matamoros y Alma Rubens son ejemplos representativos de ese modernismo cubano con nombre de mujer y de esos propósitos de resignificación de la tradición literaria. Dulce María Loynaz, vista a menudo como la última poeta postmodernista, y quien se consideró a sí misma una navegante solitaria, que habitó en Cuba en un exilio interior, está a caballo entre el postmodernismo y las vanguardias, y a caballo, también, entre las dos parte de este libro.

La segunda parte, titulada "De las Vanguardias y Orígenes a la actualidad", abarca un conjunto mayor de escritoras y de capítulos: Lydia Cabrera, Dulce María Loynaz (nuevamente), Carilda Oliver Labra, Fina García Marruz (en varias ocasiones y facetas), Isel Rivero, Nivaria Tejera, Magali Alabau (más de una vez), Lina de Feria, Reina María Rodríguez (también más de una vez) y Damaris Calderón.

Subrayo que esta parte comienza en el período de las vanguardias, donde la escasa presencia de las mujeres escritoras y poetas es notoria. Según afirmara George Yúdice en 1992, hasta esos años se habían reconocido muy pocos nombres de mujeres vanguardistas en la literatura latinoamericana, con algunas excepciones, como los de la argentina Norah Lange o la peruana Magda Portal. Hasta fechas recientes, no se concebía, tampoco, que debiera considerarse el aspecto de la identidad sexual en el examen de esta literatura. Escribe Yúdice en este sentido: "la crítica literaria suponía que la mujer poco tenía que ver con la ruptura" (184). Lydia Cabrera, que escribió su obra dentro de la llamada tendencia negrista, rupturista como pocos escritores dentro de la literatura cubana, aunque de un vanguardismo sui géneris, estaría entre estas mujeres de vanguardia. Acaso sea Lydia Cabrera la máxima representante de este movimiento en Cuba, aunque no sé si la crítica cubana estaría de acuerdo con esta hipótesis.

Las coordenadas que rodean los ensayos posteriores son amplias y diversas. Cabe destacar el espacio en que se sitúan las obras de Nivaria Tejera y de Magali Alabau, el espacio del exilio, o los exilios. Ambas representan en este libro (junto a Isel Rivero, aunque su *La marcha de los hurones*, que comentamos, es un poema preexiliado, valga el casi neologismo) esa otra literatura o esa literatura, y poesía, *otras*, que se escriben forzadamente —debe insistirse en ello— desde fuera de la isla y desde una escritura marcada radicalmente por lo político.

El libro comienza con el capítulo "El deseo y el cocuyo: sobre lo cubano en la poesía de Gertrudis Gómez de Avellaneda", que explora dos momentos en la construcción de la cubanidad en la poesía de Gómez de Avellaneda. Este inicio no es ingenuo, sino intencional. De GGA dijo Cintio Vitier, en *Lo cubano en la poesía*, que no la incluía en su estudio porque no encontraba en ella el registro de lo cubano de "adentro" (110). Lo que intento explorar es precisamente esa categoría evanescente, "lo cubano", y cómo aparece en su escritura a través de dos poemas, "Al partir", poema fundamental dentro de la poesía cubana, y "A un cocuyo". Podría decirse que el segundo es un poema de cubanía canónica (si así puede nombrarse), inserto en la tradición literaria y poética de la isla y muy cercano a lo teorizado por Vitier (aunque este no haya sabido detectarlo); entretanto, "Al partir" da cuenta de una cubanidad *otra*, que, acaso sin proponérselo, acabará convirtiéndose en contemporánea. Como sostengo en el capítulo, este poema podría considerarse, siguiendo a Iris Zavala, como una especie de poema-bolero, pues se trata de un texto escrito para despedir (o despedirse) a un amor; un amor que no es otro que la propia isla.

El segundo capítulo, "Las respuestas de Carolina Coronado y Luisa Pérez de Zambrana ante las polémicas en torno al género en Gertrudis Gómez de Avellaneda. (Una lectura transatlántica)", propone un acercamiento, desde una perspectiva transatlántica, a la "polémica" suscitada en torno a la figura de Gertrudis Gómez de Avellaneda y su condición de *poeta* (en el sentido masculino del término) o de *poetisa*. Se consideran, de modo simultáneo, los principales críticos españoles y cubanos que intervinieron en este debate. Pero, sobre todo, se pretende escuchar las voces de las dos escritoras que en España y en Cuba desempeñaron papeles similares, Carolina Coronado y Luisa Pérez; ubicadas, en ambos países, en sitios parecidos: como *poetisas* y contrincantes femeninas de Avellaneda. El capítulo indaga en diversas cuestiones relacionadas con Coronado y Pérez: qué había en común entre ambas autoras; cuáles fueron sus juicios sobre Avellaneda; cuáles fueron sus respuestas ante la polémica, para lo cual se analizan artículos y poemas de las dos escritoras. Consideramos que la lectura comparada de Coronado y Pérez contribuye a enriquecer el conocimiento en torno a este debate, que se conoce de manera sesgada, en Cuba y en España, y profundiza en la significación de Avellaneda como autora transatlántica.

Mercedes Matamoros es la protagonista del tercer capítulo, titulado "Modernismo y modernidades en los últimos poemas de Mercedes Matamoros". Se trata de una aproximación a la obra menos conocida de la autora de "El último amor de Safo", donde se reivindica su pertenencia al modernismo, discutida por la crítica, así como se resaltan diversas modernidades que se hallan en su obra. En nuestro recorrido, además de examinar variadas —y divergentes— opiniones críticas sobre la autora, analizamos dos poemas escasamente difundidos de la poeta, recogidos en 1904 en el *Diario de la Marina* y pertenecientes a la serie *Por el camino triste*, que quedó sin publicar en libro tras la muerte de la escritora, y que ha dado a conocer la estudiosa Catharina Vallejo en su edición de las *Poesías* de Matamoros de 2004; se trata del poema XV (*Pensativa en tu ventana*) y del poema XIX (*Iban los dos en el wagon sentados*).

El último capítulo de esta primera parte, "La construcción del yo femenino y de la feminidad en el modernismo: el caso de Alma Rubens" se acerca a una autora *irreal* o, digamos mejor, construida o producida en la escritura: Alma Rubens, creación y heterónimo del poeta José Manuel Poveda. Por un lado, la *francesa* Alma Rubens constituye, según Poveda, "la negación del alma cubana"; por otro, en su escritura se muestra, como en Matamoros, la construcción de la subjetividad femenina al estilo modernista. Se propone el análisis de dos poemas firmados por Alma Rubens, "Ensueño" y "Agua oculta y escondida", y se rastrean las relaciones intertextuales que sus versos establecen, hacia atrás y hacia adelante, con los de otras dos poetas del modernismo hispanoamericano y cubano, Delmira Agustini y Dulce María Loynaz, y se aborda el proceso de construcción del yo femenino y de la propia feminidad dentro de este movimiento literario.

La segunda parte del libro se abre con un capítulo dedicado a Lydia Cabrera. Este capítulo puede parecer fuera de sitio, tanto como el anterior. Lydia Cabrera es, quién puede dudarlo, una autora real. Sin embargo, los lectores podrían preguntarse por qué se incluye en un libro dedicado a las poetas. Pero ya María Zambrano vino a decir: "Lydia Cabrera se destaca entre todos los poetas cubanos por una forma de poesía en que conocimiento y fantasía se hermanan hasta el punto de no ser ya cosas diferentes, hasta constituir eso que se llama 'conocimiento poético'" (119). Lydia Cabrera es, asimismo, una cima de lo cubano. Como escribe Raquel Romeu, "sus cuentos [...] son un valioso aporte destinado a situar y fijar los valores de una cultura negra inmersa dentro de la cubana"

(88) y después: "en un sincretismo apretado capta el sabor, olor y color de su isla: ricas estampas aliñadas con ese léxico negri-blanco que la caracteriza" (88). Por su parte, Madeline Cámara escribe que Lydia Cabrera pone en primer plano el "alma negra cubana", ese "principio femenino violado y enmudecido por siglos de colonización y explotación blanca y masculina" (27). El ensayo se titula "La dimensión poética en los *Cuentos Negros de Cuba*: la 'antropoesía' de Lydia Cabrera", y en este se comentan dos relatos de ese libro fundamental de la literatura cubana: "Taita Hicotea y Taita Tigre", con su construcción del mito del origen, que recrea el surgimiento de las razas, y el hermosísimo "Walo Wila". El ensayo sitúa a Cabrera como 'antropoeta', siguiendo una denominación propuesta por Cabrera Infante, y destaca el lirismo de sus cuentos.

Los dos capítulos posteriores giran en torno a la poesía de Fina García Marruz. El primero se centra en la dimensión "entrañable" de la escritura de la autora de *Las miradas perdidas*; una dimensión aquí pensada como opuesta a esa categoría que Freud denominó "lo siniestro" y que supone la aparición de lo extraño en lo familiar. Se concibe así la presencia de una especie de inversión, o posición antagónica, en la poesía de García Marruz, del concepto freudiano y se explora esa inversión en dos zonas de su escritura delimitadas por Cintio Vitier: "la intimidad de los recuerdos" y "el sabor de lo cubano". El otro capítulo, "Las *entrevisiones* de Fina García Marruz: a propósito del poemario *Viaje a Nicaragua* (1987)", se aproxima a este libro, único poemario que firmaron juntos Fina y Cintio Vitier. Se aborda el contexto político y cultural en que el libro se escribe, las motivaciones que propician su escritura, su temática y propuestas estéticas y políticas, y sus vínculos con el exteriorismo de Ernesto Cardenal. Asimismo, se ensaya un acercamiento a la poética singular de Fina García Marruz y a sus *entrevisiones*, que Jorge Luis Arcos definió como "revelación que huye, que escapa, que no se deja poseer" ("En torno" 12), a partir de la puesta en relación de los poemas de la autora con textos de Cardenal y de Vitier, y del análisis y comentario de varios poemas de Fina incluidos en el libro, como "Tu lucha, Nicaragua", "Fiesta en Solentiname", "Lago de Managua", o "En Metapa".

El siguiente ensayo, "Cosas que no estaban o casi no existían: poéticas del espacio y el tiempo en las poetas cubanas", alude, como sugiere su título, a dos elementos constitutivos del texto poético: espacio y tiempo, y examina su presencia en poemas de tres autoras cubanas contemporáneas: Isel Rivero, Lina de Feria y Magali Alabau. Este examen se presenta como un ejercicio comparativo, confrontando los poemas de estas escritoras con los de otras tres poetas anteriores: Gertrudis Gómez de Avellaneda —cuyo poema "Al partir" se observa, ahora, desde otro ángulo—, Fina García Marruz y Dulce María Loynaz. El ensayo advierte cómo en poemas y libros de todas estas escritoras el espacio y el tiempo constituyen centros de gravitación esenciales; pero son, sin embargo, centros que se construyen en negativo, o como acabándose, o en penumbra, o velados o borrosos.

"Dos poéticas del exilio cubano. Nivaria Tejera y Magali Alabau: París / Nueva York, o el espacio que no es", se sitúa en un lugar dolorosamente contemporáneo, el del exilio y el del (o la) exiliado(a). Sobre este último, ha escrito Agamben: "El refugiado y el exiliado deben considerarse por lo que son, es decir, ni más ni menos que un concepto límite que pone en crisis radical las categorías fundamentales de la Nación-Estado, desde el nexo nacimiento-nación hasta el de hombre-ciudadano" (Agamben, "Política" s/p). Tras plantearse un recorrido por diversas construcciones y reflexiones en torno al exilio, a partir de autores como María Zambrano o Edward Said, entre otros, el capítulo analiza dos poemas de estas escritoras, "Rueda del exiliado", de Tejera, y *Uno deja las predicciones*, de Alabau, indagando en la construcción del espacio que esos textos proponen y, específicamente, en la construcción de esos espacios que son las ciudades de París (Tejera) y de Nueva York (Alabau). La tesis última del artículo es la de concebir el exilio como un espacio singular, al que María Zambrano se refería como "espacio sin lugar".

El penúltimo capítulo, "El texto / la tela: *El libro de las clientas* y la poética de Reina María Rodríguez", bordea la poética de la escritora, en particular a su poética *costurera*, a partir del poemario mencionado. El capítulo enumera algunas de las fuentes que sirven como fundamento en la construcción de esta poética, como Heidegger, Barthes, Virginia Woolf o la figura de la madre costurera. Se recorren varios poemas de *El libro de las clientas*, con un análisis detenido de "Las brutas", poema que he considerado como una reescritura, en clave contemporánea y radical, del emblemático poema de Gabriela Mistral, incluido en *Tala*, "Todas íbamos a ser reinas".

Se cierra el libro con el ensayo "Poéticas del bolso. Las poetas cubanas: reflexiones metapoéticas en Carilda Oliver, Fina García Marruz, Reina María Rodríguez y Damaris Calderón", que aborda la escritura metapoética a través del análisis de cuatro poemas de estas autoras fundamentales de la poesía cubana contemporánea; en concreto, "Una mujer escribe este poema", de Oliver Labra; "El Jardín", de García Marruz; "La isla de Wight", de Reina María Rodríguez y "Mis cinco malditos minutos", de Damaris Calderón. Este estudio concibe los poemas de estas autoras como ejemplos de cierta escritura metapoética construida por mujeres; textos que defino, tomando como referencia el poema "Un lápiz", de Alfonsina Storni, como "poéticas del bolso"; poemas en los cuales la reflexión sobre la escritura se mezcla con otras "zonas de la vida", a manera de lo que ocurre en un bolso femenino; asimismo, se intenta pensar estos cuatro poemas metapoéticos como textos escritos desde el "método discontinuo", propuesto por María Zambrano.

Me parece necesario, finalmente, argumentar el título de este libro. Para ello, habría que intentar definir *cubanidad* y *contemporaneidad*, aunque esta no es una tarea sencilla. Como dice Rebeca Solnit: "todas las categorías son permeables y debemos usarlas de manera provisional" (11). En este caso, se trata, además, de categorías que son, por definición, históricas, temporales y, por otro lado, cambiantes, escurridizas o, incluso, contradictorias o inconsistentes.

A algunos lectores no cubanos podría asombrarles el énfasis en la cubanía en tiempos de crisis del Estado-nación. Pero no creo que a ningún cubano (o cubana) le sorprenda. El Estado-nación está en crisis en Europa, pero este tema y su problemática poseen una gran actualidad en Cuba, país donde lo nacional identitario ha tenido, y sigue teniendo, un peso decisivo.

Sobre lo cubano en la poesía de la isla son fundamentales las elaboraciones de Cintio Vitier que aparecen en su ensayo canónico *Lo cubano en la poesía* (1958). Como escribe Jorge Luis Arcos: "No existe en Cuba otro libro semejante que se haya propuesto fijar imágenes, obras y autores canónicos; más: que se haya propuesto reconstruir, recrear y sublimar una tradición" ("Notas" 42). *Sublimar* me parece aquí un término muy acertado. Lo que busca Vitier en su ensayo es lo que podríamos llamar, desde el psicoanálisis, *lo lleno*; es decir, llenar de significaciones sublimes ese significante ¿vacío? denominado "cubanidad". Pero está también, no debemos olvidarlo, y dentro del propio *Orígenes*, la sabiduría de Lezama, que opera desde otros lugares, incluso desde la falta, o el vacío. Llega a decir Lezama: "Todo lo hemos perdido, desconocemos qué es lo esencial cubano y vemos lo pasado como quien posee un diente, no de un monstruo o de un animal acariciado, sino de un fantasma para el que todavía no hemos inventado la guadaña que corte las piernas" (115).

Estos ensayos exploran *lo cubano* en la escritura de las mujeres poetas, dando cuenta de construcciones plurales; *cubanías*, así, más que *cubanía*, que van desde la lejanía de Avellaneda —una lejanía *otra*, que no parte del destierro y que resemantiza la de José María Heredia, que es la canónica y la referida y exaltada por Cintio Vitier—; o una cubanía-francesa, que es la de Alma Rubens; o una cubanía origenista cercana a la levedad, como la de Fina García Marruz; o una cubanía plena de presencias mitológicas y de sonoridades (me parece muy significativo lo sonoro) africanas, como la de Lydia Cabrera.

Con respecto a lo contemporáneo, he mencionado antes una serie de conceptos (construcción de la subjetividad femenina, poéticas, exilio ...) que se asocian con la contemporaneidad. Me referí al exilio en párrafos previos; señalo ahora la importancia de la metapoesía. La metapoesía pone en primer plano el trabajo del escritor, del poeta; de la poeta, en este caso; su lucha con el lenguaje; la metapoesía, esa labor de conciencia y reflexión sobre la propia escritura, sobre la propia poesía, evidencia también la distancia, como diría Guillermo Sucre, entre el obrar y la obra; evidencia la imposibilidad del absoluto de la poesía. Escribe Sucre a propósito de Vicente Huidobro: "Toda obra es anti-obra en la medida de esa infidelidad o en la medida en que no es, no puede ser, la Obra. El absoluto de la poesía reside en una imposibilidad que, sin embargo, se vuelve una continua posibilidad: el poema nunca está hecho sino perpetuamente haciéndose (¿y, por ello mismo, deshaciéndose?)" (229).

Los poemas examinados, de Carilda, Fina, Reina María y Damaris, escenifican ese hacer y des-hacerse del texto poético; son, en ese sentido, anti-obras. Paralelamente, esos poemas, que llevan dentro otras cosas, como especies de bolsos (el siglo, el jardín, la otredad, la muerte ...), ponen también de manifiesto, como ya he indicado en otro lugar,

> lo señalado por Ana María Cuneo [en "Hacia la determinación"] con respecto a la metapoesía de Gabriela Mistral como un rasgo no exclusivo de la chilena, sino como una característica que aparece con frecuencia en la metapoesía de las mujeres: "[. . .] el poetizar se torna en medio del contacto con 'lo todo otro' " y también: "[. . .] lo poético y lo vital se aúnan". ("Una mujer" 16)

Pero debo aclarar que estoy tomando también esta categoría en el sentido en que ha sido pensada por Giorgio Agamben en su ensayo "Qué es lo contemporáneo", donde se lee:

> La contemporaneidad es [. . .] una relación singular con el propio tiempo, que se adhiere a éste y, a la vez, toma su distancia; más exactamente, es esa relación con el tiempo que adhiere a éste a través de un desfase y un anacronismo. Quienes coinciden de una manera demasiado plena con la época, quienes concuerdan perfectamente con ella, no son contemporáneos ya que, por esta precisa razón, no consiguen verla, no pueden mantener su mirada fija en ella. (18–19)[1]

Desfase y anacronismo, dos palabras familiares para las mujeres escritoras, y que se han aplicado con frecuencia a su escritura. Pero Agamben añade: "[. . .] contemporáneo es aquel que mantiene la mirada fija en su tiempo, para percibir, no sus luces, sino la oscuridad. Todos los tiempos son, para quien experimenta su contemporaneidad, oscuros. Contemporáneo es, justamente, aquel que sabe ver esa oscuridad, aquel que está en condiciones de escribir mojando la pluma en la tiniebla del presente" (21). Y después dirá: "[. . .] percibir esa oscuridad no es una forma de inercia o de pasividad sino que implica una actividad y una habilidad particulares que, en nuestro caso, equivalen a neutralizar las luces provenientes de la época para descubrir su tiniebla, su especial oscuridad, que no es, sin embargo, separable de esas luces" (22), y afirma finalmente de modo concluyente: "Contemporáneo es aquel que recibe en pleno rostro el haz de tiniebla que proviene de su tiempo" (22).

En el ámbito específico de la poesía, Alicia Genovese ha señalado rasgos del sujeto de la poesía contemporánea que resultan afines y pueden considerarse complementarios a las reflexiones de Agamben:

> Ese sujeto pegado a la experiencia, a la percepción necesitada de sobrevivencia en el mundo natural que aparece en la poesía primitiva, ese sujeto cerrado en la perturbación por lo pensado y observado, presionado por un aturdimiento instintivo, más cerca de lo oscuro e indiferenciado que de la claridad de la ilustración, es un sujeto que retorna como sustrato en mucha de la poesía contemporánea. (32)

En los ensayos que conforman este libro puede constatarse cierto desfase y/o anacronismo en las autoras estudiadas, que aproxima su escritura a esta noción de lo contemporáneo: la singular cubanidad *otra* de Avellaneda, lejanía elegida, a contracorriente de su época; la defensa extemporánea del divorcio en la escritura de Matamoros; las elaboraciones subjetivas femeninas en Rubens /Poveda; la creación original de una mitología poética afrocubana en Lydia Cabrera; las *entrevisiones* poéticas en medio del exteriorismo, de Fina García Marruz. . ..

Pero, también, los ensayos ofrecen testimonios de visiones singulares, que se empeñan en percibir, no las luces, sino zonas oscuras de su tiempo: las construcciones borrosas, o sombrías, en torno al tiempo y el espacio en los textos de diversas poetas —Loynaz, Rivero—, y en Lina de Feria, particularmente en *Casa que no existía*; las elaboraciones sobre el exilio y las tinieblas de París y Nueva York desde las visiones de Nivaria Tejera y de Magali Alabau; la visión *costurera* de Reina María Rodríguez, donde el *reinado* femenino pende de una cuerda que cuelga sobre el vacío; o las elaboraciones metapoéticas de Carilda, la propia Reina María, o Damaris Calderón, en las que el acto de la escritura puede constituirse, respectivamente, como no-tiempo, otredad, violencia.

Puede añadirse que en varios, en muchos, de los poemas analizados o comentados en estos ensayos se construyen, de manera diversa, saberes *otros*; saberes que podemos considerar alternativos; saberes sobre, para, desde, y más allá, de la nación cubana. Unos saberes *otros* que, asimismo, ponen de manifiesto ese rasgo esencial de la literatura, a menudo olvidado; un rasgo que ha destacado con pasión Ottmar Ette, siguiendo a Nietzsche, a Barthes, a Auerbach: "La literatura es impensable sin la vida. Desde hace milenios ha desarrollado una vida propia y, así, un saber de la vida en la vida; un saber que [. . .] se ha comprobado no sólo como un saber de la vida sobre sí misma, sino a su vez como un saber de la vida en la vida para la vida" (*Filología polilógica* 61).

Me gustaría volver, para terminar, a Gertrudis Gómez de Avellaneda y a su poema "Al partir", que constituye otro centro de este libro. Pienso que el poema de Avellaneda es uno de los más representativos de esa fusión entre lo cubano y lo contemporáneo. Porque ese soneto ofrece una visión *otra* y un saber *otro*, invisibles o invisibilizados en la isla, pero certeros; como escribe Eduardo Lalo: "[. . .] la invisibilidad es una forma de desamparo, pero éste puede ser útil e incluso constituir un privilegio [. . .] caracterizado por cierta capacidad de visión" (*Los países* 66).

Ese saber *otro* de Avellaneda es el saber de la construcción de lo cubano desde el discurso de la lejanía; un saber inaceptado en la Cuba de su tiempo, inaceptado en el siglo XX, e incluso, no aceptado todavía hoy dentro de la isla; ese saber desde la lejanía que, sin embargo, elogió Lezama, al hablar de otra poeta, Juana Borrero. A propósito de su célebre cuadro "Los Negritos", destacaba Lezama que "fue pintado en el sur americano", y añadía después: "Esa lejanía que necesita el cubano para acercar" (130).

Se trata de un saber que pone en evidencia esa feminidad desestabilizadora, transgresora, y que resulta fundamental, adelantada, premonitoria y paradigmática sobre la nación cubana, y sobre las relaciones que han establecido con ella sus poetas y escritores (no solo las mujeres). Porque ¿no ha sido acaso una especie de bolero, esa mezcla de abandono-despedida de la isla, pero a la vez sonoro recuerdo de ella, canto y/o tachadura [la tachadura es un modo peculiar del canto, un canto-no], lo que ha marcado el vínculo de gran parte de los cubanos con su tierra, sobre todo a partir de la segunda mitad del siglo XX? Como Avellaneda en este poema, muchos cubanos han pretendido, siguen pretendiendo, no alejarse, mientras, simultáneamente, se alejan de la isla, haciendo valer la aparente paradoja. "Al partir" ofrece así un saber "de la vida, en la vida para la vida" (Ette).

"Al partir" está en los comienzos y a la vez pone de manifiesto un rasgo fundamental de la literatura cubana; ese de ser, para decirlo una vez más con palabras de Ottmar Ette, "una literatura sin residencia fija" y, podríamos añadir, una cubanía sin residencia fija que "sin perder la añoranza por la reterritorialización [...] nunca más va a permanecer fija en la inmovilidad" ("Una literatura" 752).

En una antología muy sugerente de la poesía cubana actual, titulada *Equívocos* y publicada en 2021, su editor, Yoandy Cabrera, escribe: "Un modo cada vez más necesario e impostergable de hablar de Cuba es desde el afuera. Hay que abandonar Cuba primero. Se viva o no en la isla, permanezca uno o no en ella después de abandonarla" (11).

El *afuera* es precisamente ese sitio desde el que Gertrudis Gómez de Avellaneda escribió. Ella fue, es, también, como los poetas que Yoandy Cabrera incluye en esa antología de poetas cubanos de ahora mismo, un "error del sistema" (13); fue, es, como ellos, "excepción de las categorías, las periodizaciones, las clasificaciones" (13); fue, es, como ellos, "un equívoco ella misma" (13); acaso, el primer poeta-equívoco de la literatura cubana.

Pero ese afuera, esa lejanía, ese equívoco, tan contemporáneo, deberá poder convivir con lo cubano de dentro, porque, como dice María Zambrano: "Aquel que es de verdad y aquello que de verdad es, ha nacido y se ha criado en alguna parte que un día lo deja partir de ella, que por eso viene a ser así puerto y puerta" ("El lugar" 195). O, como escribe y recomienda Edouard Glissant:

> El sitio de nuestras primeras palabras, de nuestros primeros textos, de nuestras primeras voces y gritos es un lugar de capital importancia. Pero ese sitio puede cerrarse y uno puede encerrarse en su interior. El ámbito de nuestros gritos puede convertirse por obra nuestra en territorio, cerrado a cal y canto, levantando muros espirituales, ideológicos, etc., instante en que deja de ser "espacio". Actualmente, lo más importante es justamente, acertar a descubrir una poética de la Relación, que nos permita, preservando el lugar de origen, resguardándolo, abrirlo. (31)

Este libro se inscribe dentro del Proyecto de investigación "Las poetas hispanoamericanas: identidades, feminismos, poéticas (Siglos XX-XXI)", proyecto financiado por la Agencia Estatal de Investigación (perteneciente al Ministerio de Ciencia e Innovación) y por fondos FEDER, que dirigí entre 2016 y 2021.

Estos ensayos se publicaron en varias revistas y volúmenes colectivos. He realizado algunas correcciones en los textos, pero son menores, excepto en dos capítulos, "El deseo y el cocuyo . . . ", donde se amplía el recorrido en torno a la presencia del cocuyo en la poesía cubana, y en "Dos poéticas del exilio cubano . . .", donde se introduce ahora, brevemente, la visión sobre la ciudad de Miami, así como algunas notas sobre una visita que hice a Niveria Tejera en su casa de París.

En Anexo se recogen los poemas analizados que aparecen de manera fragmentaria en los capítulos. Debido a su extensión, no incluimos "Fiesta en Solentiname", de Fina García Marruz; *Últimos días de una casa*, de Dulce María Loynaz; *La marcha de los hurones*, de Isel Rivero; "Rueda del exiliado", de Nivaria Tejera; *Hemos llegado a Ilión*, de Magali Alabau; ni los *cuentos negros* de Lydia Cabrera "Taita Hicotea y Taita Tigre" y "Walo-Wila"; tampoco "Ay, Cuba, Cuba", de Fina García Marruz, que se analiza de manera más detenida en *Entre el cacharro doméstico y la Vía Láctea* (2012). Con la excepción de "Fiesta . . . " y de los cuentos de Cabrera, los poemas mencionados se hallan en *Otra Cuba secreta. Antología de poetas cubanas del XIX y del XX* (Madrid: Verbum, 2011).

Nota

1 La pregunta, y el cuestionamiento, en torno a las relaciones entre tiempo, historia, contemporaneidad y poesía, tienen antecedentes en otros filósofos, teóricos, estudiosos de la literatura y del arte y, por supuesto, entre los propios poetas. Edgardo Dobry ha rastreado esta pregunta y recuerda a Badiou, quien se interesa por el mismo poema que Agamben, "El siglo", de Mandelstam, para elaborar su "articulación entre poesía e historia" ("Volver a los XIX" 102). Afirma Dobry: "Estar o no estar en la historia, ser o no ser contemporáneo del mundo, es una de las inquietudes en las reflexiones de los poetas modernos, sobre todo desde el inicio de eso que, hacia 1839, Saint Beuve llamó, en la *Reveu de Deux Mondes*, la "literatura industrial" (102).
Puede citarse también a Gottfried Benn quien, en los años 30 del siglo XX escribía: "El poeta y su tiempo: una formulación en boga —¡Qué ingenuidad, qué seguridad tan categórica en ámbitos donde todo resulta problemático! Pues ¿qué es el tiempo?, se pregunta con nosotros, nos preguntamos con él, ¿cuál es su nombre?, ¿se llama a sí mismo, como lo hace el reclamo del cuclillo, o llama más tarde a la nidada que creció en nidos ajenos? (46) y añadía: "En una palabra, al margen de cómo se conciba, ¿puede el proceso histórico, o alguien en su nombre, exigir que el arte o el conocimiento estén a su servicio?" (46).

Bibliografía citada

Agamben, Giorgio. "Política del exilio". *Revista de Estudios Sociales* [En línea], 08 | 01/01/2001. https://journals.openedition.org/revestudsoc/28901

———. ¿Qué es lo contemporáneo? *Desnudez*. Mercedes Ruvituso y María Teresa D'Meza, trad.; Cristina Sardoy, trad. de "¿Qué es lo contemporáneo?". Buenos Aires: Adriana Hidalgo, 2011. 17–29.

Arcos, Jorge Luis. *En torno a la obra poética de Fina García Marruz*. La Habana: Unión, 1990.

———. "Notas sobre el canon (Introducción a un texto infinito sobre el canon poético cubano)". *Desde el légamo. Ensayos sobre pensamiento poético*. Madrid: Colibrí, 2007. 33–46.

Benn, Gottfried. "Problemática de la poesía". *El yo moderno*. Enrique Ocaña, prólogo y versión castellana. Valencia: Pre-Textos, 1999. 41–55.

Braidotti, Rosi. *Feminismo, diferencia sexual y subjetividad nómade*. Amalia Fisher Pfeiffer, ed. Barcelona: Gedisa, 2015.

Cabrera, Yoandy, ed. "Introducción". *Equívocos. Poetas cubanos de inicios del siglo XXI / Misconceptions. Early 21st Century Cuban Poets*. Edición bilingüe. Rockford University / kýrne, 2021. 11–18.

Cámara Betancourt, Madeline. "Para llegar a Lydia Cabrera a través de María Zambrano. Hacia un conocimiento poético de lo cubano". *Antígona. Revista de la Fundación María Zambrano* 2 (2007): 20–33.

Cuneo, Ana María. "Hacia la determinación del 'arte poética' de Gabriela Mistral". *Revista Chilena de Literatura* 26 (1985): 19–36.

Dobry, Edgardo. "Volver a los XIX: acerca de lo contemporáneo en la poesía". *Poéticas del presente. Perspectivas críticas sobre la poesía hispánica contemporánea*. Ottmar Ette y Julio Prieto, ed. Madrid / Berlín: Iberoamericana / Vervuet, 2016. 101–111.

Ette, Ottmar. "Una literatura sin residencia fija. Insularidad, historia y dinámica sociocultural en la Cuba del siglo XX". *Revista de Indias* 235 (2005): 729–754. https://doi.org/10.3989/revindias.2005.i235.388

———. *Filología polilógica. Las literaturas del mundo y el ejemplo de una literatura peruana transareal*. Granada: Universidad de Granada, 2017.

Genovese, Alicia. *Leer poesía. Lo leve, lo grave, lo opaco*. Buenos Aires: Fondo de Cultura Económica, 2011.

Glissant, Édouard. *Introducción a una poética de lo diverso*. Luis Cayo Pérez Bueno, trad. Barcelona: Ediciones del Bronce, 2002.

Kirkpatrick, Susan. *Las Románticas. Escritoras y subjetividad en España (1835–1850)*. Amaia Bárcena, trad. Madrid: Cátedra. 1991.

Lalo, Eduardo. *Los países invisibles*. Madrid: Fórcola, 2016.

Lezama Lima, José. "Paralelos. La poesía y la pintura en Cuba (siglos XVIII y XIX)". *La cantidad hechizada. Obras completas*. La Habana: Letras Cubanas, 2010. 105–136.

Molloy, Sylvia. "Dos lecturas del cisne". *La sartén por el mango: encuentro de escritoras latinoamericanas*. Patricia Elena González y Eliana Ortega, eds. Río Piedras: Huracán, 1984. 57–69.

Pfeiffer, Johannes. *La poesía*. México: Fondo de Cultura Económica, 1971.

Poveda, José Manuel. *Poemetos de Alma Rubens y otros poemas*. Milena Rodríguez Gutiérrez, sel. y prólogo. Sevilla: Ayuntamiento de Carmona, 2016.

Rodríguez Gutiérrez, Milena. *Otra Cuba secreta. Antología de poetas cubanas del XIX y del XX*. Verbum: Madrid, 2011.

———. "*Una mujer escribe este poema*. Las poetas hispanoamericanas: poéticas y metapoéticas". *Poetas hispanoamericanas contemporáneas. Poéticas y metapoéticas* . Berlín: De Gruyter, 2021. 1–28.

Romeu, Raquel. "Lo cubano en el sincretismo de Lydia Cabrera". *Voces de mujeres en la literatura cubana*. Madrid: Verbum, 2000. 88–94.

Solnit, Rebecca. *La madre de todas las preguntas*. Lucía Barahona, trad. Madrid: Capitán Swing, 2021.

Sucre, Guillermo. *La máscara, la transparencia. Ensayos sobre poesía hispanoamericana*. México D. F.: Fondo de Cultura Económica, 2001.

Vallejo, Catharina. *La Rosa Azul. Mujeres poetas modernistas en Cuba (1880–1910)*. La Habana: Unión, 2018.

Vitier, Cintio. *Lo cubano en la poesía*. Las Villas: Universidad Central de Las Villas, 1958.

Woolf, Virginia. *Una habitación propia*. Barcelona: Seix Barral, 1997.

Yúdice, George. "Las vanguardias a partir de sus exclusiones". *Carnal knowledge: Essays on the Flesh, Sex and Sexuality*. Pamela Bacarisse, ed. Pittsburg, 1992. 187–197.

Zambrano, María. "El lugar de la palabra: Segovia". *España, sueño y verdad*. Barcelona: Edhasa, 1965. 193–216.

———. "Poesía". *Filosofía y poesía* [1939]. México D. F.: Fondo de Cultura Económica, 2001. 101–116.

———. "Lydia Cabrera, poeta de la metamorfosis". *Islas*. Jorge Luis Arcos, ed. Madrid: Verbum, 2007. 117–122.

I.
Del XIX al modernismo

1

El deseo y el cocuyo: sobre lo cubano en la poesía de Gertrudis Gómez de Avellaneda[1]

La negación o el cuestionamiento de la cubanía de Gertrudis Gómez de Avellaneda, de su literatura y de la propia autora, unidos a las polémicas en torno al (supuesto) carácter varonil de su obra o de ella misma (la vida y la obra de la escritora se mezclan en estas dos polémicas), ha llegado a constituir un *topos* dentro de la literatura cubana. Algunos momentos clave de dicho *topos* serían: las acusaciones de antipatriotismo que le dirigiera el poeta José Fornaris, aun en vida de la escritora; las críticas a la feminidad de la autora, formuladas por José Martí todavía en el XIX pero después de su muerte, y que implicaban también su descalificación como poetisa representativa de Hispanoamérica; y ya en el siglo XX, las valoraciones de Cintio Vitier sobre su *nula* captación de lo cubano, realizadas a finales de los 50 y que suponen la expulsión de la autora del canon de la poesía cubana; y los reproches de 'neutralidad' formulados por José Antonio Portuondo en los 80, ya dentro del período revolucionario cubano[2].

En fechas más cercanas, diversos estudios han iluminado dichos cuestionamientos y polémicas desde enfoques que apelan al papel de la mujer, analizado a partir de las teorías de género y también de las teorías poscoloniales. Evelyn Picon Garfield, por ejemplo, escribe sobre Avellaneda: "las repetidas dudas sobre el supuesto españolismo o cubanía de su obra, junto a las polémicas en torno a 'su calidad femenil o varonil', llevan a preguntar con Spivak: ¿Tiene voz el subalterno?" (Picon, *Poder* 10). Mary Louise Pratt, por su parte, coloca la actitud ambigua de Avellaneda respecto a la construcción de la nación cubana en una serie, junto a la de otras escritoras y mujeres intelectuales del XIX en el continente americano, subrayando que esta posición marginal o ambigua aparece en muchas mujeres de ese siglo en los procesos de construcción nacionales y que resulta una consecuencia directa de la propia posición marginal, ambigua, y de exclusión, que las mujeres van a ocupar como ciudadanas dentro de dichos procesos. Escribe Pratt en este sentido: "Desde el momento en que el republicanismo negaba a las mujeres los mismos derechos políticos y legales de los hombres, la relación de las mujeres hacia las ideologías de la nación y la comunidad fraternal imaginaria estuvo fuerte y permanentemente diferenciada de los hombres" (Pratt, "Las mujeres" 54). Y concluye la estudiosa afirmando que estas mujeres "crean sujetos literarios situados fuera de las fronteras nacionalistas, con un pie dentro de ellas y otro afuera" (56). Unas palabras de Carolina Alzate resumen, en fin, certeramente, las causas de los cuestionamientos, de ese no-lugar que tradicionalmente ha ocupado Avellaneda dentro de la literatura cubana, una literatura marcada significativamente por lo nacional y por el nacionalismo: "Dentro del proyecto homogenizador [de la construcción de la nación] Avellaneda es lo heterogéneo, lo inclasificable y desestabilizador: el discurso crítico nacionalista no tiene lugar para comprenderla" (Alzate, "La Avellaneda" 132).

Pero a pesar de esa posición ambigua respecto a la construcción de la nación cubana, de su carácter heterogéneo y/o desestabilizador, no cabe decir que el elemento de la cubanía no aparezca en la obra, y específicamente en la poesía, de Avellaneda. Lo interesante, desde nuestro punto de vista, sea acaso indagar cómo, o de qué forma, este elemento se manifiesta.

Quizás haya sido Severo Sarduy, en un pequeño artículo publicado en 1981, uno de los primeros en referirse e intentar caracterizar esa particular cubanía que encontramos en la obra poética de Gertrudis Gómez de Avellaneda, esa cubanía que no parecen haber percibido Cintio Vitier ni otros escritores o estudiosos de la isla. A nuestro juicio, es también Sarduy quien mejor ha sabido advertir las cualidades, los rasgos, las características que este singular sentimiento, o quizás mejor decir esta construcción, adquiere en la poesía de Gómez de Avellaneda. Digamos que Severo Sarduy comienza precisamente por dar la vuelta al tópico de la crítica sobre la escritora, resaltando "el fulgor de una paradoja: la Avellaneda nos interesa hoy, suscita nuestra lectura y homenaje por lo que siempre se le reprochó: su ausencia de la isla . . . " (Sarduy, "Tu dulce nombre" 19). Y explica más adelante en qué consiste su cubanía. Para el autor de *De donde son los cantantes*, se trata de una cubanía diferente, o peculiar, en el siglo XIX cubano, en la que no aparecen "vistosas enumeraciones: ni el regodeo fonético de las frutas, ni el cromatismo irrisado y fugaz de los pájaros" (19); donde los "elogios de la piña o el tabaco y guirnaldas de flores han abandonado la superficie neta, espejeante, de sus versos" (19). Para Sarduy, esta cubanía avellanedina puede pensarse como un "apego" a la isla, que "no insiste en la apoteosis de la naturaleza muerta tropical, [que es] más constituyente y profundo, es también de arraigo más cubano: *cariño*, suave nostalgia, alzamiento de lo perdido a la majestad de un edén" (19). Este "apego" avellanedino supone, asimismo, un *algo* muy cubano: "la exaltación de lo abandonado, la clausura de lo lejano como la de un paraíso irrecuperable, el trabajo del duelo modelando, puliendo con su constancia y repetición, como las de un oleaje calmo, su recuerdo protector, familiar, benévolo" (19).

En este capítulo propongo un acercamiento a esta singular cubanía que se construye en la poesía de Gertrudis Gómez de Avellaneda, tomando las palabras de Severo Sarduy como punto de partida. De manera particular, vamos a elegir dos poemas como referencias fundamentales en nuestro análisis. Dos poemas que, a nuestro juicio, resultan esenciales dentro de la poesía de Avellaneda, y centrales para referirse a la cuestión que aquí nos ocupa, la de la cubanía de la escritora; dos textos que marcan, asimismo, dos momentos primordiales de su propia vida. En primer lugar, "Al partir", el soneto fechado en 1836, justamente cuando Avellaneda parte de Cuba hacia España vía Burdeos; y en segundo lugar, "A un cocuyo", uno de los poemas que Avellaneda escribe en Cuba, durante su regreso a la isla, en 1859, tras veintitrés años de ausencia. Nuestro análisis intenta explorar cómo se construye la cubanía en la poesía de la escritora, cómo esta aparece de modo particular en estos dos textos y cómo ambos se relacionan entre sí.

Comencemos, entonces, acercándonos al soneto "Al partir". Se trata de uno de los poemas más célebres de Gómez de Avellaneda y probablemente uno de los primeros poemas que escribiera; un soneto que la escritora fecha en 1836, el mismo año en que abandona la isla, y que publicará en 1841, en la primera edición de su poesía:

> ¡Perla del mar! ¡Estrella de Occidente!
> ¡Hermosa Cuba! Tu brillante cielo
> La noche cubre con su opaco velo,
> Como cubre el dolor mi triste frente.
>   ¡Voy a partir! . . . La chusma diligente,
> Para arrancarme del nativo suelo
> Las velas iza, y pronta a su desvelo
> La brisa acude de tu zona ardiente.
>   ¡Adiós, patria feliz, edén querido!

> ¡Doquier que el hado en su furor me impela,
> Tu dulce nombre halagará mi oído!
> ¡Adiós! ... Ya cruje la turgente vela ...
> El ancla se alza ... el buque, estremecido,
> Las olas corta y silencioso vuela!
> (Gómez de Avellaneda, *Obras* 1)

Como bien afirma Severo Sarduy, este poema de Avellaneda recoge "la exaltación de lo abandonado" (20). La isla, a la que se está dejando, es alzada "a la majestad de un edén" (19). Una de las características más llamativas del poema es acaso que esta elevación se está produciendo en el texto aún antes de que la tierra natal sea abandonada; es decir, la elevación se está produciendo en el mismo momento en que se está abandonando la isla, mientras el barco en el que viajará el yo lírico se prepara para la partida; hay una sugerente sincronía entre ambos acontecimientos, como si el yo poético anticipara la nostalgia futura; esa nostalgia que aún no es más que un presentimiento, como dirá Sarduy (20), pero que va a producir efectos anticipados, convirtiendo a la isla en "perla del mar", "patria feliz", "edén querido" (Gómez de Avellaneda, *Poesías* 7). Destaca Sarduy en su comentario el protagonismo que en el poema va a tener lo sonoro y lo que el escritor define como el "llamado corporal del nombre" (Sarduy, "Tu dulce nombre" 20), señalando cómo en el texto

> [...] Cuba, en la premonición de la lejanía, no se le presenta ni como una imagen ni como una nostalgia, sino como un sonido, como una palabra: lo que significa a Cuba, lo que la representa y contiene, como a una perla marina engarzada o a una estrella en el cielo occidental, es su *nombre*: '¡tu dulce nombre halagará mi oído!'. (20)

Ese verso del soneto, que Sarduy subraya, sería, precisamente, el verso central dentro de la función que va a cumplir el poema desde la perspectiva de la literatura cubana: inaugurar "el discurso de la lejanía" (Méndez Rodenas "Mujer" 15), lejanía del yo lírico ante la isla y la nación; tierra recordada o presentida desde la distancia. Un discurso literario que va a tener plena vigencia en la literatura cubana más de un siglo después, con posterioridad al triunfo de la Revolución cubana y a partir de los múltiples exilios que esta produce; discurso de la lejanía del que van a sentirse partícipes escritores exiliados como Gastón Baquero, Cabrera Infante, Reinaldo Arenas, Heberto Padilla, o el propio Severo Sarduy, y un larguísimo etcétera de escritores y poetas cubanos[3].

Lo cierto, entonces, es que en este poema Avellaneda construye un tipo de nostalgia que se conforma como una singular metonimia o sinécdoque; una nostalgia de lo sonoro, en la que Cuba va a ser representada en la distancia, sobre todo por su propio nombre: la parte por el todo, pero una parte sonora; un nombre que, más que recordarse, suena; e insiste e insistirá sonando a lo largo de la poesía de la escritora y de su propia vida; quizás, más como un murmullo que como un grito, pero sin cesar, sin apagarse nunca.

Pero hay todavía algo más en este poema que nos remite también al modo peculiar en que se construye en el texto la cubanía. Y es que este poema podría pensarse 'como un poema-bolero' (Rodríguez, "Partir" 2013). Porque "Al partir" es, como ciertos boleros, un canto de despedida dirigido al amor que se abandona. El texto contiene numerosos elogios a la isla, unos elogios que son como especie de requiebros, halagos o "piropos", y que podrían ser leídos como esos piropos que se dedican a un primer amor que se está abandonando, mientras la voz lírica se despide de este. El soneto podría ser interpretado así —sin que esta interpretación excluya otras posibles— como un discurso-bolero que suena de un modo parecido al siguiente: "Te quiero mucho, *Perla del mar*, pero tengo que marcharme; te quiero a ti, *Estrella de Occidente*, pero me asaltan otras tentaciones; no te olvidaré nunca, *Edén querido*, pero ahí te quedas" (Rodríguez, "Partir"), donde Cuba representaría no otra cosa que ese primer amor que va a abandonarse. Aún sería posible continuar profundizando en esta idea. Dice Iris Zavala que el bolero es un "canto del deseo", y una "forma elíptica de afianzar el amor, declararlo o despedirlo" (Zavala, "El bolero" 108). En "Al partir" se trataría de la tercera posibilidad: los piropos que se dedican a la isla, muy abundantes (quizás sospechosos por lo demasiado abundantes) cumplen la función de mitigar o endulzar la despedida, de hacerla menos dolorosa y más tolerable para quien abandona y, sobre todo, para ese primer amor abandonado. Otros rasgos del bolero aparecen también en el poema; por ejemplo, la ambivalencia, ese "decir y no decir, para dejar entender y rechazar lo entendido" (Zavala, *El bolero* 36): el soneto es ambivalente, recoge sin duda el amor hacia la isla abandonada, pero dejando también entender que se la abandona; a la vez, se rechaza el olvido y el abandono con los siguientes versos: "doquier que el hado a su furor me impela / tu dulce nombre halagará mi oído" (Gómez de Avellaneda, *Poesías* 7). Ese "doquier", sería el equivalente del *siempre* del bolero, esa partícula distintiva de este género musical con la que se declara el amor eterno (Zavala, *El bolero* 24); como en el bolero, estos versos ofrecen así una promesa de amor eterno a la isla: dondequiera que la voz poética vaya, la isla estará presente con su "dulce nombre". En el texto no deja de aparecer, asimismo, aunque sea de modo indirecto, la figura del tercero, el rival, bien significativa en el bolero (Zavala, *El bolero* 58). La figura del tercero, del rival, flota de manera alusiva a lo largo de todo el texto: se describe la partida del "suelo nativo"; se cuenta cómo hay un buque, una nave, esperando a la voz poética para conducirla a otro lugar, a otro sitio; un lugar *otro* que, a diferencia de Cuba —patria y primer amor—, está rodeado de ambigüedad en el texto: carece de nombre propio y aun de una ubicación determinada; es un afuera del que poco parece saber incluso la voz poética, un afuera que hasta puede variar, aunque está marcado por el destino: "el hado" que, "en su furor", "impela", es decir, incita, mueve, empuja, estimula.

Si ponemos en relación las circunstancias de la propia vida de Avellaneda que motivan la escritura del poema con el análisis propuesto del soneto desde el discurso del bolero, podremos percibir algunas de las causas que han determinado la ubicación marginal de la escritora en su relación con la nación cubana. Una marginalidad o diferencia que explicaría en buena medida las múltiples polémicas en torno a su figura y a su obra dentro de la literatura cubana. Al contrario de lo que ocurre con los escritores cubanos en su época, Avellaneda no se marcha de Cuba por razones políticas, sino personales, individuales o familiares. No es expulsada de la isla como lo sería, por ejemplo, José María Heredia u otros exiliados del siglo XIX cubano; no hay causa política que justifique su partida, como tampoco va a tener ninguna connotación política su abandono y su despedida de la isla en el soneto. Su canto de despedida es, como el bolero, *solo* "canto del deseo" (cfr. Rodríguez, "Partir").

Hay que decir, sin embargo, que Gómez de Avellaneda intentó cumplir la promesa de amor eterno formulada a Cuba en su primer poema. Cuba va a estar presente, a lo largo de su vida, en sus textos poéticos. No hay que olvidar que la escritora colocó este soneto como primer poema en las tres ediciones que realizó de su poesía, en 1841, 1850 y 1869. En las tres ediciones el poema abre el volumen, por lo que podríamos pensar que el texto funciona como especie de carta de presentación de la autora, o como un prólogo, que hablaría e informaría a los lectores peninsulares de su origen o procedencia, de su identidad; o, tal vez, fuera un modo público de formalizar y sellar la promesa hecha a la isla en el texto y demostrar que no había sido olvidada; como quien hace en público un contrato, o asume una deuda contraída.

Por otra parte, hay numerosos textos posteriores en los que la isla se hace presente. Entre aquellos en los que dicha presencia resulta más explícita se encuentra el poema "A mi jilguero", publicado por primera vez, como "Al partir", en la edición de su poesía de 1841, donde el pájaro preso en la jaula es comparado con la mujer en general, pero también donde la propia y específica voz poética, femenina e inmigrante, se identifica con el ave con el que comparte ciertas circunstancias vitales:

Yo tu suerte deploro,
Y en triste simpatía
Cuando tu pena lloro,
Lloro también la mía[4];
Que triste, cual tú, vivo,
Por siempre separada
De mi suelo nativo
De mi Cuba adorada.
(Gómez de Avellaneda, *Poesías* 91)

Se trata de un poema donde Avellaneda "expresa su añoranza de Cuba y de su niñez" (Kirkpatrick, *Las Románticas* 184). O también, un caso interesante, es el del poema "A Su Majestad la Reina, cuando la declaración de su mayoría", poema que Avellaneda escribe en 1843, incluyéndolo en la edición de su poesía de 1850 y que volverá a reescribir para la edición definitiva de su obra en 1869; un poema que sufre una gran cantidad de cambios y transformaciones, pero donde, sin embargo, tanto en una versión como en la otra, aparece una especie de *coda* dedicada a la isla, que resulta algo forzada o ajena a la temática del poema; y de la que podría afirmarse que "tiene la función de hacer presente a Cuba en España" (Rodríguez, "La Reina" 72)[5], de demostrar que la isla no ha sido olvidada, que se le recuerda desde la lejanía.

Pero quiero detenerme en un poema perteneciente a una etapa posterior en la vida de la escritora, el titulado "A un cocuyo", acaso uno de los poemas más hermosos y sugestivos de Gertrudis Gómez de Avellaneda, muy poco abordado por la crítica.

El regreso a Cuba, en 1859, propiciará que Gómez de Avellaneda, que al parecer vive en esos años una etapa de crisis en su escritura, vuelva a escribir con entusiasmo y, además de leyendas, de crear la revista quincenal *Álbum cubano de lo bueno y lo bello* de la que llegaría a editar doce números, y de su novela *El artista barquero, o los cuatro cinco de junio*, escriba varias leyendas y unos cuantos poemas valiosos, como "La vuelta a la patria", "A las cubanas", "Serenata de Cuba" o "A un cocuyo"[6].

El poema "A un cocuyo" se publicó en el periódico mensual *Cuba Literaria* en 1861[7]. Como decíamos, son pocos los críticos que se han detenido en este poema. Emilio Cotarelo y Mori lo considera "una delicadísima poesía" (Cotarelo, *La Avellaneda* 357); para el estudioso, el cocuyo es "luciérnaga que le inspira [a Avellaneda] comparaciones a la cual más poéticas, que van elevando el espíritu de la poetisa hasta el ansia de ver la luz divina" (357). Cotarelo muestra su admiración hacia el poema, aunque esta quizás esté condicionada por la dimensión religiosa —sin duda presente en el texto—, sin llegar más allá. Probablemente sea el poeta y dramaturgo Antón Arrufat, uno de los más lúcidos estudiosos contemporáneos de la obra de Gómez de Avellaneda, de los pocos que, advirtiendo la belleza del poema, le ha dedicado atención. Arrufat compara al cocuyo de este poema con un ave significativa en los versos de Gómez de Avellaneda, el jilguero del célebre poema de la escritora, antes mencionado, "A mi jilguero", y señala un curioso contraste entre el pájaro y el insecto; y es que, a diferencia del jilguero, que aparece en el poema encerrado en una jaula ("En tu jaula preciosa / ¿Qué falta a tu recreo?" —Gómez de Avellaneda, *Poesías* 89—, dice al ave la voz poética en ese texto), "el insecto portando su luz vuela libremente en la noche" (Arrufat, *Las máscaras* 102); es decir, mientras el jilguero se asocia al encierro y al cautiverio, al cocuyo lo distingue su libertad. El jilguero se ubica en la etapa de juventud de Avellaneda, en el momento de su llegada a España; se asocia a su sentimiento de añoranza, de destierro, de nostalgia hacia la isla. El cocuyo, por el contrario, corresponde al regreso, a ese momento de "reencuentro con los lugares de su infancia y adolescencia" (*Las máscaras* 113), de recuperación de lo perdido que vuelve, que es recobrado.

El motivo del poema se constituye en torno al cocuyo, insecto característico de la isla y de las zonas tropicales americanas; al incluir el poema en sus *Obras Completas* publicadas en Madrid, Avellaneda se sintió obligada a definir al cocuyo en nota al pie, donde decía: "brillante luciérnaga de la zona tórrida" (Gómez de Avellaneda, *Obras literarias* 342).

Destaca Antón Arrufat la presencia que ha tenido el cocuyo en la poesía cubana del XIX. Y esta circunstancia me parece bien significativa, porque al elegir al cocuyo como motivo, en este poema de regreso a la isla, pienso que la escritora está eligiendo, también, inscribirse dentro de la tradición poética cubana.

Habría que recordar que Samuel Feijóo dedicó atención al cocuyo en su libro *Sobre los movimientos por una poesía cubana hasta 1856* (1961) y, posteriormente, en 1964, publicará su artículo titulado "El cocuyo en la literatura cubana", donde rastrea la presencia del cocuyo en las letras cubanas desde el XIX hasta mediados del XX, incluyendo sus propios poemas y mencionando los escritos de algunos viajeros extranjeros[8]. Señala Feijóo que son Ignacio Valdés Machuca y Delio quienes introducen el cocuyo en la poesía cubana, y retoma los poemas de ambos; así, el de Valdés Machuca:

> Aun el cucuí lucífero el espacio
> De los humildes aires de la noche,

En ráfagas de verde y de topacio
Hiende volando.
(Feijóo, "El cocuyo" 91)

Y el de Delio:

Cuando recoge la enlutada noche
Su manto funeral y vergonzoso
El cucuí luminoso
Sus fulgores oculta de esmeralda (91)

Arrufat recuerda también los poemas de otros románticos, como "Los cocuyos", de Joaquín Lorenzo Luaces; o "La cocuyera", de Juan Francisco Manzano (*Las máscaras* 117), ambos referidos por Feijóo en su artículo. En el poema de Luaces, quizás la referencia más próxima al de Avellaneda, se advierte, nítidamente, la importancia atribuida al cocuyo en la isla:

Insectos relucientes,
antorchas de los bosques,
vosotros sois la gala
del trópico en las noches.

Si el vuelo alzáis fugaces,
Parece el horizonte
Sembrado de esmeraldas
Y vasos de colores.

Mil círculos brillantes
Trazáis en nuestros montes
Que bajan, se suspenden,
Se agitan y se esconden.
(Luaces, *Poesías* 47)

Aunque, curiosamente, los cocuyos de Luaces y Manzano se parecen más al jilguero que al cocuyo avellanedino, y es que ambos se asocian a la jaula y al cautiverio, desempeñando la función de servir como especie de lámpara para que un personaje femenino, amada del poeta, consiga alumbrarse y/o alumbrarlo[9].

A estos, podemos añadir otros poemas en los que el cocuyo, aunque no es protagonista e incluso va a aparecer solo fugazmente en el texto, será colocado sin duda en un lugar significativo; es el caso, por ejemplo, de "Hatuey y Guarina", del poeta siboneyista y criollista Juan Cristóbal Nápoles Fajardo, El Cucalambé, que contiene uno de los versos más célebres de la poesía cubana, donde el cocuyo se hace equivalente en relevancia a un elemento tan distintivo de la cubanía como el tabaco:

> Con un cocuyo en la mano
> Y un gran tabaco en la boca,
> Un indio desde una roca
> Miraba el cielo cubano.
> (Lezama, *Antología* III 94)[10]

El cocuyo aparece en otro poema de la propia Avellaneda, escrito en fechas cercanas al texto que comentamos, su "Serenata de Cuba", poema dramático en el que encontramos diversas voces representativas de la isla: el poeta, la luna, las aves, el mar, el bosque, las estrellas o los cocuyos[11].

Todavía en el siglo XX hallamos reminiscencias de la presencia del cocuyo en la poesía y la literatura cubanas, que siguen mostrando ese lugar privilegiado que este llamativo y peculiar insecto ocupa en el imaginario poético de la isla. Así, Eugenio Florit, como recuerda también Feijóo, en su libro *Trópico* (1930) dedica una de sus décimas al cocuyo:

> Brillan luces voladoras
> tan sueltas sobre la casa,
> como luminosa masa
> partida en tenues auroras.
> Entre las brisas sonoras
> son átomos de diamante.
> Alza un brazo el caminante
> al cruzar por la arboleda
> y presa en la mano queda
> una chispa titilante.
> (Florit, *Doble* 45)

También asoma el cocuyo en los versos de los origenistas. En su "Pequeña historia de Cuba", Eliseo Diego escribe: "[. . .] sobre la hoja del plátano / amanece el cocuyo, la trémula belleza del origen" (Diego, *Obra* 310); mientras Fina García Marruz lo hace aparecer en sus "Décimas a Seboruco", convirtiéndolo en símbolo de libertad en la poesía:

> Bien está que el verso tuyo
> No sea como el diamante
> y que un halo extravagante

vuele en él, como un cocuyo.
(García Marruz, *Visitaciones* 34)

Incluso en "La isla en peso", el emblemático poema de Virgilio Piñera, puede leerse: "[. . .] cada hombre en el rencoroso trabajo de recortar / los bordes de la isla más bella del mundo, / cada hombre tratando de echar a andar a la bestia cruzada de cocuyos" (Piñera, *La isla* 38). Cuba es aludida aquí como "la bestia cruzada de cocuyos".

Volvamos, después de este recorrido en torno al cocuyo en la poesía cubana, al poema de Avellaneda. Este es un romancillo, compuesto por 14 estrofas o cuartetas de versos heptasílabos, con rima asonante en los versos pares, mientras los impares permanecen libres. Escribe Arrufat que el poema "está estructurado en una serie ascendente de preguntas que no obtienen respuesta o cuya respuesta es solamente un 'no sé'" (Arrufat, *Las máscaras* 115). Sin embargo, considero que hay que matizar esta afirmación. "A un cocuyo" vuelve a ser, como "A mi jilguero", una conversación que sostiene la voz poética, esta vez con el insecto; una conversación que vuelve a basarse, como ocurría en el poema de juventud, en la simpatía o en las afinidades, que entonces eran con el ave presa y ahora son con el insecto libre. La voz poética comienza formulando al cocuyo sus preguntas sin respuesta; cuatro preguntas que son, en realidad, la misma pregunta elaborada de distintas maneras, pregunta(s) que indaga(n) en torno a la esencia, al ser (si así podemos decirlo) del cocuyo; preguntas que son también, en cierto modo, retóricas; y constituyen hipótesis sobre el posible ser del insecto, ese al que llama "luz misteriosa":

¿Eres quizás del cielo
Lumbrera destronada,
Que por la tierra mísera
Peregrinando pasas?
(Gómez de Avellaneda, *Obras* 342)

Estas preguntas conforman las cinco primeras estrofas del poema. Es en la quinta donde la voz poética empieza a intentar responderlas, y lo hace sin hacerlo, comenzando efectivamente con un "no sé"; un "no sé" que es perfectamente compatible con el "sí" que parece leerse como respuesta a las preguntas que hasta ese momento se han formulado. Pero durante cinco estrofas (y adviértase el equilibrio y la correspondencia: cinco estrofas para preguntar, cinco estrofas para responder) continúa procurando ofrecer una respuesta; y dice, no lo que es el cocuyo, pregunta que no parece posible contestar, sino lo que este evoca en ella, esas "secretas concordancias" que advierte entre ambos:

> Paréceme que siento
> Revelación extraña
> De místicos amores
> Entre tu brillo y mi alma.
>
> Paréceme que existen
> Secretas concordancias
> Entre el afán que oculto
> Y entre el fulgor que exhalas.
> (Gómez de Avellaneda, *Obras* 343)

Una vez detectadas, sentidas y expresadas estas extrañas y secretas concordancias, las últimas cuatro estrofas se dedican a pedir, o a desear, una especie de confusión o comunión entre ambos donde puedan fundirse, hacerse uno:

> Los sones de mi lira,
> Las chispas de tu llama,
> Confúndanse y circulen
> Por montes y sabanas
>
> Y suban hasta el cielo
> Del campo en la fragancia,
> Allá do las estrellas
> Simpáticas los llaman...
> (Gómez de Avellaneda, *Obras* 343)

Afirma Arrufat que ninguno de los poemas del siglo XIX cubano que cantan al cocuyo puede compararse al de Avellaneda, que "alcanza un instante de máxima concentración, casi simbolista, que pocas veces la poesía cubana alcanzó" (Arrufat, *Las máscaras* 115). El elogio no puede ser mayor; y es que la intuición de las correspondencias baudelerianas, simbolista y cuasi modernista, intuición de la armonía entre la naturaleza y lo humano, que ya empezaba a sugerirse en algunos poemas anteriores de Avellaneda, como "El genio de la melancolía" o "Los reales sitios"[12], alcanza plena intensidad en este poema. Observa asimismo Arrufat que es solamente al regresar a la isla, a la tierra natal, cuando van a aparecer estas concordancias, cuando la unidad del mundo y de las cosas, perdida hasta entonces, es percibida (Arrufat, *Las máscaras* 117) o, acaso, recuperada. Pero aun habría que decir algo más. En este poema, el cocuyo es presentado, también, como símbolo de Cuba, tal como insinúa la tercera estrofa:

> ¿Eres un genio o silfo
> De nuestra virgen patria,
> Que de su joven vida
> Contienes la ígnea savia?
> (Gómez de Avellaneda, *Obras* 342)

O sea, el poema sugiere el deseo de fusión de la voz poética con el cocuyo, en tanto este es concebido (junto a otras posibilidades) como símbolo del alma, la savia, la luz misteriosa, la chispa, lo vago y tenue de la isla de Cuba. Lo que pide entonces la voz poética en este poema es que sus versos, "los sones de su lira", se fundan con ese tenue fulgor de lo cubano, que asciendan juntos, unidos, hacia las estrellas. ¿Puede haber declaración más sentida, y también más suave y delicada, de patriotismo? La estrofa final del poema resulta extremadamente sugestiva. En esos últimos versos quedan selladas las concordancias entre la voz poética y el cocuyo cubano, resaltándose la dimensión misteriosa, indescifrable, que los une, esa que solo sería capaz de entender "El que comprende y tasa / De toda luz la esencia, / De todo afán la causa!" (Gómez de Avellaneda, *Obras* 344). El deseo propio se hace así equivalente, en su misterio, en su dimensión enigmática, a la propia esencia de lo cubano.

Para concluir, podemos decir que los dos poemas comentados se ubican en dos momentos extremos de la vida de Avellaneda: la partida y el regreso a la isla. Ambos podrían ser vistos, hasta cierto punto, como antónimos: si "Al partir" encarna la despedida, la separación y el abandono de la isla, "A un cocuyo" representa la fusión. Esas dos posiciones opuestas están marcadas o concebidas, sin embargo, por y desde el deseo; en "Al partir" se expresa con el acto: "Voy a partir" (Avellaneda, *Poesías de la señorita* 7); en "A un cocuyo" leemos que las secretas concordancias entre el insecto y la voz poética se producen "entre el afán que oculto / Y entre el fulgor que exhalas". Imagen sin duda muy hermosa: el deseo que no se dice, el deseo secreto de la voz poética, se hace equivalente al fulgor del cocuyo; se acercan las almas de ambos, visible en el insecto, oculta en la voz poética. Pero también hay en estos versos una correlación de tipo sinestésico, una sinestesia compleja, física y sensorial, pero también espiritual y existencial: el deseo oculto, secreto, de la voz poética consigue hacerse visible a través del fulgor que la luz del cocuyo exhala.

Algunos críticos han visto las cercanías entre ciertos poemas de Avellaneda y el modernismo, o entre Avellaneda y Darío; en este sentido, escribe por ejemplo,

José Manuel Blecua que hay en la poesía de Avellaneda "algo muy original que nos hace recordar a Rubén, no sólo en la cadencia, sino hasta en la adjetivación" (Blecua, "Gertrudis" 197). Esa cercanía o anticipación modernista no aparece solo en poemas como "El genio de la melancolía" o "Los reales sitios", sino también, en nuestra opinión, en "A un cocuyo", donde la intuición cuasi simbolista, modernista o rubendariana, se mezcla con el patriotismo cubano, con el deseo de fusión con la tierra natal.

En *Lo cubano en la poesía*, ensayo canónico sobre la poesía cubana, Cintio Vitier menciona varios rasgos que caracterizan lo cubano. Dos de esos rasgos son la lejanía y la ingravidez. La lejanía, como reconoció Sarduy, es decisiva en "Al partir". En "A un cocuyo" podemos hallar la ingravidez, esa que para Vitier supone "misterio de lo débil, fuerza de lo suave, delicadeza, flexibilidad, vaguedad, paisaje del rumor y del temblor [. . .] ser en vilo" (Vitier, *Lo cubano* 485–486). El nombre que desde lejos llama y el enigma del deseo propio confundiéndose con la misteriosa luz de la identidad cubana. Avellaneda se nos revela así, a través de estos poemas, no solo heterogénea, sino también, y al mismo tiempo, tan cubana como el más cubano de sus compatriotas, aunque el discurso nacionalista que Cintio Vitier representa no haya sabido verlo, o no haya podido aceptarlo.

Notas

1 Publicado en *Romance Studies* 3–4 (2015): 44–55.
2 Resumo, muy brevemente, dichos cuestionamientos y negaciones. En 1859 y a propósito del regreso a Cuba de Avellaneda, el poeta y creador del siboneyismo, José Fornaris, escribe un soneto donde acusa a la escritora de ingratitud y de traición a su tierra natal; habría que precisar que el "verdugo" al que hace referencia el poema de Fornaris no es otro que el esposo de la escritora, el militar Domingo Verdugo, nombrado gobernador de Cienfuegos –y posteriormente de Cárdenas y de Pinar del Río– por la Corona española: "Hoy vuelve a Cuba, pero a Dios le plugo / Que la ingrata torcaz camagüeyana / Tornara esclava en brazos de un verdugo" (Escoto, 1911: 10). Por otra parte, en 1875 en una reseña sobre los libros de varias poetisas hispanoamericanas, José Martí ponía en duda la feminidad de la escritora y también su americanismo; para Martí, Avellaneda era "un hombre altivo, a veces fiero", y despojada, como consecuencia de esta supuesta virilidad, de las cualidades necesarias para representar a "las poetisas americanas" (Martí 136). Ya en el siglo XX, Cintio Vitier considerará a Avellaneda incapaz de captar la naturaleza o el alma cubana: "no descubrimos en ella [...] una captación íntima, por humilde que sea, de lo cubano en la naturaleza o en el alma" (*Lo cubano* 110). En 1981 y por lo tanto ya dentro del

período revolucionario cubano, posterior a 1959, el crítico José Antonio Portuondo la ubica en "un limbo sin ecos" como escritora, debido a "su no compromiso, su no querer comprometerse, su situación indecisa" respecto a Cuba y la independencia de la isla (Portuondo, "La dramática" 208). Aunque estos cuestionamientos y reproches se han atenuado sin duda en el siglo XXI dentro de Cuba, no puede decirse que hayan desaparecido totalmente. Así, por ejemplo, Susana Montero, una de las más relevantes estudiosas contemporáneas de Avellaneda, escribe sobre la escritora en la más reciente *Historia de la literatura cubana*: "Cuba, en su poesía, se expresa como una permanente presencia afectiva y como una paradisíaca realidad geográfica que alimenta su nostalgia en la lejanía, pero no va más allá de esto, no intenta la búsqueda de lo esencial cubano [...] No alcanza a ser la expresión de esa entidad nacional histórica que identifica en el plano ideotemático la lírica cubana de esos años" (Montero, "La obra literaria" 251).

3 Un dato curioso que nos sirve para constatar la vigencia de Avellaneda como símbolo de la lejanía, y su incidencia en la escritura de los autores cubanos del XX, integrantes del exilio y la diáspora, es su aparición como personaje en una de las últimas novelas publicadas por Reinaldo Arenas, *El color del verano* (1991). En la obra de Arenas, paródica y absolutamente irreverente, Avellaneda es la protagonista del primer capítulo del libro, titulado "La fuga de la Avellaneda. Obra ligera en un acto (de repudio)"; en el capítulo, ubicado en 1999, aparece la escritora, que ha sido resucitada en homenaje al tirano de Cuba, Fifo, para celebrar sus 50 años en el poder. Avellaneda, sin embargo, opta, en esta nueva circunstancia, por tomar la misma decisión que en el XIX: partir de Cuba; esta vez a bordo de una lancha con rumbo a la Florida.

4 "Cuando tu pena lloro, / También lloro la mía!", es la versión de estos versos en la edición de 1869 (8).

5 Este poema ha sido comentado y discutido por la crítica debido a los cambios que la autora introduce en la segunda y definitiva versión, publicada en 1869. Emilio Cotarelo y Mori, uno de los principales estudiosos de Gómez de Avellaneda, califica dichos cambios como "superchería" (Cotarelo 85), pues de ser un canto a la Reina, en la versión de 1843, el texto se convierte en canto a la libertad de Cuba. (Un desarrollo mayor sobre este poema y sus cambios y alteraciones pueden verse en el capítulo de Milena Rodríguez Gutiérrez "La reina y la libertad: reflexiones en torno al poema 'A S. M. la Reina, cuando la declaración de su mayoría', de Gertrudis Gómez de Avellaneda", incluido en *Entre el cacharro doméstico y la Vía Láctea. Poetas cubanas e hispanoamericanas*).

6 Una relación detallada de las publicaciones de la escritora durante su estancia en Cuba entre 1859 y 1864 puede encontrarse en la edición de José Augusto Escoto de 1911 (Cfr. Escoto 68–71).

7 Los datos son recogidos por Escoto, quien indica el tomo: 1º y la página: 8. (Escoto, *Gertrudis* 70). Emilio Cotarelo y Mori añade que el poema fue impreso en el número 9 (Cotarelo, *La Avellaneda* 357).

8 Entre estos viajeros destaca Humboldt, de quien Feijoo recoge las siguientes palabras: "En ninguna otra parte he visto tan innumerable cantidad de insectos fosforescentes, porque las hierbas que cubren el suelo, las ramas y las hojas de los árboles resplandecían con aquellas luces rojizas y móviles, cuya intensidad varía, según la voluntad de los animales que las producen, pareciendo que la bóveda estrellada del firmamento bajaba sobre la sabana o pradera (Humboldt, *Ensayo* 270). Humboldt también da cuenta de la utilidad de los cocuyos en los campos cubanos: "En la casa de los habitantes más pobres del campo, quince *cocuyos*, puestos en una calabaza agujereada, sirven para buscar objetos durante la noche. Basta sacudir con fuerza la calabaza para estimular al animal a que aumente el brillo de los discos luminosos que tiene a cada lado de su *cosete*. El pueblo dice con una expresión verdadera y muy sencilla, que las calabazas llenas de cocuyos son unos faroles siempre encendidos [. . .]" (270).

9 Leemos, por ejemplo, en 'Los cocuyos', de Luaces: 'Si agita vuestra jaula / al toque de oraciones, / ya sé que tras la reja / me espera a media noche. / Que es Lola inteligente / y sabe en ocasiones / hacer de vuestra lumbre / telégrafo de amores' (Luaces, *Poesías* 47) y en "La cocuyera", de Manzano: "Entonces, Nina bella, / Gloria y honor del campo, / Envidia de las flores, / Delicia de su amado, / Toma la cocuyera, / Que con curiosas manos / Labró en felices días / Su tierno enamorado; / Y en alto suspendiendo / Tan bellísimo encanto, / La mueve, y mil cocuyos / Alumbran encerrados" (Lezama, *Antología* II 330). Estos poemas recrean cierta costumbre de las jóvenes cubanas de la época en torno a los cocuyos, a la que se refiere Feijóo en su artículo a partir de un folleto del XIX citado por Julio Rosas (no especifica Feijóo el título de Rosas; quizás se trate de "Los cocuyos", de 1873, que no hemos podido localizar) y que refiere unas palabras de Monsieur Chanut tras su visita a La Habana. Reproduce Feijóo las siguientes palabras: "Estos insectos sirven de juguete a ciertas jóvenes de La Habana, donde se les llama cocuyos. Frecuentemente, por un gracioso capricho, los prenden en los pliegues de sus vestidos de muselina, que entonces parecen reflejar los rayos plateados de la luna, o bien los fijan en sus cabellos negros, peinado original que tiene un brillo mágico [. . .]. Al regreso de la tertulia, la dueña los cuida mucho porque son en extremo delicados. Primero los sumerge en una palangana o en un vaso lleno de agua para refrescarlos, y luego los coloca en una jaulita, donde pasan la noche chupando el jugo de pedacitos de caña de azúcar. Mientras se agitan, brillan constantemente y entonces la jaulita como una lamparilla viva, esparce una dulce claridad en la pieza" (Feijóo, "El cocuyo" 95).

10 La importancia decisiva del tabaco como elemento conformador de la cubanía puede rastrearse en el ensayo de Fernando Ortiz *Contrapunteo cubano del tabaco y el azúcar* (1940).

11 Como las demás voces de este poema, los cocuyos cantan y celebran a Cuba: "También nosotros, que estrellas / Fuimos de un ignoto cielo, / Y descendimos al suelo / Cuando *ella* el suelo pisó, / Hoy lanzamos con orgullo el resplandor que te

asombra, / Porque abrillante la alfombra / De la tierra en que nació". (Gómez de Avellaneda, *Obras* 363).

12 Hay versos en estos dos poemas donde puede leerse una especie de elaboración aun en ciernes de esas correspondencias baudelerianas que aparecerán en "A un cocuyo". Versos como los siguientes de "El genio de la melancolía": "Yo soy quien abriendo las puertas de ocaso / Al sol le prepara su lecho en cristales; / Yo soy quien recoge sus luces postreras / Que acarician las tibias esferas [. . .] Yo soy quien exhala perfumes süaves / Que guardan las flores en púdico seno" (Gómez de Avellaneda, *Poesías de la excelentísima* 325–326), o como estos otros de "Los reales sitios": "Y aromas, y bailes, y amores y risas, / En dulces insomnios disfrutan las bellas, / En tanto que vuelan balsámicas brisas, / Y en tanto que el cielo se puebla de estrellas" (Gómez de Avellaneda, *Poesías de la excelentísima* 290).

Bibliografía citada

Alzate Cadavid, Carolina. "La Avellaneda en Cuba. Los espacios imaginarios de la historia literaria". *Estudios. Revista de investigaciones literarias y culturales* 17 (2011): 29–48.

Arrufat, Antón. *Las máscaras de Talía (Para una lectura de la Avellaneda)*. Matanzas: Ediciones Matanzas, 2008.

Blecua, José Manuel. "Gertrudis Gómez de Avellaneda". *Antología de la poesía romántica española*. Barcelona: Círculo de Lectores, 1993. 195–209.

Cotarelo y Mori, Emilio. *La Avellaneda y sus obras. Ensayo biográfico y crítico*. Madrid: Tipografía de Archivos, 1930.

Diego, Eliseo. *Obra poética*. Josefina de Diego, compilador. Enrique Saínz, prólogo. La Habana: Unión / Letras Cubanas, 2001.

Escoto, José Antonio. *Gertrudis Gómez de Avellaneda. Cartas inéditas y documentos relativos a su vida en Cuba de 1859 a 1864*. Matanzas: Imprenta La Pluma de Oro, 1911.

Feijoo, Samuel. "El cocuyo en la literatura cubana". *Islas. Revista de la Universidad Central de las Villas* 2 (1964): 91–107.

Florit, Eugenio. *Doble acento [1930–1992]. Antología poética*. José Olivio Jiménez, ed. Juan Ramón Jiménez, homenaje. Madrid: Huerga y Fierro, 2002.

García Marruz, Fina. *Visitaciones*. La Habana: Unión de Escritores y Artistas de Cuba, 1970.

Gómez de Avellaneda, Gertrudis. *Poesías de la señorita Gertrudis Gómez de Avellaneda*. Madrid: Establecimiento Tipográfico, 1841.

———. *Poesías de la excelentísima señora Dª. Gertrudis Gómez de Avellaneda*. Madrid: Imprenta de Delgrás Hermanos, 1850.

———. *Obras literarias de la señora Doña Gertrudis Gómez de Avellaneda. Tomo I Poesías líricas*. Madrid: Imprenta y Estereotipia de M. Rivadeneyra, 1869.

Humboldt, Alejandro de. *Ensayo político sobre la isla de Cuba*. Vladimir Acosta, presentación, J.B. de V, trad., Amelia Hernández, actualización de la trad. Caracas: Biblioteca Ayacucho, 2005.

Kirkpatrick, Susan. *Las Románticas. Escritoras y subjetividad en España (1835–1850)*. Amaia Bárcena, trad. Madrid: Cátedra. 1991.

Lezama Lima, José. *Antología de la poesía cubana* [1965]. Ángel Esteban y Álvaro Salvador, eds. Madrid: Verbum, Tomo II, 2002.

Luaces, Joaquín Lorenzo. *Poesías escogidas*. Sergio Chaple, prólogo. La Habana: Letras Cubanas, 1981.

Martí, José. 1977 [1875]. "Tres libros. Poetisas americanas. Carolyna Freire. Luisa Pérez. La Avellaneda. Las Mexicanas en el libro. Tarea aplazada". Pérez de Zambrana, Luisa. *Antología poética*. Sergio Chaple, selecc. y prólogo. La Habana: Arte y Literatura. 134–38.

Méndez Rodenas, Adriana. "Mujer, nación y otredad en Gertrudis Gómez de Avellaneda". *Cuba en su imagen: Historia e identidad en la literatura cubana*. Madrid: Verbum, 2002. 13–29.

Montero, Susana. "La obra literaria de Gertrudis Gómez de Avellaneda. Noticias sobre su vida y personalidad. Su obra lírica". *Historia de la literatura cubana*. Salvador. Arias, Director. Tomo I *La colonia: desde los orígenes hasta 1898*. La Habana: Instituto de Literatura y Lingüística / Letras Cubanas, 2002. 247–53.

Picon Garfield, Evelyn. *Poder y sexualidad. El discurso de Gertrudis Gómez de Avellaneda*. Amsterdam / Atlanta: Rodopi, 1993.

Piñera, Virgilio. "La isla en peso". *La isla en peso. Obra poética*. Antón Arrufat, compilador y prólogo. La Habana: Unión, 1998. 33–44.

Portuondo, José Antonio. "La dramática neutralidad de Gertrudis Gómez de Avellaneda". *Capítulos de Literatura cubana*. La Habana: Letras cubanas, 1981. 207–32.

Pratt, Mary Louise. "Las mujeres y el imaginario nacional en el siglo XIX". *Revista de crítica literaria latinoamericana* 38 (1993): 51–62.

Rodríguez Gutiérrez, Milena. "La Reina y la libertad: reflexiones en torno al poema 'A S. M. la Reina, cuando la declaración de su mayoría', de Gertrudis Gómez de Avellaneda". *Entre el cacharro doméstico y la Vía Láctea. Poetas cubanas e hispanoamericanas*. Sevilla: Renacimiento, 2012. 65–79.

———. "Partir / marchar(se). El NO femenino en la poesía cubana del XIX y del XX. Gertrudis Gómez de Avellaneda e Isel Rivero". *La Habana Elegante* 53 (2013): s/p. http://www.habanaelegante.com/Spring_Summer_2013/Dossier_Poetas_RodriguezGutierrez.html

Sarduy, Severo. "Tu dulce nombre halagará mi oído". *Homenaje a Gertrudis Gómez de Avellaneda. Memorias del simposio en el centenario de su muerte*. Rosa María Cabrera y Gladys Zaldívar, eds. Miami: Universal, 1981. 19–21.

Vitier, Cintio. *Lo cubano en la poesía*. Las Villas: Universidad Central de Las Villas, 1958.

Zavala, Iris. "El bolero: el canto del deseo". *Anthropos: Boletín de información y documentación* 166–167 (1995): 104–108.

———. *El bolero. Historia de un amor*. Madrid: Celeste, 2000.

2

Las respuestas de Carolina Coronado y Luisa Pérez de Zambrana ante la polémica en torno al género en Gertrudis Gómez de Avellaneda (Una lectura transatlántica)[1]

Una polémica transatlántica o "la nube amenazante"

En 1846, Antonio Ferrer del Río publicó en Madrid su *Galería de la literatura española*. Entre los escritores del volumen solo fue incluida una mujer, Gertrudis Gómez de Avellaneda, cuyo nombre aparecía, sin embargo, sintomáticamente tachado, pues encima de este el galerista superponía el de otra escritora, Carolina Coronado. La *tachadura* de Avellaneda se debía, según el estudioso, a que la autora, más que *poetisa*, era *poeta*. El párrafo de Ferrer del Río, al que la crítica posterior ha aludido en numerosas ocasiones pero que pocas veces se reproduce, decía lo siguiente:

> **Señorita Doña Gertrudis Gómez de Avellaneda**. Al frente de las poetisas españolas se encuentra la Carolina Coronado: no es la Avellaneda poetisa, sino poeta: sus atrevidas concepciones, su elevado tono, sus acentos valientes, son impropios de su sexo. Escribe odas y tragedias: como novelista luce más en *Espatolino* y en *Guatimocin* que en *Sab* y las *Dos Mujeres*. Ha alcanzado triunfos escénicos en *Alfonso Munio* y el *Príncipe de Viana*: en un solo certamen ha merecido dos premios: de *Saúl*, tragedia bíblica, nos han contado maravillas. Corresponde la altivez y soberbia de su carácter al mérito de sus composiciones: su vida tendría muchos puntos de contacto con la de Jorge Sand si la

sociedad madrileña se asemejase en todo á la sociedad parisiense (Ferrer del Río, *Galería* 309)

No era la primera vez que la crítica española emitía un juicio similar. Numerosos críticos, estudiosos, escritores de la época, dijeron palabras parecidas; como bien dice María Prado Más, "la autora española a la que más se trasvistió en España fue sin duda ninguna Gertrudis Gómez de Avellaneda" (Prado Más, *El teatro* [53]). Ya en el prólogo a la primera edición de la poesía de Gómez de Avellaneda, publicada en 1841, Juan Nicasio Gallego escribía: "Todo en sus cantos es nervioso y varonil: así cuesta trabajo persuadirse que no son obra de un escritor del otro sexo. No brillan tanto en ellos los movimientos de ternura, ni las formas blandas y delicadas, propias de un pecho femenil y de la dulce languidez que infunde en sus hijos el sol ardiente de los trópicos, que alumbró su cuna" (Gómez de Avellaneda, *Poesías de la señorita* IX).

Casi treinta años después de Ferrer del Río, en 1875 y apenas dos años más tarde de la muerte de Gertrudis Gómez de Avellaneda, José Martí *actualiza*, para Cuba y para América Latina, el juicio español sobre el sexo de Avellaneda, llevando a cabo en la *Revista Universal de México* una operación similar de borradura de la escritora, aunque más sofisticada y de consecuencias más profundas. Al comentar la antología *Poetisas americanas* de José Domingo Cortés, publicada en esas fechas en París, Martí tacha el nombre de Avellaneda, no solo como mujer, sino también como (supuesto) símbolo de las "poetisas de América". En ambos lugares coloca el nombre de otra cubana, Luisa Pérez de Zambrana, quien sí poseía, a diferencia de Avellaneda y según Martí, "un alma clara de mujer". Los motivos martianos son, aparentemente, parecidos a los de la crítica española; y Martí se regodea en ellos. Describe en su artículo a Luisa Pérez, "pura criatura, a toda pena sensible y habituada a toda delicadeza y generosidad", quien, como "mujer de un hombre ilustre [...] entiende que el matrimonio con el esposo muerto dura tanto como la vida de la esposa fiel" (Martí, "Tres libros" 135). No lo dice con todas sus letras, pero sus palabras suponen un tácito reproche a Avellaneda quien, a diferencia de Luisa Pérez —viuda desde muy joven y durante toda su vida del médico y escritor Ramón Zambrana— contrajo nuevamente matrimonio con Domingo Verdugo después de la muerte de su primer marido, Pedro Sabater. Más adelante, la comparación se hace explícita y la figura de Avellaneda y sus versos quedan despojados, si no de talento, sí de feminidad, y como consecuencia de esta *carencia*, de toda posibilidad de representar a las escritoras americanas:

Hay un hombre altivo, a las veces fiero, en la poesía de la Avellaneda: hay en todos los versos de Luisa [Pérez de Zambrana] un alma clara de mujer. Se hacen versos de la grandeza pero sólo del sentimiento se hace poesía. La Avellaneda es atrevidamente grande. Luisa Pérez es tiernamente tímida.
Ha de preguntarse, a más, no solamente cuál es entre las dos la mejor poetisa, sino cuál de ellas es la mejor poetisa americana. Y en esto, nos parece que no ha de haber vacilación.
No hay mujer en Gertrudis Gómez de Avellaneda: todo anunciaba en ella un ánimo potente y varonil; era su cuerpo alto y robusto, como su poesía ruda y enérgica; no tuvieron las ternuras miradas para sus ojos, llenos siempre de extraño fulgor y de dominio: era algo así como una nube amenazante. Luisa Pérez es algo como nube de nácar y azul en tarde serena y bonancible. Sus dolores son lágrimas: los de Avellaneda son fiereza. Más: la Avellaneda no sintió el dolor humano: era más alta y más potente que él; su pesar era una roca; el de Luisa Pérez, una flor. Violeta casta, nelumbio quejumbroso, pasionaria triste.
¿A quién escogerías por tu poetisa, oh apasionada y cariñosa naturaleza americana?
Una hace temer; otra hace llorar. [. . .]
Lo plácido y lo altivo: alma de hombre y alma de mujer; rosa erguida y nelumbio quejumbroso; ¡delicadísimo nelumbio! ("Tres libros" 136)

Excelentes trabajos de estudiosas contemporáneas, entre los que merecen destacarse los de Susan Kirkpatrick (1989), Mary Louise Pratt (2003) o Nuria Girona (2011), se han acercado a esta cuestión de la masculinización de Avellaneda por parte de la crítica y a los reproches y descalificaciones sexistas que sufrió su figura y su obra en el XIX y aún en el XX, tanto en España como en Cuba. Algunas han cuestionado además frontalmente el punto de vista martiano sobre la escritora: "el radicalismo democratizante de Martí no se extendía al orden de género", escribe rotunda Pratt (36). Kirkpatrick, por su parte, en su imprescindible *Las Románticas*, lee las obras poéticas de Avellaneda y Coronado y establece relaciones entre la escritura de ambas y sus posiciones subjetivas. La puesta en relación de Avellaneda y Luisa Pérez ha sido también esbozada, fundamentalmente en los trabajos de estudiosas cubanas, como los de Madeline Cámara (1998) o Susana Montero (2003). Falta, sin embargo, desde mi punto de vista, una lectura de conjunto de esta que podríamos nombrar "polémica en torno al género en Avellaneda" (con ciertas reservas, sin duda: ¿puede llamarse verdaderamente polémica a un ataque en el que hay *casi* una única opinión, a una pelea en la que todos los intervinientes pegan del mismo lado mientras el espacio de enfrente permanece prácticamente vacío?); falta enfocar esta polémica desde una perspectiva que acaso vale llamar transatlántica, pues se trataría de tomar en consideración, de modo simultáneo, a los críticos españoles y cubanos; y aún más que a estos, que ya han sido muy escuchados, a esas dos escritoras que en España y en Cuba desempeñaron similar función, esas dos *poetisas*, Carolina Coronado y Luisa Pérez, que fueron colocadas en el mismo sitio, como contrincantes *femeninas* de Avellaneda. ¿Qué había en común entre ellas?, ¿cuáles fueron sus respuestas ante la polémica y qué significación tuvo para ambas? ¿Qué dijeron cada una sobre Avellaneda? ¿Es posible que sus respuestas, sus palabras, leídas una junto a la otra, añadan algo a lo que ya conocemos en torno a este tema? Propongo en estas páginas un acercamiento desde esta perspectiva.

España y Carolina Coronado

No hay cartas o documentos que prueben la existencia de relaciones de amistad entre Carolina Coronado y Gertrudis Gómez de Avellaneda (Fernández, "Yo no puedo" 3). Sí se encuentran, sin embargo, evidencias de la admiración de la extremeña hacia la cubana: una carta a Hartzenbusch escrita en 1848, donde habla de un retrato de Avellaneda encargado un año atrás y que por fin acaba de recibir (cit. en Fernández, "Yo no puedo" 290); carta donde se recoge un comentario de sorpresa de Coronado ante la belleza de la retratada, que denota que hasta esa fecha no se han conocido personalmente.

Será en dos artículos publicados entre 1857 y 1858 en el periódico español *La Discusión*, donde Carolina Coronado ofrezca su respuesta a la opinión de Ferrer del Río sobre Gertrudis Gómez de Avellaneda. En la sección "Galería de poetisas contemporáneas", Coronado dedicó a Avellaneda dos artículos muy significativos, que volvieron a publicarse en 1861 en la revista madrileña *La América*. Coronado se refiere al volumen de Ferrer del Río, aunque nunca dice, quizás por modestia, o tal vez por vergüenza, que en aquel volumen era su nombre el que aparecía *tachando* el de Avellaneda. Es conocido cómo Coronado atribuye al éxito de la escritora la masculinización de su figura: "Los otros hombres del tiempo antiguo negaban el genio de la mujer; hoy los del moderno, ya que no pueden negar al que triunfa, le metamorfosean" (Coronado, "Galería [I]" 10). Pero Coronado acepta también la existencia de dos facetas en Avellaneda: la de *poetisa* y la de *poeta* y va adscribiendo a dichas facetas diferentes textos poéticos de la escritora, sin dejar, sin embargo, por ello, de reclamar su lugar entre las mujeres: "Pues decidme, poetas, ¿tan pocos sois en la creadora España, donde son poetas los legisladores, poetas los diplomáticos, poetas los sacerdotes y poetas los guerreros que necesitáis aumentar vuestro número con el nombre de una mujer?" (Coronado, "Galería

[I]" 10), y reivindica, finalmente, la condición femenina de la escritora: "Un poeta festivo pudo exclamar al leer estas últimas composiciones: 'Es mucho hombre esta mujer'. Yo al leer las primeras, pensando en que han declarado hombre á su autora exclamo: ¡es mucha mujer este hombre!" (11). Pero acaso la cuestión más importante aparece en el segundo de estos artículos, donde Coronado se refiere a la condición de autora teatral de Avellaneda, situando esta circunstancia como la más problemática para la aceptación de la feminidad de la cubana por parte de la sociedad y el mundo literario españoles. Coronado, que describe la que llama la "España francesa" como una mala copia de Francia, sitúa en ese espacio simbólico español el teatro que se hace en ese momento y escribe:

> Yo no conozco los hábitos de la escritora, cuyas obras estudio respetuosamente; pero creo que el haber elegido el teatro para campo do sus glorias ha sido uno de los mayores inconvenientes con que ha tenido que luchar, el teatro está colocado aquí en la España francesa, y los franceses codiciosos que perdonarían á una mujer el que fuese atea, no la perdonarían el que ganase mil francos en un drama (Coronado, "Galería [II]" 10)

Muy sagazmente Coronado pone el dedo sobre la llaga al referirse a un hecho en el que creo que aún no se ha insistido lo suficiente: que es con el teatro con el que Avellaneda se convierte realmente en una escritora profesional, que gana dinero y que puede vivir, como algunos escritores (no todos) de su trabajo. Y, como bien afirma Coronado, esta circunstancia, si bien no provocó el travestismo que sufrió la escritora por parte de la crítica, pues como hemos dicho este existió desde que publicó su primer libro, sí creo que contribuyó notablemente a reforzarlo, a acentuarlo y a convertirlo en más intenso y/o virulento[2]. Una mujer con "habitación propia", que triunfa como autora y gana dinero con su trabajo, es, sin duda, mucho más *peligrosa* y supone una competencia mayor que una *poetisa*, por mucho que esta pretenda ser *poeta* y se acerque a temas *varoniles* y escriba sobre Francia, Napoleón o sobre la muerte de José María Heredia. Es, así, a partir del trabajo de Avellaneda como dramaturga que se verifican estas palabras que muy acertadamente ha apuntado Nuria Girona: [En Avellaneda] "el trabajo creativo se enfrenta *profesionalmente* y profesionalmente significa no sólo en una intensa dedicación al mundo de las letras [...] sino en la disciplina con que se ejecuta [...] y por supuesto, en la retribución (efectiva y simbólica) que recompense esta actividad" (Girona, *Rituales* 166, énfasis de la autora).

Hay, más adelante, en el segundo artículo de Carolina Coronado, otra idea que también merece la pena destacar y es la exhortación a las *poetisas* coetáneas a que respeten a la escritora, pero también a que no la tomen como modelo, precisamente por su condición de autora dramática:

> [...] no la aceptéis como ejemplo; no debe ni puede servir de modelo para la educación literaria de las poetisas. Lejos de esforzar cada una su ánimo, en imitar ese gran fenómeno, debe reprimir sus aspiraciones ambiciosas. Si a pesar de todo, sin pretenderlo, sin desearlo [...] prorrumpe una de vosotras en acentos que conmueven, que arrebatan al público, y que arrancan de manos de los mismos enemigos de las poetisas laureles de triunfo, respetad á esa escritora. (Coronado, "Galería" [II] 10)

Estas palabras de Coronado enfatizan así en cómo Avellaneda se convierte en antimodelo para las *poetisas* españolas de la época, sin duda por su propia poesía pero, sobre todo, por su condición de autora teatral de éxito. Carolina Coronado quizás pretende no desestimular la vocación poética entre las mujeres, y pone el acento en el rechazo a la vocación que ella cree realmente peligrosa para estas, la de dramaturga, una profesión que, como ella misma describe en su artículo, resulta bien difícil de asumir para una mujer:

> La profesión de poeta dramático es dura aun para los hombres mismos. La poesía lírica no necesita mas que genio y soledad: el arte dramático necesita ademas mecanismo. No le basta á la poetisa crear una obra, es preciso que la ponga en accion, y para esto se necesitan trabajos que verdaderamente no puede hacer una mujer sin grandes y peligrosos combates.
>
> Todos los traductores de comedias han de ser sus enemigos, todos los escritores dramáticos sus rivales, todos los editores sus tiranos, todos los empresarios sus amigos, y todos los cómicos sus compañeros. La actividad, la energía, el vigor que la autora necesita desplegar para que su obra tenga éxito, la hacen olvidar que es mujer; tiene que pasar largas horas entre bastidores, animando a unos, reprendiendo á otros, y cuando llega la noche del estreno, necesita ser un héroe para sufrir el tenor de una silva, ó varón para soportar los aplausos, presentándose en escena ante el público arrebatado. (Coronado, "Galería" [II] 10)

Las palabras de Coronado contribuyen a acentuar el mérito de Avellaneda al convertirse en autora dramática y nos ofrecen elementos para comprender mejor las dificultades que tuvieron que afrontar las mujeres en España para acceder al más público de los géneros literarios. Pero ¿podemos considerar estos artículos, de modo exclusivo, como la respuesta de Carolina Coronado a esta polémica? Cabe, me parece, examinar también la propia escritura poética de Coronado.

Aquí habría que mencionar un poema dedicado a Avellaneda, fechado en 1846 e incluido en el cuaderno que Coronado tituló "A las poetisas". Bajo el sugestivo título de "Yo no puedo seguirte con mi vuelo", en este texto poético queda patente su admiración hacia Avellaneda, aunque también sus reservas ante la elección de la cubana[3].

El poema comienza poniendo de manifiesto las supuestas diferencias, el contraste entre ambas: una, Avellaneda, es de "villa populosa" y "acacia de jardín"; la otra, Coronado, es "zarza campesina", "vecina de valle pacífico"; es decir, Coronado se asocia a sí misma con la naturaleza, mientras identifica a Avellaneda con la ciudad. Por otra parte, Avellaneda será "viajera golondrina", mientras la voz poética se considera a sí misma "tortuga perezosa". A pesar de las diferencias, las escritoras parecen ir juntas en su ruta, pero se trata de una circunstancia que ha de cambiar pronto, precisamente por el ascenso que va experimentando la cubana:

> El entusiasmo que hacia ti me impele,
> la dulce fe que hacia mi amor te guía,
> disponen que en amiga compañía,
> mi canto unido a tus acentos vuele;
> mas yo no sé, paloma, si recele
> que, al fin, he de quedar sola en la vía,
> pues tal vas ascendiendo por el cielo,
> que no puedo seguirte con mi vuelo
> (Coronado, *Poesías* 523)

Más adelante encontramos en el poema el llamado *topos* de la "falsa disculpa" que suele aparecer en la escritura de mujeres; esa "declaración de autodescalificación" (Russotto, *Tópicos* 77), literal, aunque con cierto carácter irónico en este caso, que se irá revelando a lo largo del texto: la escritura de Avellaneda, su voz, emerge desde la regia villa —y adviértase aquí la polisemia del término, que tanto puede referirse a la magnificencia de la ciudad, como a la corte, al palacio real que efectivamente frecuentó la cubana—, mientras la voz de Coronado solo puede "modular" canciones (ni siquiera consigue llegar a cantarlas) en homenaje a cosas insignificantes, menores, como esas florecillas, que aún parecen menos relevantes gracias al diminutivo con que la voz poética las designa: "Tú desde el centro de la regia villa / domeñas con la voz los corazones, / yo sólo alcanzo a modular canciones / en honor de la simple florecilla" (Coronado, *Poesías* 523–524).

Las alusiones a la distancia que crece entre ambas mujeres continúan en la siguiente estrofa, donde la voz poética sigue presentándose como incapaz de soñar con un triunfo como el de Avellaneda, asumiendo también para sí misma una actitud en concordancia con las recomendaciones que daba a las escritoras en su artículo sobre Avellaneda: no envidiar a las mujeres que consiguen triunfar en las letras, respetar su obra y admirarlas.

> Si mi ardoroso empeño a ti me envía,
> de ti me aparta el genio que te eleva
> y sola a conquistar la prez te lleva
> que no osara tocar mi fantasía:
> pero no temas, no, que el alma mía
> de su destino a murmurar se atreva,
> pues que suyo será el bello destino
> de alfombrarte de flores el camino. (524)

A partir de la quinta estrofa puede decirse, sin embargo, que en el poema se produce una fractura: se presenta en el texto, de improviso, la posibilidad de que la escritora que triunfa acabe descubriendo que la sociedad que ha elegido no es aquello que imaginaba y vuelva entonces la vista hacia esa naturaleza escogida por Coronado, naturaleza que parecía hasta ese momento menor y que de pronto adquiere, en el poema, mayor importancia e interés que la sociedad y, sin duda, mayor autenticidad:

> Mas, al fijar la perspicaz mirada
> en esa sociedad, cuya existencia
> ha menester de intérprete a la ciencia
> para ser comprendida y revelada;
> afligida sintiendo y fatigada,
> acaso tu sencilla inteligencia,
> rechazarás el mundo con enojos
> y hacia mi valle tornarás los ojos (524)

La simplicidad, coherencia y bondad de la naturaleza es resaltada y elogiada en las estrofas siguientes: la garza que cría amorosamente a los polluelos, los canes que cuidan lealmente a la familia, la abeja que deja sus frutos a la colmena, se presentan como contrapunto a lo que ocurre en la sociedad de los humanos, criticada por la voz poética, con argumentos que nos recuerdan, de algún modo, los utilizados en otro poema de Coronado fechado en el mismo año, "Libertad", poema que constituye uno de los más duros que la autora escribiera contra la sociedad de su época y contra el liberalismo, del que fue partidaria, por la exclusión que sufrían las mujeres. Sin llegar a emitir un juicio tan radical como el de "Libertad", los versos en que Coronado cuestiona la sociedad de su época, plantean también un rechazo que justifica el alejamiento, y la elección que ella ha hecho de la naturaleza, en este caso no estrictamente por la marginación de las mujeres, sino por la falsedad e hipocresía que dicho mundo representa; dice ahora la voz poética: "¿Todas las madres son tan cariñosas / entre esa gente de la raza humana? [. . .] ¿Las vidas de los hombres generosas / conságranse a la patria soberana? / ¿O entre brutos a súbditos y reyes / su instinto vale más que nuestras leyes?" (525). El cuestionamiento a la sociedad y el elogio de la naturaleza terminan valorizando la propia elección del sujeto lírico: no es necesario tener "ciencia elevada", para "cantar del campo embelesada / las risueñas perfectas hermosuras / basta de mi garganta el leve acento, / y sobra tu magnífico talento" (525).

Coronado deja así a Avellaneda, simbolizada en la paloma, la sociedad, el triunfo, la altura, mientras continúa reivindicando su propia elección: la naturaleza, el campo, que suponen otro tipo de éxito o de reconocimiento, que la escritora expresa en un interesante oxímoron, "la gloria campesina". Es, así, la "gloria campesina" y no otra, la que, como alondra, ave que utiliza ahora como símbolo para sí misma, quiere. Aunque no deja de desear, por último, a Avellaneda, el mayor éxito en el camino escogido, ubicándola asimismo en el lugar de la "mujer regenerada", nuevo tipo de mujer, esa que va a representar los valores positivos dentro de esa sociedad constituida por una especie humana y/o femenina (hay una ambivalencia en el texto en este sentido, y cabe interpretar ambas posibilidades) degradadas:

> Deja que mis estériles canciones
> mueran sobre este arroyo cristalino
> y sigue tú, paloma, este camino
> el vuelo remontando a otras regiones [. . .]
>
> Déjame a mí la gloria campesina,
> brille en la sociedad tu bella ciencia
> que allí a gloria mayor la providencia
> tu corazón y tu saber destinas:
> ¡palpitante lección, viva doctrina
> a la ignorancia y femenil demencia!
> Serás, entre su especie degradada,
> tipo de la mujer regenerada.
> (Coronado, *Poesías* 523–526)

En el poema se aprecia nítidamente la admiración, indudable, hacia Avellaneda, el reconocimiento de su talento y valía y el respeto que inspira a Coronado el camino que Avellaneda ha elegido. Pero hay también en el texto una distancia que se subraya y acentúa. La voz poética enuncia explícitamente la posibilidad de una elección *otra*, la suya propia, completamente contraria a la de Avellaneda: naturaleza frente a sociedad, "gloria campesina" frente a gloria a secas. Aunque parece muy elaborada individualmente, aunque pueda verse incluso en esa elección *otra* un germen de las reivindicaciones que hará el llamado *feminismo de la diferencia*, no deja de ser, a pesar de todo, la de Coronado, aquella elección que le ha sido asignada como mujer de acuerdo a los patrones de la sociedad en la que vive: la naturaleza. Como mismo recomendaba en sus artículos a las demás poetisas que no siguieran el modelo de Avellaneda, también en su poesía Coronado deja patente que tampoco ella elige ese modelo para sí misma.

Aunque no está dedicado a Avellaneda, me parece útil el acercamiento a un poema más de Coronado, que creo nos permite entender mejor cuál es verdaderamente esa elección *otra* que se contrapone a la de Avellaneda y el porqué de la misma; me refiero al poema "En el castillo de Salvatierra", fechado en 1849; texto que considero complementario a "Yo no puedo seguirte con mi vuelo" y que podría pensarse, incluso, en cierto modo, como un homenaje indirecto, e involuntario, a Avellaneda. Lo que narra este poema es lo que ocurre al sujeto lírico cuando intenta asumir una elección que se corresponde con un modelo femenino que se revela muy cercano al avellanedino. Así, me parece sintomático que en "En el castillo de Salvatierra", el sujeto lírico recurra y elija la altura, es decir, el mismo elemento con el que antes se había identificado a Avellaneda, para reivindicar "para la poeta mujer el escenario desde el que los poetas románticos [...] habían emprendido sus meditaciones sobre el universo, la historia, y el yo" (Kirkpatrick, *Las Románticas* 220); en el texto, la altura va a ser fundamental, signo de la mayor libertad creativa y vital; como escribe Kirkpatrick, la mujer necesita también, como los hombres, "una altura desde la que observar el mundo" (220). El poema constituye una denuncia explícita de la opresión social de las mujeres en diversas épocas de la historia de España. El sujeto lírico del texto sube a la torre del castillo medieval de Salvatierra y desde allí alza su voz y formula su queja y su denuncia sobre la situación de las mujeres: "ni un eslabón los siglos quebrantaron / a nuestra anciana y bárbara cadena" (Coronado, *Poesías* 353). La altura parece darle fuerza, valor: "Por cima de las nubes nos hallamos, / ¡libertad en el cielo proclamemos! / Las mismas nubes con los pies hollamos, / las alas en los cielos extendemos" (355); esta altura es aquí signo de aquella que ha conseguido imponerse por encima de las limitaciones que sufre como mujer y está dispuesta a afrontar la soledad que acompaña su elección: "Yo he triunfado del mundo en que gemía, / yo he venido a la altura a vivir sola" (355). El final del poema supone, sin embargo, el fracaso de la elección asumida: la torre se derrumba con la tormenta y el rayo; el firmamento, antes tan cercano, se aleja, y el sujeto lírico femenino, hasta entonces bien seguro de sí mismo, se siente débil y acaba acudiendo a Dios a pedir su ayuda para que la baje de la altura y la devuelva a la tierra: "¡Ay! ¡sálvame, señor, porque ya creo / que le falta a mi orgullo fortaleza!" (356). Bajar de la altura, regresar a la tierra es, en este texto, signo de claudicación, de fracaso, de la imposibilidad femenina para asumir la elección de la trascendencia, la cultura, la gloria a secas. Como escribía Coronado en sus artículos, eran pocas las mujeres que, como Avellaneda, estuvieran dispuestas a pagar el precio de su libertad, de subir a la altura, de intentar conquistar esos mundos reservados a los hombres; así, la propia voz poética, que al principio de este poema parecía creer que podía, descubre al final del texto que ella tampoco puede: "que yo las nubes resistir no puedo" (355)[4]: la torre es demasiado oscura, la soledad demasiado grande, los rayos acaban llegando demasiado cerca; el "no poder", que en "Yo no puedo seguirte con mi vuelo" había sido convertido en logro, en triunfo *otro*, se convierte aquí en signo de derrota y desamparo, apareciendo sin adorno o racionalización alguna, en su total literalidad y desnudez; tal como lo expresan los impresionantes versos con que se cierra el poema, que recuerdan, curiosamente, el verso final de "Amor de ciudad grande", de José Martí[5]:

¡Bájame con tus brazos de la altura
que yo las nubes resistir no puedo!
¡Sácame de esta torre tan oscura
porque estoy aquí sola y . . . tengo miedo!
(Coronado, *Poesías* 356)

Cuba y Luisa Pérez

No se conoce que Luisa Pérez haya respondido directamente en ningún escrito, como Coronado a Ferrer, al artículo de José Martí. Hay que decir que Luisa Pérez de Zambrana, que con ese nombre fue conocida la escritora, había perdido a su esposo Ramón Zambrana en 1866, un año antes de publicar la primera versión del excelente poema "La vuelta al bosque", al que se refiere Martí en su reseña, y es también en esa época madre de seis hijos que han quedado huérfanos. Sus circunstancias en 1875 son precarias, pues apenas posee recursos económicos; a estas circunstancias habría que añadir que en esos años en Cuba se desarrolla la primera guerra de independencia, la llamada Guerra de los Diez Años (1868–1878). No hay, en fin, hasta donde se conoce, una respuesta escrita de Luisa Pérez a las palabras martianas. Su respuesta es un acto, una conducta.

Hay que decir que la frase martiana no solo resulta sexista y anuladora respecto a Avellaneda: constituye también un condicionante poderoso para la poesía de la propia Luisa Pérez o, para ser decirlo con mayor exactitud, es quizás un reforzamiento del modo en que debe escribir. Pero la frase supone una lápida puesta no solo sobre la obra de Luisa Pérez, obligada a ser *femenina*, tierna y suave[6] sino, lo que es acaso más grave, sobre la mujer Luisa Pérez quien, a diferencia de Avellaneda, estaba viva en el momento en que Martí escribe su artículo. Quizás no sea muy probable que una mujer como Luisa Pérez, que había asumido estrictamente los valores normativos de su sociedad respecto a la mujer[7], hubiera vuelto a casarse después de la muerte de su marido Zambrana, pero si alguna posibilidad hubo de que algo así ocurriera, la lapidaria (nunca mejor dicho) frase de Martí se habría encargado de evitarlo: "Mujer de un hombre ilustre, Luisa Pérez entiende que el matrimonio con el esposo muerto dura tanto como la vida de la esposa fiel" ("Tres libros" 135). La frase ha sido interpretada por la crítica cubana como la constatación de un hecho porque, efectivamente, lo que se describe se cumplió. Sin embargo, se ha olvidado que en el momento en que Martí la escribe Luisa Pérez no había cumplido aún cuarenta años y llevaba apenas ocho de viudez. Pero Martí escribe "entiende", sin acompañarlo siquiera de un "parece". Se trata, para él, de un hecho dado en un presente eterno, que no termina. En realidad, más que constatar un hecho, la frase inscribe una especie de mandato. ¿Y qué *poetisa* del XIX se habría atrevido a desobedecer un mandato como este que la convertía, siempre que lo cumpliera, en el símbolo de las *poetisas* de América?[8] Quizás Avellaneda hubiera osado desafiarlo, pero Luisa Pérez no era ella. La vida de Luisa Pérez duró mucho, casi 90 años, desde 1835 hasta 1922; sobrevivió a su ilustre marido cincuenta y seis años y murió siendo su viuda, y prácticamente en la miseria. En España se le conoce poco; en el resto de América, a excepción de Cuba y a pesar de la predicción de Martí, también.

Como ocurre con Carolina Coronado, hay constancia de la admiración que Luisa Pérez tuvo hacia Gertrudis Gómez de Avellaneda, a pesar de que Luisa Pérez asumiera estrictamente, sobre todo después de su matrimonio con Ramón Zambrana, los valores del "ángel del hogar". Fue precisamente Luisa Pérez la encargada de coronar a la autora de *Sab* a su regreso a Cuba en 1859 y sería Gómez de Avellaneda quien prologaría la segunda edición de la poesía de Pérez publicada en La Habana en 1860. Con motivo del regreso a Cuba, Luisa Pérez escribe su poema "A Gertrudis Gómez de Avellaneda", un texto que guarda concomitancias con el que le dedicara Carolina Coronado. Las dos primeras estrofas del poema recogen ese regreso a Cuba de Avellaneda que acaba de producirse. Como Coronado, Pérez emplea también la metáfora del vuelo calificado como "majestuoso", y que se refiere en el texto tanto al movimiento, al cambio de lugar de la escritora, como a la altura que esta ha alcanzado con su talento y su éxito; otra imagen que continúa poniendo de manifiesto la admiración hacia Avellaneda es la de "astro deslumbrador", que también es utilizada para describirla; así como el decir, mediante un elogio sin duda excesivo, pero que sigue mostrando el entusiasmo de la voz poética, que el siglo la considera "su primer poeta", y lo dice en masculino, o más exactamente, utilizando el genérico, pues en las siguientes estrofas podemos leer que Pérez no adopta la posición de la masculinización de la escritora, sino que intenta resaltar su valía, su talento, no solo entre las mujeres, sino entre todos los poetas, independientemente de su sexo. También se advierte la intensidad del deseo de la autora en torno al regreso de Avellaneda, que parece delatar esa reiteración de los "por fin" o "al fin", abundantes en estas primeras estrofas. Hay otro elemento que llama la atención, y es una especie de zona de sombra, de blanco, en torno a la vida de Avellaneda en España, esa vida anterior, previa a su vuelta a la isla, vida de la que poco parece saberse: en el poema, Avellaneda aparece de pronto en Cuba, como en una historia contada *in media res* cuyos datos previos apenas se conocen, excepto el éxito de su obra. Siguiendo esta idea, sería posible proponer una particular escansión de los versos que forman ambas estrofas, que nos permite advertir esas zonas en blanco: "alzaste el vuelo … y te vemos llegar", "y por fin … apareces … en nuestro cielo". Veamos las estrofas mencionadas:

Por fin alzaste el vuelo majestuoso
en un rapto de amor de tu alma inquieta,
y te vemos llegar cuando orgulloso
te aclama el siglo su primer poeta.

Vuelves a Cuba, en fin, que tantas veces
lloró tu ausencia con acerbo duelo,
y por fin, más espléndido apareces
¡astro deslumbrador! en nuestro cielo.
(Pérez de Zambrana, *Poesías* 70)

Más adelante, el poema comienza a enumerar las obras de la escritora que le han proporcionado el reconocimiento y el éxito y menciona, ante todo, su teatro, a través de títulos publicados y estrenados, como *Egilona, Saúl, Alfonso*

Munio, Baltasar, El Príncipe de Viana o *Recaredo*. Aparece, después del teatro, la referencia al éxito en la poesía y se alude a esos años de juventud de Avellaneda en Cuba, donde ella habría comenzado, "virgen", "tímida", a dar sus primeros pasos en torno a la lírica, hasta poder dar "a la española poesía", "tanta grandeza y tanto brillo" (Pérez, *Poesías* 71). Se describe después, de modo hiperbólico, un estado de admiración general de la isla hacia la escritora, admiración que incluye a los hombres, a las mujeres y a los propios elementos de la naturaleza cubana: árboles, pájaros y aún al sol. En estas estrofas se mezcla el elogio a la escritora con el elogio a la naturaleza de la isla. Acaso donde más logrado aparece este propósito sea en la referencia al sol, donde Luisa Pérez establece una intertextualidad con el poema de Avellaneda titulado "Al sol en un día de diciembre". En aquel poema Avellaneda reclamaba la presencia del sol en medio del invierno ("El hielo caiga a tu fulgor deshecho; / ¡Sal! Del invierno rígido a despecho"), mientras se hacía evidente su nostalgia de Cuba y del clima del trópico ("Bajo otro cielo, en otra tierra lloro . . . / Donde la niebla abrúmame importuna . . . / ¡Sal rompiéndola, Sol, que yo te imploro!", Gómez de Avellaneda, *Poesías de la excelentísima* 92[9]). Jugando con estos versos de Avellaneda, Luisa Pérez hace al sol "pararse", detenerse; un sol que viene, como sol del trópico, a alumbrar y calentar a la escritora pero también a mostrar su orgullo por sus éxitos y a homenajearla: "Y radiante de orgullo y de alegría / Verás al sol con fúlgida belleza, / Pararse en el ardiente mediodía / Para ceñir de rayos tu cabeza" (Pérez, *Poesías* 72). El poema termina con unos versos en los que vuelve a hacerse alusión a la altura de la escritora: ella debe bajar desde la altura y el triunfo europeos a su patria, a la tierra y la naturaleza cubanas; también allí va a encontrar, como en aquella, homenaje, tributo: "¡Oh baja, egregia y celestial cantora / del que Europa te alzó brillante solio / que hallarás en la patria que te adora / Ofrendas, pedestal y Capitolio" (Pérez, *Poesías* 70–72).

No es este, sin embargo, el único poema de Luisa Pérez que cabe relacionar con Avellaneda. Voy a recurrir también a otro texto; en este caso, no un poema posterior, sino anterior a este; un poema escrito por Luisa Pérez en plena juventud y antes de casarse con Ramón Zambrana. El poema se titula "Contestación", está fechado en 1855 y solo fue incluido en la primera edición de la poesía de la escritora (1856), desapareciendo en las dos ediciones posteriores que publicó en vida y ya casada (1860 y 1920). "Contestación" es un poema-réplica que, en principio, podríamos relacionar con esos textos reivindicativos que pueden hallarse en cierta literatura escrita por mujeres y que se han convertido prácticamente en un género (Rodríguez, *Otra Cuba* 16), desde las redondillas de Sor Juana, pasando por "El porqué de la inconstancia", de la propia Avellaneda, o "Tú me quieres blanca", de Alfonsina Storni[10]. Aunque el poema-réplica de Pérez es diferente a estos; si aquellos poemas responden con energía a un discurso masculino discriminatorio o que minusvalora a la mujer, el de Pérez responde, llamativamente, a un discurso masculino positivo. Por ese y otros motivos, "Contestación" no se ubicaría claramente dentro de los poemas-réplica, pues no aparece en él, como en los textos mencionados, una crítica explícita a la situación de la mujer o una respuesta reivindicativa ante un discurso negativo en torno a la feminidad. Este texto estaría acaso más cerca de esas que Josefina Ludmer ha denominado, al analizar las estrategias empleadas en la Carta a Sor Filotea de Sor Juana Inés de la Cruz, como las "tretas del débil", aunque quizás podríamos decir, con mayor precisión, que lo que en este poema aparece es una incipiente "treta del débil", pues Luisa Pérez no llega, como Sor Juana al decir de Ludmer, a cambiar el sentido del lugar que le ha sido asignado como mujer (Ludmer, "Tretas" 53); pero sí puede leerse en el texto de Pérez una denuncia de la situación subalterna de la mujer, expuesta, como en la carta a Sor Filotea, de modo indirecto, colocándose el sujeto lírico femenino en el papel de víctima. Al decir de Susana Montero, se trata del texto de Pérez en que la conciencia de género alcanza el punto más crítico (Montero, *La cara* 72). El poema hace patente desde el inicio que se está respondiendo a la "invitación" de un "respetable amigo", que parece haber exhortado a la voz poética a que estudie y se "eleve / en alas de la hermosa poesía".

Vemos nuevamente en este texto el protagonismo que adquiere la altura, que representa una vez más el ámbito de la libertad creativa y vital. Desde el comienzo, el sujeto lírico muestra también la imposibilidad para realizar ese que se va revelando, sin embargo, a lo largo del poema, como un intenso deseo; deseo que, por su condición de mujer, no puede realizar; impotencia que se expresa mediante ese verso que se va reiterando a lo largo del texto: "mujer, huérfana y joven nada puedo". Veamos el comienzo del poema:

> Y tú me dices, respetable amigo,
> que me entregue al estudio noche y día,
> que abra espacio a mi mente, que me eleve
> en alas de la hermosa poesía
> a la etérea región, que abrace avara
> la escena de los tiempos, que incansable
> enaltezca mi ardiente fantasía
> con objetos sublimes; que depure
> mi gusto y surque los inmensos mares,
> y abriendo mi alma a grandes impresiones
> osada pise en extranjeros lares? [. . .]
> ¿no te acordaste

al invitarme a recorrer naciones,
que en el mundo implacable y malicioso
mujer, huérfana y joven nada puedo?
(Pérez, *Poesías completas* 69)

Al final de estas dos estrofas, aparece un nuevo elemento y un nuevo deseo que va a cobrar mayor fuerza y protagonismo en la tercera; es el deseo del viaje, de "surcar los inmensos mares", "recorrer naciones". Resulta llamativo observar cómo este deseo que supone también "volar", representa en el texto tanto la ansiada altura de la creación como la anhelada altura vital, como si ambos se condensaran en uno. Asimismo, en estos versos, como ya he comentado en otro lugar, "puede advertirse la gravitación del poema 'Al partir' de Gertrudis Gómez de Avellaneda" (Rodríguez, *Otra Cuba* 116), en esa descripción imaginada de los movimientos que va realizando la nave dispuesta a partir, tal como ocurre en el célebre soneto de Avellaneda. Con la diferencia de que Avellaneda describe el buque donde el sujeto poético está realmente partiendo de la isla[11], mientras el sujeto de Pérez embarca en una nave que solo zarpa, embriagante, en su imaginación:

¡Oh y si supieras cómo mi alma ardiente
de emoción palpitante se recrea
con la embriagante y seductora idea
de ver abrirse las turgentes velas,
flotar el lino, levantarse el ancla,
crujir la quilla y como el viento raudo
volar meciéndose el bajel sereno
sobre la azul inmensidad . . . ! ¡Dios mío!
¡Qué suprema ventura! y yo no puedo
tanta dicha gozar . . . ! oh! cuál extingue,
cuál consume mi vida ese deseo
eterno, ardiente, inextinguible . . . ! oh cielo!
(Pérez, *Poesías completas* 69)

Los versos siguientes dan muestra de la intensidad del deseo y de la confusión y ambivalencia de la voz poética que pide deshacerse de la que considera una ilusión "irrealizable y loca", una "idea tenaz que me arrebata / la dulce paz que disfrutar ansío!" (Pérez, *Poesías completas* 70).

Más adelante aparece la crítica más dura contenida en el texto, en la que se denuncia la situación de la mujer, comparada con la del esclavo, tal como había hecho también Avellaneda en su novela *Sab*, publicada en Madrid, en 1841, y cuya circulación fue prohibida en Cuba:

> Con lástima me miras . . . te comprendo . . .
> Te inspiro compasión . . . pues bien, ¿lo sabes?
> yo no puedo ser nada, soy esclava
> como mujer al fin, y el cuello doblo
> al yugo fuerte que nos priva injusto
> de la adorable libertad que el hombre
> goza feliz en su extensión entera. [. . .]
> (Pérez, *Poesías completas* 70)

El poema se cierra con la total renuncia de la voz poética a esta noble invitación de su amigo, reiterando lo imposible de su deseo por su condición de mujer, unida a su orfandad y juventud:

> Mi buen amigo,
> ya sabes cuánto se me opone, y cuánto
> yo lucho por vencer . . . ! oh! no te ofendas
> si a tu afectuosa invitación no cedo,
> pues tú bien sabes que en el mundo injusto
> mujer, huérfana y joven nada puedo.
> (Pérez, *Poesías completas* 70)

Creo que no resulta forzado decir que "Contestación" puede considerarse el equivalente a "En el castillo de Salvatierra" de Carolina Coronado. Como en aquel, se plantea también en este texto una dura denuncia de la situación de la mujer. Por otra parte, aunque quizás con menos fuerza pues desde el principio aparece como imposible, hallamos un propósito de conquista de la libertad, de sus altas regiones creativas y vitales, y una vez más, esa imagen de la altura vuelve a acompañarnos. Tal como el sujeto lírico de "En el castillo de Salvatierra" terminaba bajando de la torre, aquí la voz poética renuncia a la invitación del amigo a estudiar, a viajar, a abrazar "la escena de los tiempos". El resultado, entonces, vuelve a ser la imposibilidad, la impotencia declarada y la renuncia.

Conclusión: De la altura a la altivez: elaboraciones femeninas y metonimias masculinas

Las respuestas de Carolina Coronado y Luisa Pérez en la polémica en torno al género en Avellaneda aportan datos relevantes y bien sugerentes. Es obvio que ninguna de las dos *poetisas* se decidió a seguir el modelo presuntamente *masculino* de Avellaneda y que ambas intentaron distanciarse del mismo, en la vida y en la escritura. Coronado respondió explícitamente, aunque con ambigüedad, al debate, con artículos donde reivindicó la condición femenina de Avellaneda y apuntó sagaces argumentos para explicar su masculinización por parte de la crítica: su enorme éxito en la poesía y fundamentalmente como autora teatral; aunque también recomendó a las escritoras no seguir el modelo que ella ofrecía por el alto coste vital que suponía. Luisa Pérez, por su parte, respondió sin responder, con un acto, una conducta, en los que es posible leer su obediencia a la letra y al mandato de José Martí[12].

Pero quizás lo más interesante sean las respuestas indirectas que encontramos en la escritura poética de Coronado y Pérez. En los textos de ambas no solo hay notables testimonios de la gran admiración hacia Avellaneda, sino también evidentes signos de que las dos *poetisas* se sintieron en algún momento de sus vidas fuertemente atraídas por ese modelo que representaba la *poeta*; modelo que, al contrario de la crítica masculina, ellas no leyeron como signo de masculinización, altivez o soberbia, sino como símbolo de la mujer que se atreve a asumir y a defender su libertad creativa y vital. Poemas como "En el castillo de Salvatierra" y "Contestación" muestran asimismo que la renuncia a encarnar dicho modelo no fue una decisión libre y espontánea para las *poetisas*, sino una resolución tomada *a posteriori*, como consecuencia de la toma de conciencia sobre las limitaciones que padecía la mujer en la sociedad; resolución que supone entonces una dosis de sufrimiento y un taponar del deseo; un signo, en fin, de impotencia, de falta de fortaleza, de derrota. En los textos examinados de Coronado y Pérez hallamos diversos elementos comunes. Uno de ellos, presente en los dos poemas de homenaje explícito a Avellaneda, es la elección, más directa en Coronado, más indirecta en Pérez, que se hace de la naturaleza, frente a la sociedad o a Europa, elegidas por Avellaneda. Pero acaso el elemento más significativo es la referencia a la altura, que aparece en los cuatro poemas comentados; la altura es la más clara representación de Avellaneda en los dos poemas dedicados a ella. En los dos poemas de homenaje explícito, Avellaneda aparece muy alta y prácticamente inaccesible: el sujeto poético en el poema de Coronado no consigue alcanzarla, aunque lo intenta; en el poema de Pérez, ni siquiera se lo propone; de algún modo, para poder encontrarse con ella, una y otra necesitan que Avellaneda "baje": bien sea a la naturaleza o a la isla de Cuba.

En estos textos de homenaje, la altura tiene también otras connotaciones: denota la lejanía en que está colocada Avellaneda para ambas autoras, lejanía que viene dada, por supuesto, por sus grandes éxitos como escritora, que tanto

Coronado como Pérez sienten como imposibles de alcanzar; pero que remite también, de algún modo, a la particular condición identitaria de Avellaneda, que la hace, en cierto modo, inatrapable: los poemas producen cierto enigma en torno a la figura de Avellaneda; en ambos textos hay algo de ella que escapa; en los dos, ella viene de un sitio que resulta desconocido tanto para Coronado como para Pérez. En el poema de Coronado, se alude vagamente a esta circunstancia (la "paloma" frente a la "tortuga perezosa", el "vuelo" que no se pude seguir), pero en el de Pérez esa identidad en movimiento de Avellaneda queda mucho más explícita: ella vuelve, regresa, después de haber estado en ese gran lugar que Pérez nunca ha visto: Europa; "te vemos llegar", dice Pérez al comienzo del poema, lo que nos sugiere un *otro* lado de Avellaneda, su lado español y europeo, que permanece oculto, invisible e inaccesible, para Pérez y para los cubanos de la isla.

Sintomáticamente, en los dos textos restantes, esos en los que se reflexiona en torno al deseo de libertad y se denuncia la propia condición y situación de la mujer, viene también la altura a significar el deseo de elevación literaria y vital. Caer, bajar, renunciar a ella, se convierte en signo de derrota, de renuncia impuesta por las circunstancias que se sufre como mujer.

Solo una reflexión final: uno de los términos que se repite de Ferrer del Río a Martí es precisamente la referencia a la altura de Avellaneda, solo que Ferrer del Río y Martí han efectuado diversas metonimias o desplazamientos sobre el término, metamorfoseándolo en otra cosa: la "altura" se ha transformado en "altivez" (y en sinónimos como "soberbia"); el término va cobrando, además, mayor virulencia: lo que en Ferrer del Río es "carácter altivo" se ha convertido, en Martí, en "hombre altivo". Las metonimias y desplazamiento consiguen así significar lo contrario: empequeñecer a la escritora, disminuirla.

Al leer a Ferrer del Río y a Martí junto a Coronado y a Pérez, hallamos, sin embargo, que en esos términos pervive, como en esos actos fallidos que siguen diciendo lo que no se quería, ese que podríamos nombrar como el significante primario, sobre el que se llevó a cabo la transformación, ese significante insoportable para la crítica masculina de la época: la altura, literaria y vital, de Gertrudis Gómez de Avellaneda. Cabe, acaso, terminar recordando la protesta de Virginia Woolf: "No hay ninguna marca en la pared que mida la altura exacta de las mujeres" (Woolf, *Una habitación* 117), o unas palabras más críticas y explícitas: "[...] tanto Napoleón como Mussolini insisten [...] marcadamente en la inferioridad de las mujeres, ya que si ellas no fueran inferiores, ellos cesarían de agrandarse" (51).

Notas

1. Publicado en *Arbor. Ciencia. Pensamiento. Cultura* 770 (2014): s/p.
2. En este sentido, cabe apuntar que en el ya mencionado prólogo a la primera edición de 1841 de la poesía de Gertrudis Gómez de Avellaneda, Juan Nicasio Gallego, después de referirse al canto "varonil" de la autora, intenta, sin duda, suavizar o matizar sus palabras cuando añade: "Sin embargo, sabe ser afectuosa cuando quiere" (Gómez de Avellaneda IX) y enumera poemas que lo testimonian, para concluir afirmando la "flexibilidad de su talento" (IX), argumento, este último, que resulta similar al que expone Coronado en su defensa de Avellaneda. Habría que recordar que en estas fechas la escritora no ha publicado aún ninguna de sus obras de teatro; solo se ha puesto en escena la primera, "Leoncia" (1840).
3. En la edición de las *Poesías* de Carolina Coronado se lee en nota al pie sobre el poema: "[. . .] posible alusión a la poeta Gertrudis Gómez de Avellaneda, con quien se compara C. C. aquí" (523).
4. Discrepo del punto de vista de Kirkpatrick cuando considera que con los versos finales "Coronado adopta la perspectiva de los críticos paternalistas como Hartzenbusch y Deville y trata la aspiración a una libertad sublime de la imaginación y a un espíritu creativo —considerados como admirables en el yo romántico masculino— como insostenibles para el yo femenino" (*Las Románticas* 222). En mi opinión, Coronado no adopta la perspectiva de los críticos paternalistas; muestra, trágicamente, su humano miedo y su debilidad individual como sujeto femenino para llevar hasta sus últimas consecuencias su deseo reivindicativo de liberación.
5. En "Amor de ciudad grande", texto que se ubica en Nueva York, Martí cuestiona la ciudad y el amor que en ella se vive, amor "de gorja" y "rapidez", "sin pompa ni misterio"; y termina dejando a los "catadores ruines" esos "vinillos humanos", que él rechaza con esta frase: "Tomad! Yo soy honrado, y tengo miedo!" (Martí, *Ismaelillo* 125–128). El miedo de Martí supone superioridad moral; es un miedo interior, a sí mismo; el de Coronado, al contrario, denota debilidad para asumir una elección que ya se ha hecho y que se considera correcta y necesaria; más que interior, su miedo es hacia el afuera: la tormenta, el trueno, es decir, hacia la sociedad y su abandono.
6. Al revisar la tradición poética femenina cubana, se advierte que el juicio de Martí ha condicionado las valoraciones de ambas escritoras a lo largo del siglo XIX y aún del XX. Susana Montero señala que se trata de una oposición que con Martí queda "definitivamente asentada" (Montero, *La cara* 71); Madeline Cámara califica el juicio martiano como "devastadora influencia" (Cámara 145). Sobre Luisa Pérez, escribía por ejemplo Enrique José Varona en el prólogo a la edición de su Poesía de 1920: "Jamás la poesía castellana ha encontrado notas más suaves, más dulces, más tiernas para trasladar los afectos de un alma férvida" (Pérez de Zambrana, *Poesías* 6).

7 Sobre la vida y la obra de Luisa Pérez de Zambrana puede verse el estudio de Félix Ernesto Chávez López *La claridad en el abismo. La construcción del sujeto romántico en Luisa Pérez de Zambrana*, probablemente el ensayo más amplio y ambicioso sobre la escritora (Verbum: Madrid, 2014).
8 Es probable que cuando considera a Luisa Pérez como símbolo de las *poetisas* americanas, Martí esté pensando también en el poema "Adiós a Cuba", que Luisa Pérez escribiera con motivo de su partida de Santiago de Cuba hacia La Habana y que publicara en la primera edición de su poesía de 1856; poema que fue cantado por los mambises durante la Guerra de los Diez Años, convertido en especie de himno de lucha; dice la última estrofa del poema: "¡Oh Cuba! si en mi pecho se apagara / tan sagrada ternura y olvidara / esta historia de amor, / hasta el don de sentir me negaría / pues quien no ama la patria ¡oh Cuba mía! / no tiene corazón" (Pérez, *Poesías* 14).
9 Este poema apareció por primera vez en libro en la edición de 1841, con algunas variantes; el título es "Al sol en un día del mes de diciembre" y el último verso dice: "¡El invierno me mata!... ¡yo te imploro!" (Avellaneda, *Poesías de la señorita* 170); también varía la fecha que encontramos al final; en 1841 se lee: "1839"; mientras en 1850 dice: "Diciembre de 1840".
10 Puede hallarse un análisis de este poema de Avellaneda en "Filosofía en el tocador. Poetas cubanas del XIX", en *Entre el cacharro doméstico y la Vía Láctea. Poetas cubanas e hispanoamericanas* (16–24). Por otra parte, en mi ensayo *Lo que en verso he sentido. La poesía feminista de Alfonsina Storni* aparece una interpretación del poema "Tú me quieres blanca" (97–109).
11 Véase el análisis de "Al partir" en el primer capítulo.
12 Llamativamente, Cintio Vitier nombró a Luisa Pérez de Zambrana como "la obediente", debido a esa actitud que, al decir de Vitier, la caracterizó, la de la obediencia humilde y entrañable a cuanto se fue ofreciendo ante sus ojos: la naturaleza, el amor, el dolor (Vitier 46). Quizás la lectura que proponemos en este trabajo nos ofrezca, sin embargo, una dimensión *otra*, más cercana a lo siniestro freudiano, de la obediencia en Luisa Pérez.

Bibliografía citada

Cámara, Madeline. "Visiones de la mujer en la obra de José Martí: discusión de su influencia". *Repensando a Martí*. Uva de Aragón, ed. Salamanca: Cuban Research Institute. Florida International University / Cátedra de Poética Fray Luis de León. Universidad Pontificia de Salamanca, 1998. 145–153.

Coronado, Carolina. "Galería de poetisas contemporáneas. Doña Gertrudis Gómez de Avellaneda". *La América. Crónica hispano-americana* 2 (1861): 10–11.

———. "Galería de poetisas contemporáneas. Doña Gertrudis Gómez de Avellaneda" [II]. *La América. Crónica hispano-americana* 3 (1861): 9–10.

———. *Poesías.* Noël Valis, ed. introducción y notas. Madrid: Castalia / Instituto de la Mujer, 1991.

Fernández Daza Álvarez, Carmen. "Yo no puedo seguirte con mi vuelo". *Actas de las III Jornadas de Almendralejo y Tierra de Barros.* Almendralejo: Asociación Histórica de Almendralejo, 2012. 271–292.

Ferrer del Río, Antonio. *Galería de la literatura española.* Madrid: Establecimiento tipográfico de D. F. de P. Mellado, 1846.

Girona, Nuria. *Rituales de la verdad. Mujeres y discursos en América Latina.* París: ADHL, 2011.

Gómez de Avellaneda, Gertrudis. *Poesías de la señorita Gertrudis Gómez de Avellaneda.* Madrid: Establecimiento Tipográfico, 1841.

———. *Poesías de la excelentísima señora Da. Gertrudis Gómez de Avellaneda de Sabater.* Madrid: Imprenta de Delgrás Hermanos, 1850.

Kirkpatrick, Susan. *Las Románticas. Escritoras y subjetividad en España, 1835–1850.* Madrid / Universidad de Valencia: Cátedra / Instituto de Estudios de la Mujer, 1991.

Ludmer, Josefina. "Tretas del débil". *La sartén por el mango. Encuentro de escritoras latinoamericanas.* Patricia Elena González y Eliana Ortega, ed. Río Piedras: Huracán, 1985. 47–54.

Martí, José. "Tres libros. Poetisas americanas. Carolyna Freire. Luisa Pérez. La Avellaneda. Las Mexicanas en el libro. Tarea aplazada". Luisa Pérez de Zambrana. *Antología poética.* Sergio Chaple, sel. y pról. La Habana: Arte y Literatura, 1977. 134–138.

———. *Ismaelillo. Versos libres. Versos sencillos.* Ivan Schulman, ed. Madrid: Cátedra, 2001.

Montero, Susana. *La cara oculta de la identidad nacional. Un análisis a la luz de la poesía romántica.* Santiago de Cuba: Oriente, 2003.

Pérez de Zambrana, Luisa. *Poesías (Publicadas e inéditas).* Habana: Imprenta El Siglo XX de la Sociedad Editorial Cuba Contemporánea, 1920.

———. *Poesías completas (1853–1918).* Ángel Huete, ensayo preliminar, compil., orden., tabla de variantes y notas. La Habana: Imprenta P. Fernández y Cía., colección Los Zambrana, Tomo XI, 1957.

Prado Más, María. *El teatro de Gertrudis Gómez de Avellaneda* [Tesis doctoral, 2001]. Madrid: Universidad Complutense de Madrid, 2005.

Pratt, Mary Louise. "La poética de la per-versión: Poetisa inubicable devora a su maestro. No se sabe si se trata de aprendizaje o de venganza". *Ficciones y silencios fundacionales. Literaturas y culturas poscoloniales en América Latina (siglo XIX).* Friedhelm Smith-Welle, ed. Madrid / Frankfurt am Main: Iberomericana / Vervuet, 2003. 27–46.

Rodríguez Gutiérrez, Milena. *Otra Cuba secreta. Antología de poetas cubanas del XIX y del XX. De Gertrudis Gómez de Avellaneda a Reina María Rodríguez.* Madrid: Verbum, 2011.

Russotto, Márgara. *Tópicos de retórica femenina: memoria y pasión del género.* Caracas: Monte Ávila, 1993.

Vitier, Cintio. "La obediente". *Poetas cubanos del siglo XIX: semblanzas.* La Habana: Unión, 1969. 44–46.
Woolf, Virginia. *Una habitación propia*. Barcelona: Seix Barral, 1997.

3

Modernismo y modernidades en los últimos poemas de Mercedes Matamoros[1]

La crítica sobre Mercedes Matamoros

Dentro de la literatura cubana, Mercedes Matamoros (Cienfuegos, 1851-La Habana, 1906) ha sido vista, según afirma Susana Montero en la más reciente *Historia de la Literatura cubana* publicada en la isla en 2002, como una "figura de transición, cuya obra oscila entre la corrección del romanticismo subjetivista y determinados elementos de modernidad, ya estilística, ya contextual" (Montero, "La poesía" 508). La crítica cubana, sigue señalando Montero, "a través de las diferentes épocas, la ha considerado alternativamente, clasicista plena (Valdivia), indudablemente romántica (Chacón, Esténger), premodernista (Hortensia Pichardo), y aún modernista (F. García Marruz)" (508); clasificaciones, así, bien distintas y sorprendentes, pues prácticamente abarcan todos los movimientos y corrientes literarias a las que un poeta cubano, y latinoamericano, podía adscribirse durante el período decimonónico y las primeras décadas del siglo XX; variedad y divergencia críticas que Montero atribuye a "las diversas líneas temático-estilísticas que se cruzan en su poesía" (508).

Habría que añadir que esta diversidad y desacuerdos críticos han supuesto no una simple divergencia sino, también, una minusvaloración de la obra de Mercedes Matamoros. Prueba de ello es la opinión que el principal estudioso de la poesía cubana del XIX y la primera mitad del XX, el poeta y ensayista Cintio Vitier, ofrece sobre la cienfueguera. Así, en *Cincuenta años de poesía cubana*, su canónica antología en torno a la poesía de la isla de la primera mitad del siglo XX, Vitier incluye varios poemas de "El último amor de Safo" (1902), la obra en veinte sonetos de Matamoros, y sin duda su trabajo más conocido y valorado. En su nota sobre la autora, declara Vitier sentirse impresionado, "ante todo" (Vitier, *Cincuenta* 11) por

> la capacidad de transformación de la poetisa, que había dado en sus *Sensitivas* [obra anterior de la autora] un tono contenido y becqueriano, apareciendo ahora como la rapsoda de un amor erótico sombrío, a través de audacias de expresión que se adelantan en muchos años al clima logrado en Hispanoamérica por mujeres como Juana de Ibarbourou y Alfonsina Storni. (11)

Destaca, a continuación, en "El último amor de Safo", la "concentración y seriedad del propósito, rara en aquellos años [dentro de la poesía cubana] de versos de álbum, el cuidado minucioso de la forma y la fuerza mantenida del poema" (11). Sin embargo, y a pesar de todos estos indudables elogios, añade Vitier que "El último amor de Safo" ocupa un "sitio modesto" (11) dentro de la poesía cubana, no solo porque "cada uno de los sonetos, aislado, no ofrece siempre un buen gusto" (11), sino también porque el poemario "en conjunto, *no muestra orientación estética definida*" (11. Énfasis mío).

Suponiendo que no existiera una "orientación estética definida" en "El último amor de Safo", hecho discutible y que comentaremos más adelante, cabe preguntarse por qué habría que convertir este rasgo en sinónimo de calidad *modesta*. La pregunta resulta aún más pertinente y necesaria si pensamos en que, en esta misma antología, Vitier se refiere al poeta Bonifacio Byrne como "el más importante dentro del período que va de [Julián del] Casal a [Regino] Boti" (16); o sea, el mismo período en el que se ubica la obra de Matamoros, y aunque caracteriza su poesía como "profusa y poco depurada" (16), señala que "*la principal virtud* del autor [...] parece residir en lo aislado e irreductible a escuela de su acento" (16. Énfasis mío).

El mismo rasgo que en Mercedes Matamoros constituye una carencia, una falta, un signo de calidad "modesta", se convierte en "virtud", en mérito, en Bonifacio Byrne. Resulta llamativo cómo Vitier utiliza dos etiquetas no solo diferentes, sino opuestas, para describir una característica similar en ambos poetas: "[falta de] orientación estética definida" (carga negativa) versus "lo irreductible a escuela de su acento" (carga positiva). Así, mientras la poeta Matamoros es percibida como una escritora que no sabe orientarse estéticamente, el poeta Byrne es presentado como un rebelde que lucha por que ninguna escuela literaria desvirtúe su voz.

Confrontar las palabras de Vitier sobre Mercedes Matamoros con sus juicios sobre Bonifacio Byrne arroja luz, a mi entender, en las valoraciones —y minusvaloraciones— en torno a la escritora. Considero que las disparidades y desacuerdos críticos en torno a la obra de Matamoros podrían obedecer así, efectivamente, en primera instancia, a esa variedad temático-estilística que señala Montero, aunque más que mostrar la falta de orientación estética de Matamoros, apuntan hacia la de los propios críticos y estudiosos, que se sienten, ellos mucho más que Matamoros, desorientados ante una poesía imposible de ubicar en un sitio fijo, cerrado, etiquetable, y por lo tanto —parecen concluir, y esta idea es fundamental—, verdaderamente valiosa. Porque, ¿qué etiqueta poner a lo que puede tener tantas?, y también, ¿cómo considerar verdaderamente valioso aquello que no se puede clasificar ni etiquetar?

Pero este contraste entre las dos valoraciones críticas de Vitier nos sugiere además que el juicio sobre esta poesía como no etiquetable, acompañado, explícitamente en su caso, de la minusvaloración, responde también a otro motivo: el propio sexo/género de Matamoros, que parece dotar de una connotación particular la supuesta ubicación de su poesía en un no-lugar estético, o en una no-corriente poética. Al leer a Vitier, podemos así preguntarnos hasta qué punto la crítica (masculina, por supuesto) estableció una relación de equivalencia entre ese aparente no-lugar estético de la poesía de Matamoros y ciertos rasgos que a lo largo del siglo XIX y parte del XX se asocian al sujeto femenino. Las palabras de Vitier sobre la autora, e insisto en que, sobre todo, la oposición entre estas y las que formula sobre Byrne, nos hacen acaso entrever un prejuicio sexista, que considera que una poeta que se mueve entre varias corrientes o movimientos estéticos, sin decidirse a *posarse* claramente en ninguno, acaba devolviendo en su escritura, a modo de espejo, cierta imagen previa ya establecida de la feminidad: ¿su falta de orientación estético-poética no se estaría leyendo así como un *reflejo* de la volubilidad e inconstancia atribuidas al sujeto femenino? Otros juicios sobre poetas del XIX nos confirman esta hipótesis. El ejemplo paradigmático sería Gertrudis Gómez de Avellaneda — quien reivindica, por cierto, en uno de sus poemas más feministas, la inconstancia en las mujeres[2]—, cuestionada y minusvalorada, entre otras razones porque, al decir de la crítica, no supo decidirse o no quiso elegir entre las dos corrientes de moda en su época: el neoclasicismo y el romanticismo[3].

Mercedes Matamoros y el modernismo

Volviendo a Mercedes Matamoros, a pesar de lo señalado por Susana Montero y por Cintio Vitier, no pienso que su obra carezca de "orientación estética definida". Sin negar la presencia de esas diversas líneas que aparecen en su poesía, considero que esta debe ser situada dentro del modernismo, como ya señalaran Fina García Marruz y José Lezama Lima[4] y, en fechas más actuales, la estudiosa Catharina Vallejo, una de las principales conocedoras de su obra, quien la considera junto a Nieves Xenes como "poetas de avanzada del modernismo" (Vallejo, "Introducción" 12), sin que esto suponga que se hallen en su poesía todos los rasgos que definen a este movimiento; pero esto es algo que ocurre, también, con otras autoras del período y posteriores. Es modernista Matamoros, como lo es, por ejemplo, Delmira Agustini, cuyo cisne, bien lo ha estudiado Sylvia Molloy, difiere del de Darío (Molloy, "Dos lecturas"). Pero la parte más valiosa de la obra de Matamoros se inscribe dentro del modernismo. Dicha obra es, paradójicamente, la que la autora da a conocer después de sus tituladas *Poesías completas* (1892), es decir, la que publica no en el siglo XIX sino en los comienzos del siglo XX, entre 1902 y 1906. Un hecho que influye, sin duda, en que todavía en la actualidad se cuestione esa adscripción de Mercedes Matamoros al modernismo es que su poesía, un sigo después de muerta su autora, no resulta todavía bien conocida ni ha sido publicada en su totalidad.

La obra fundamental de Matamoros, que la sitúa dentro del modernismo, la integran tres conjuntos: el poemario titulado *Sonetos* (1902), que incluye los célebres veinte poemas que componen "El último amor de Safo" y otros sonetos; y, además, otras dos series, la más extensa, *Mirtos de antaño* (1903–1904), con setenta y siete poemas, y *Por el camino triste* (1904), que consta de treinta poemas; menos relevantes, pero dignos de tenerse en cuenta, resultan varios poemas que integran unas nuevas "Sensitivas"[5] (1905) y algunos poemas sueltos (1906). Todos quedaron inéditos en libro, y se publicaron póstumamente, casi un siglo después, en 2004, gracias a la exhaustiva y muy cuidada labor de Catharina Vallejo[6].

Son así esos tres poemarios, *Sonetos*, *Mirtos de antaño* y *Por el camino triste* los que básicamente definirían la obra de Matamoros y le otorgarían su dimensión modernista: piénsese, por ejemplo, en el elemento exótico y en la presencia del clasicismo griego que hallamos en los poemas de "El último amor de Safo" o en otros sonetos de ese libro; o en esa "filiación con la rebeldía y la innovación formales" (Vallejo, "Introducción" 30), que también encontramos en ellos. Es también en estos tres poemarios de comienzos del XX donde aparecen, sobre todo, las varias y diversas modernidades que ofrece la poesía de Matamoros, y entre las que cabe señalar: la de adelantarse con sus sonetos de "El Último amor de Safo", como dice Cintio Vitier, y como ya habían destacado anteriormente en Cuba otros estudiosos, al discurso erótico femenino de las llamadas poetisas postmodernistas, como Juana de Ibarbourou o Alfonsina Storni[7]. O, también, ese acento triste, escéptico, de ciertos poemas, que la acerca a la llamada tradición negativa de la poesía cubana, con su actitud distanciada, cuestionadora, en torno a la cubanía afirmativa, y que se aprecia en poemas como el XLVI, "Más triste que en regiones tenebrosas . . . "; incluido en *Mirtos de antaño* (Rodríguez, "Contra Colón")[8].

Modernidades de Mercedes Matamoros: Defensa del divorcio

Quiero detenerme en este artículo, a través del análisis de dos poemas, en otras dos modernidades de Mercedes Matamoros, dos modernidades relacionadas entre sí; la primera, una modernidad reflexiva —cuasi filosófica, la ha llamado Catharina Vallejo (35)—, que la hace pensar sobre el lugar de la mujer en la cultura; y otra también meditativa, que la lleva a analizar la disparidad en las relaciones entre los sexos y dentro del contrato matrimonial. Ambos poemas pertenecen a la serie *Por el camino triste*, publicada, según recoge Catharina Vallejo, en el *Diario de la Marina* en 1904.

El primero de estos poemas lleva el número XV y, como el resto de textos de la serie, carece de título. Veamos el poema:

> Pensativa en tu ventana
> miras el rico vergel;
> dime, en los sueños de rosa
> que te fingen otro Edén,
> ¿qué prefieres, mujer bella,
> un blanco mirto o un laurel?
> -El áureo laurel prefiero.
> -Entonces . . . no eres mujer.
> (Matamoros, *Poesías* 227)

Este poema de Matamoros recuerda a Rosalía de Castro (Rodríguez, *Otra Cuba* 178), en concreto, nos trae a la memoria esos versos en que la gallega escribía:

> De aquellas que cantan palomas y flores
> dicen que tienen alma de mujer.

Más yo que no las canto, Virgen mía,
¿De qué, ay, la tendré?
(Reisz, *Voces sexuadas* 41)

Como señala Susana Reisz, los versos de Rosalía "plantean las tensiones entre identidad artística e identidad genérica del modo más lapidario" (41). Estos versos recogen, así, la pregunta angustiada por la identidad de la mujer que escribe poesía y que siente que no cumple con las normas o los estereotipos que le asigna la sociedad y la cultura a las que pertenece; pregunta femenina angustiada de mujeres poetas en torno al quién o qué soy, que toca lo más íntimo del ser femenino, y que es común en el Romanticismo y en el XIX, como nos han mostrado, entre otros, esos estudios ya clásicos de Gilbert y Gubar (*The Madwoman*) o de Susan Kirkpatrick (*Las Románticas*).

En el poema de Matamoros, sin embargo, la tensión se sitúa en otro lugar. Aquí no se establece, al menos explícitamente, una relación entre identidad artística o literaria y genérica. El conflicto gira alrededor de la identidad genérica y de algo que podríamos identificar con el deseo femenino. Elegir, en este caso, como hace la voz poética, marcada en el texto como femenina, el "áureo laurel", asociado en la cultura con elementos que remiten al ámbito de lo masculino (fortaleza, guerra, triunfo, corona, etc.); en lugar del "mirto blanco", cuya blancura y fragilidad cabe relacionar con el ámbito asignado a lo femenino (pureza, virginidad, castidad, delicadeza), supone ser despojada de la identidad femenina. Resulta llamativo cómo en el poema de Matamoros se establece un diálogo entre dos voces diferentes —los guiones del final no dejan duda sobre la existencia de estas dos voces—; es decir, no se trata de un conflicto interno, un conflicto que transcurre dentro de la propia subjetividad, como sucede en el poema de Rosalía de Castro y que genera, por eso, angustia; se trata, más bien, y este elemento puede indicar que ya no nos encontramos exactamente en el espacio del Romanticismo, de poner en evidencia el juicio de valor que se establece desde el exterior, es decir, desde fuera del sujeto femenino, y que arroja a la mujer que transgrede las normas establecidas fuera del espacio de lo femenino, sin lugar posible del lado de la feminidad; un juicio rotundo, categórico, tajante, ante el que no caben dudas ni preguntas: "Entonces . . . no eres mujer". Pero me gustaría apuntar algo más: sería posible pensar este poema como una especie de arte poética dentro de *Por el camino triste*. Pensado de este modo, el poema adquiere una cercanía mayor con el de Rosalía de Castro, pues la identidad artístico-literaria se haría también presente. Y es que cabe suponer que Matamoros podría estar aludiendo en este poema a su serie anterior, la titulada *Mirtos de antaño*, y podría estarnos diciendo que en esta nueva serie suya aparece otra voz, una voz *otra*; que el sujeto poético de sus versos no va ahora a colocarse, como había hecho hasta entonces, como hacía en *Mirtos de antaño*, en ese sitio del amor asignado a la mujer (cuya metáfora sería el mirto blanco); sino que hará en estas composiciones una elección *otra*; es decir, va a dejar de lado el mirto blanco —femenino— para hablar desde el lado del laurel: el pensamiento, la reflexión, el análisis. Y por anticipado, y con gran lucidez, la voz poética nos presenta el probable juicio de la crítica y de la sociedad sobre su *otra* voz: ·"Entonces . . . no eres mujer".

El segundo poema al que quiero referirme es el número XIX de la serie *Por el camino triste*, que podríamos titular, siguiendo su primer verso, "Iban los dos en el wagon sentados"; se trata de uno de los textos más sugestivos de Mercedes Matamoros, apenas tomado en consideración por la crítica literaria. Al acercarme a este poema, advierto que voy a dar un paso más en lo que he planteado hasta ahora respecto a la orientación estética de Matamoros. Porque, como si no fueran suficientes, me propongo añadir una nueva etiqueta a la ya muy *voluble, inconstante*, "desorientada" poesía de Mercedes Matamoros: la de postmodernista[9]. Y es que considero que este poema, aunque puede ser situado en el modernismo, cabría también dentro de esa corriente poética *menor* (entre los gigantes del modernismo y las vanguardias), cuyo nombre acuñó Federico de Onís, quien la describió, en su excelente *Antología de la poesía española e hispanoamericana (1882–1932)*, publicada en 1934, como "una reacción contra el modernismo [. . .] que se hace habitual y retórico como toda revolución literaria triunfante" (XVIII); y cuyos rasgos serían, entre otros, el "recogimiento interior [. . .] la difícil sencillez, [. . .], la desnudez prosaica [o] la ironía" (XVIII). Estas características están presentes en este poema de Matamoros y, si lo ubicamos dentro del postmodernismo, Matamoros pasa a ser, una vez más, una adelantada, o como dice Vallejo, una "poeta de avanzada", pues como hemos indicado, este poema se publica en 1904 y, según Federico de Onís, el postmodernismo surge en 1905 (XVIII). Y cabe subrayar, por cierto, que es precisamente dentro del postmodernismo donde Onís sitúa la denominada por él "poesía femenina", dentro de la que incluye a Delmira Agustini, Juana de Ibarbourou, Gabriela Mistral o Alfonsina Storni; poesía femenina que, para el estudioso, no lo olvidemos, constituye precisamente lo más valioso dentro de este *pequeño* movimiento, pues "sólo las mujeres alcanzan en este momento la afirmación plena de su individualidad lírica" (XVIII). Pero veamos el poema:

> Iban los dos en el wagon sentados
> nueve años después de su consorcio:

> ella con tiernos ojos lo miraba,
> él, la campiña contemplaba absorto.
> Y la esposa decía interiormente:
> -En el viaje que hicimos cuando novios
> ciertamente que Juan está pensando
> bendiciendo mi amor y el matrimonio,
> a pesar de encontrarme siempre enferma,
> de los hijos -pues ya tenemos ocho-
> de mi madre, que a enojos lo provoca,
> de la pobreza y de mis celos tontos . . .
> ¡es tan noble mi Juan! estoy segura
> de que su alma lo perdona todo . . .
>   Y él, entretanto, con mirada triste
> la gran campiña contemplaba absorto,
> meditando en un libro titulado
>   *Defensa del divorcio* . . .
> (Matamoros, *Poesías* 229)

El poema de Matamoros constituye una aguda y mordaz radiografía del matrimonio en las clases menos pudientes, y de las diferencias y desequilibrios entre mujeres y hombres, que provocan maneras muy diferentes de asumirlo y de vivirlo y, como el título del libro al que se refiere en su verso final, el poema constituye, de manera oblicua, una "Defensa del divorcio".

Antes de centrarme en el análisis específicamente literario del poema, me gustaría destacar el carácter precursor que va a tener también este texto dentro de la literatura cubana, en relación con el contexto histórico y social en el que se escribe. Habría que comenzar prestando atención a un dato de la historia de Cuba: la isla caribeña es uno de los primeros países latinoamericanos que aprobó una Ley del Divorcio; pero no lo hizo hasta 1918[10], una "fecha temprana en la historia del divorcio moderno" (Pérez, "El divorcio" 213), aunque catorce años después de que se publicara el poema de Matamoros. Es cierto, sin embargo, que en 1903 se presentó un proyecto de ley en la Cámara de Representantes cubana, que fue aprobado; "pero que no pudo convertirse en ley por la oposición de la gente conservadora, especialmente del clero y los feligreses católicos" (Pichardo, "La Liberación" 413), un proyecto que, sin embargo, cabe suponer, no pasó desapercibido para Mercedes Matamoros[11]. La poeta se nos presenta así, también en este ámbito, como autora de avanzada. Y es que Matamoros se acerca a este tema antes de que lo hicieran otros escritores de la isla, pues la obra literaria considerada en Cuba como la reflexión y defensa del divorcio por antonomasia es la novela

Los inmorales, de Carlos Loveira, publicada en 1919; es decir, un año después de aprobada la ley. Solo conocemos una antecesora cubana de Matamoros en el acercamiento literario a esta temática; una vez más, Gertrudis Gómez de Avellaneda, quien en la temprana fecha de 1842, en su novela *Dos mujeres*, sugiere que el divorcio puede ser una opción posible, e incluso, deseable[12]. Sin embargo, por más que hemos buscado, no hemos hallado ningún otro poema cubano, dentro del período en que publica el suyo Matamoros, sobre este tema. Pero la poeta no solo se adelanta a la ley al defender la posibilidad del divorcio; parece adelantar, además, en sus planteamientos y propuestas, a lo sancionado en ella. Y es que la Ley del Divorcio, con disolución del vínculo matrimonial, de 1918, acepta el divorcio decretando la existencia de un "cónyuge inocente" (Artículo II, Pichardo, "La Liberación" 413), e, implícitamente, un cónyuge culpable. De este modo, todas las causas establecidas para el divorcio "con disolución de vínculo", se basan en el supuesto de un "culpable" y un "inocente" en el matrimonio; así, entre otros, el adulterio (Artículo III, 1, Pichardo, "La liberación" 414); o la prostitución de la mujer por parte del marido (III, 2, 414); o las injurias graves de obra o de palabra (III, 3 y 4, 414); o el abandono del hogar (III, 9, 414); o la falta de cumplimiento del marido de sostenimiento (III, 10, 414). Ninguna de estas causas sería motivo para el divorcio en el poema de Matamoros. Aunque existe ya en la Ley de 1918, es cierto, un último y único supuesto en que no habría culpable ni inocente y que no exige una causa *mayor* para el divorcio: la existencia del "mutuo disenso" (Artículo III, 13, 414). Sin embargo, ¿sería realmente el mutuo disenso el motivo para el divorcio en el texto de Matamoros? Dejemos la pregunta sin responder, y vamos, ahora sí, a analizar el texto desde una perspectiva literaria y de género.

Resulta asombroso cómo Matamoros consigue trazar una espléndida radiografía del matrimonio en apenas dieciocho versos, y a través de una mínima descripción de una única escena: la de una pareja de casados con nueve años de matrimonio, que viaja sentada en un vagón; juntos pero realmente en soledad e incomunicados; dos que ya no forman uno, como bien nos hace percibir el poema desde su comienzo, en reveladora imagen: "ella con tiernos ojos lo miraba / él la campiña contemplaba absorto". A continuación, el texto continúa ofreciéndonos los puntos de vista de los dos personajes, que viajando juntos en el mismo vagón, nunca hablarán, sin embargo, entre ellos. Podemos pensar, así, que el vagón, además de su significado literal, es también una metáfora del matrimonio, ese viaje que dos personas han decidido emprender juntas.

El punto de vista de la esposa se ofrece a través de un monólogo interior que constituye el centro del poema, y que, como podemos leer, gira alrededor del marido. En apretada síntesis, ella nos va relatando la historia de la pareja, el feliz noviazgo y los numerosos contratiempos posteriores: la propia enfermedad de la mujer; los muchos hijos (ocho, para ser exactos); sus celos, que ella califica como "tontos"; las peleas del marido con su suegra y la pobreza en la que viven. Toda la enumeración de contratiempos y vicisitudes va acompañada, sin embargo, de la comprensión e idealización que hace la esposa del marido —ese "noble" Juan, cuya alma, según la mujer, "lo perdona todo"—, y por añadidura, del propio matrimonio.

El poema se cierra ofreciendo la perspectiva del aludido marido que, insiste el texto, contempla absorto la campiña; es decir, no solo no mira a la mujer, sino que mira hacia afuera; campiña que se convierte también, de este modo, en metáfora del mundo. En su brevísima aparición el marido se nos revela como un hombre que nada tiene que ver con la imagen idealizada que de él nos ha presentado la mujer: no solo no piensa en perdonar todo lo triste o desgraciado que ha ocurrido durante esos años de vida en común, sino que su mente la ocupa un único pensamiento, un libro titulado *Defensa del divorcio*; título y frase con los que se cierra el poema, y que rompe, con radical ironía, la idealización del matrimonio y cualquier hipótesis de continuidad y felicidad fantaseada por la esposa. Y aquí me parece significativo señalar cómo la forma métrica contribuye a conseguir y a reforzar este último efecto: el heptasílabo final es un pie quebrado, que cumple la función de cortar, quebrar, o romper la idealización matrimonial; así, los endecasílabos que conforman el poema a lo largo de diecisiete versos, se ven rotos, por única vez, por ese solitario y definitivo heptasílabo final, que "cae como una piedra sobre la sublimación matrimonial" (*Otra Cuba* 179): "Defensa del divorcio".

Podríamos añadir otras cuestiones. En primer lugar, hay que destacar cómo la construcción de la figura masculina del poema se escapa de lo maniqueo. No cabe afirmar que el poema ofrezca un juicio negativo sobre este personaje, al que la voz poética, más que juzgar, describe. Y aunque sin duda no es tan noble como lo imagina la esposa es, desde luego, más humano, como demuestra la mirada con la que recuerda el libro leído o conocido, una mirada "triste". Más que un juicio de valor negativo, Matamoros está ofreciéndonos, me parece, un retrato de dos figuras en posiciones diferentes, desencontradas y opuestas. Ella, en evidente posición de subalternidad, encerrada en la vida doméstica, y cuya vista solo alcanza a subir hasta el marido; él, con muchas más posibilidades de alzar la cabeza, de mirar hacia afuera, hacia la campiña y todo lo que esta representa, hacia el mundo, en resumen, y, por lo tanto, capaz de advertir todo aquello que la mujer no tiene perspectiva para ver.

El poema de Matamoros no denuncia directamente la subalternidad femenina en el matrimonio, pero hay, en mi opinión, un algo inquietante en el texto que provoca que el lector (y la lectora) puedan intuirla. En cierto modo, aunque de otra manera, el poema de Matamoros nos hace pensar en el célebre poema de Bertolt Brecht, titulado "Doctrina y opinión de Galileo", ese donde se configura una cadena social en la que cada eslabón superior tiene un inferior, y cada inferior, a su vez, un nuevo inferior; y en la que cada uno de los inferiores existentes solo puede girar en torno al superior correspondiente, porque el deseo del Todopoderoso al crear el mundo había sido que "cada criatura / girara en torno a quien fuera mejor que ella" (Brecht, *Poemas* 150). Así, el papa, figura superior de la cadena, tiene debajo a los cardenales girando en torno suyo; a la vez, en torno a los cardenales, giran los obispos; alrededor de estos, los secretarios; bajo estos, los servidores, y por último, debajo de los servidores, solo giran los perros, las gallinas y los mendigos[13]. Brecht se refiere a las clases sociales, por supuesto.

De manera similar, aunque dentro de un espacio más cerrado y limitado, el espacio de lo privado, Matamoros parece configurar una escueta pero muy sólida cadena matrimonial de dos personas, en la que el eslabón superior, el marido, es la única figura y personaje con la opción o posibilidad de mirar fuera del *vagón-matrimonio* y observar lo que ocurre a su alrededor; y es, además, el único capaz de sancionar lo que ocurre en el *vagón*. La mujer, sin embargo, en ese mismo *vagón-matrimonio*, solo puede girar alrededor del marido, y su voz no es una voz propia, sino una especie de eco que, frente a las más adversas circunstancias, solo sabe, o puede, repetir el mandato social o la norma que le dice lo que debe ser, hacer y esperar: ángel del hogar, buena y comprensiva esposa, madre ejemplar, pareja en un matrimonio feliz y, sobre todo, para siempre. Es decir, el poema de Matamoros nos hace preguntarnos, con Spivak, ¿tiene voz el subalterno? Pero, acaso lo más inquietante en el texto de Matamoros, es que entre marido y mujer se establece una especie de relación psicoanalítica: es ella la que relata la novela familiar y la que enuncia con gran lucidez las circunstancias adversas y difíciles del matrimonio. Sin embargo, es él quien sanciona y nombra con sensatez, o tal vez simplemente con sentido común; es decir, es él quien se atreve a romper el equívoco, el malentendido de lo que ella ya ha dicho sin saber; es él quien coloca "divorciar" donde ella ha pronunciado, ¿por error?, "perdonar"; porque solo él puede y es libre para nombrar aquello que ella no puede ni tiene voz para nombrar. De este modo, los lectores (y las lectoras) percibimos que lo que dice el marido, no solo podría decirlo también la mujer, sino que lo lógico sería que fuera ella quien lo dijera, si pudiera realmente hablar con su propia voz.

Final

Al margen de las divergencias críticas y los debates en torno a la filiación estética de Mercedes Matamoros, que hemos examinado en estas líneas, es indudable que en la época contemporánea se ha hecho una revalorización de su obra que le ha permitido trascender las fronteras de su isla y que reconoce fundamentalmente el valor de "El último amor de Safo" y su carácter precursor respecto a las voces de las poetas postmodernistas hispanoamericanas, como Alfonsina Storni y Juana de Ibarbourou; alrededor de este poema y en torno a su osadía y erotismo, giran prácticamente todos los trabajos publicados en la contemporaneidad (y antes de ella) sobre Matamoros[14].

A nuestro entender, y así lo demuestra la edición de la *Poesía* de Matamoros de Catharina Vallejo, y así lo hemos intentando mostrar también con el análisis de estos dos poemas, se trata de una revalorización incompleta, que no ha tomado en cuenta esta obra *otra* de Mercedes Matamoros, diferente a la de *El último amor*, pero acaso tan moderna, osada y pionera como aquella, que se asoma *Por el camino triste*, en textos como "Pensativa en tu ventana ...", o "Iban los dos en el wagón sentados ...", para reflexionar sobre la condición femenina; o sobre la condición artística en la mujer; o sobre el matrimonio y sus leyes y circunstancias, o para defender, aunque sea de modo oblicuo, el divorcio. El análisis de estos poemas demuestra, en fin, que el valor de la obra de Mercedes Matamoros "sobrepasa el de *Él último amor de Safo*" (*Otra Cuba* 178) y que ella "resulta aún una poeta solo parcialmente conocida en la literatura cubana" (178), todavía pendiente de lecturas, relecturas y descubrimientos.

Notas

1 Publicado en *Altre Modernità: Rivista di studi letterari e culturali* 21 (2019): 203–215. Una versión anterior se presentó como ponencia en el Seminario Internacional "Autorías femeninas y campos literarios en América Latina y el Caribe (1850–1950)" (Universidad de Chile, 2015).

2 "En el poema titulado "El porqué de la inconstancia", que comienza con los siguientes versos: "Contra mi sexo te ensañas / Y de inconstante lo acusas; / Quizás porque así te excusas / De recibir cargo igual" (Avellaneda, *Obras* 151).

3 Véase entre otros, el artículo de Virgilio Piñera "Gertrudis Gómez de Avellaneda: revisión de su poesía", donde Piñera se refiere a "aquellas desafortunadas alianzas de lo neoclásico con lo mejor romántico" (10).

4 En su fundamental *Antología de la poesía cubana (1965)*, Lezama ubica a Mercedes Matamoros dentro de los modernistas, junto a Casal, Juana Borrero, los Uhrbach y el propio Bonifacio Byrne.
5 En las *Poesías completas* de 1892 se incluían varios poemas bajo el título de *Sensitivas*.
6 Mercedes Matamoros publicó en vida solo dos libros, sus *Poesías completas*, en 1892 y en 1902 sus *Sonetos*. El resto de su obra apareció en publicaciones periódicas cubanas y permaneció inédita en libro hasta 2004, que fue recogida por Catharina Vallejo, aunque habría que mencionar el folleto que en 1964 prepara Florentino Morales en la provincia de Matanzas, que contenía varios de los poemas rescatados por Vallejo, pero que tuvo una escasísima difusión (Rodríguez, Otra Cuba 178–179).
7 Como se indica en la antología de poetas cubanas *Otra Cuba secreta*, el primero en señalar este carácter pionero de Matamoros parece haber sido Salvador Salazar, en 1929, en su artículo "Mercedes Matamoros, su vida y su arte" (*Anales de la Academia Nacional de Artes y Letras*, Año IV, pp. 110–138); posteriormente, lo hará Hortensia Pichardo, en su estudio: "Mercedes Matamoros, su vida y su obra" (La Habana, 1952, folleto) (Rodríguez, *Otra Cuba* 177).
8 Un mayor desarrollo sobre este tema puede hallarse en el artículo de Milena Rodríguez "Contra Colón: la distopía en la poesía en la poesía cubana del XIX y del XX".
9 En *Otra Cuba secreta*, donde se recoge este poema, se considera ya el texto como postmodernista (*Otra Cuba* 179).
10 Hortensia Pichardo ha relatado las circunstancias *in extremis* en que se produce la aprobación: "[. . .] el Secretario de Justicia [. . .] pidió licencia para no firmarla, y [el Presidente del Gobierno] Menocal, mostrando su reluctancia a aprobarla, dejó pasar los diez días que la Constitución daba al presidente para pronunciar su sanción o su veto, transcurridos los cuales automáticamente quedó sancionada la ley (413).
11 Según recoge Leonardo Pérez en su artículo "El divorcio en el derecho cubano", anteriormente, durante las guerras de independencia, en la llamada 'República en Armas' "se dictó el 16 de septiembre de 1896 la Segunda Ley del Matrimonio Civil, en la que se admitía el divorcio por mutuo consentimiento y por causas determinadas, culposas y no culposas" (213).
12 Al final de la novela leemos quizás su mayor cuestionamiento al matrimonio e, indirectamente, su principal defensa del divorcio: "[. . .] la suerte de la mujer es infeliz de todos modos [. . .] la indisolubilidad del mismo lazo con el cual pretenden nuestras leyes asegurarlas un porvenir, se convierte no pocas veces, en una cadena" (Gómez de Avellaneda, "Dos mujeres" 406).
13 Reproduzco completo el poema de Brecht en la traducción al español de Alianza: "Cuando el Todopoderoso lanzó su gran «hágase», / al sol le dijo que, por orden suya, / portara una lámpara alrededor de la tierra / como una criadita en órbita regular. / Pues era su deseo que cada criatura / girara en torno a quien fuera mejor que ella. / Y empezaron a girar los ligeros en torno a los pesados, / los de detrás en

torno a los de delante, así en la tierra como en el cielo, / y alrededor del papa giran los cardenales. / Alrededor de los cardenales giran los obispos. / Alrededor de los obispos giran los secretarios. / Alrededor de los secretarios giran los regidores. / Alrededor de los regidores giran los artesanos. / Alrededor de los artesanos giran los servidores. / Alrededor de los servidores giran los perros, las gallinas y los mendigos" (Brecht, *Poemas* 150).

14 No vamos a mencionar los varios artículos publicados sobre este poema; la simple consulta de cualquier base de datos sobre esta materia arroja suficiente información al respecto. Sí queremos, en cambio, nombrar dos libros, citados En *Otra Cuba secreta*, que constituyen ediciones contemporáneas que reconocen la importancia y trascendencia de este texto, así, *El placer de la palabra. Literatura erótica femenina de América Latina. Antología crítica*, de Margarite Fernández Olmos y Lisabeth Paravisini-Gebert (México, D.F: Planeta, 1991), o la propia edición de *El último amor de Safo*, preparada por la poeta española Aurora Luque en la colección Puerta del Mar de la Diputación de Málaga en 2003 (*Otra Cuba secreta*, 178).

Bibliografía citada

Brecht, Bertolt. *Poemas y canciones*. Jesús López Pacheco, versión, sobre la traducción de Vicente Romano. Madrid: Alianza, 1969, 2ª ed.

Gilbert, Sandra y Gubar, Susan. *La loca del desván. La escritora y la imaginación literaria del siglo XIX*. Madrid: Cátedra Feminismos, 1998.

Gómez de Avellaneda, Gertrudis. *Obras literarias de la señora Gertrudis Gómez de Avellaneda. Colección completa. Tomo primero*. Madrid: Imprenta y Estereotipia de M. Rivadeneyra, 1869.

———. "Dos mujeres". *Antología. Novelas y ensayos*. Luis del Valle, ed. Madrid: Fundación José Antonio de Castro, 2015. 167– 406.

Kirkpatrick, Susan. *Las Románticas: Escritoras y subjetividad en España (1835–1850)*. Amaia Bárcena, trad. Madrid: Cátedra Feminismos, 1991.

Lezama Lima, José. *Antología de la poesía cubana. Tomo III Siglo XIX (2)* [1965]. Ángel Esteban y Álvaro Salvador, Eds. Madrid: Verbum, 2002.

Matamoros, Mercedes. *Selección de poemas*. Búsqueda, estudio biográfico-crítico, bibliografía y notas, corrección y cronología de Florentino Morales, Cienfuegos: Talleres del Instituto Superior Técnico, 1964 [folleto].

———. *Poesías (1892–1906)*. Edición académica, introducción y notas de Catharina Vallejo. La Habana: Unión, 2004.

Molloy, Sylvia. "Dos lecturas del cisne.". *La sartén por el mango: encuentro de escritoras latinoamericanas*. Patricia Elena González y Eliana Ortega, eds. Río Piedras: Huracán, 1984. 57–69.

Montero, Susana. "3.7 La poesía". *Historia de la literatura cubana. Tomo I La colonia: desde los orígenes hasta 1898*. Salvador Arias, director del tomo. La Habana: Instituto de Literatura y Lingüística / Letras Cubanas, 2002. 505–546.

Onís, Federico. *Antología de la poesía española e hispanoamericana (1882–1932)*. Ed. de Alfonso García Morales. Sevilla: Renacimiento, 2012 [1934].

Pérez Gallardo, Leonardo. "El Divorcio en el derecho cubano". *El divorcio en el derecho iberoamericano*. Ángel Acedo Penco y Leonardo B. Pérez Gallardo, coord. Bogotá / Madrid: Temis / Reus, 2009. 209–284.

Pichardo, Hortensia. "La Liberación de la Mujer, II". *Documentos para la historia de Cuba*, Tomo 2. La Habana: Instituto Cubano del Libro / Ciencias Sociales, 1973. 413–416.

Piñera, Virgilio. "Gertrudis Gómez de Avellaneda: revisión de su poesía". *Universidad de La Habana* 100–103 (1952): 7–38.

Reisz, Susana. *Voces sexuadas. Género y poesía en Hispanoamérica*. Asociación Española de Estudios Literarios Hispanoamericanos / Universitat de Lleida, 1996.

Rodríguez Gutiérrez, Milena. "Contra Colón: la distopía en la poesía cubana del XIX y del XX". *El viaje en la literatura hispanoamericana: el espíritu colombino*. Sonia Mattalía et al, editoras. Madrid/ Frankfurt: Iberoamericana / Vervuert, 2008. 329–340.

———. (Edición, introducción, notas y bibliografía). *Otra Cuba secreta. Antología de poetas cubanas del XIX y del XX (De Gertrudis Gómez de Avellaneda a Reina María Rodríguez. Con una breve muestra de poetas posteriores)*. Madrid: Verbum, 2011.

Spivak, Gayatry. *¿Puede hablar el subalterno?* Buenos Aires: El Cuenco de Plata, 2011.

Vallejo, Catharina. "Introducción". Mercedes Matamoros. *Poesías (1892–1906)*. La Habana: Unión, 2004. 7–40.

Vitier, Cintio, ordenación, antología y notas. *Cincuenta años de poesía cubana (1902–1952)*. La Habana: Dirección de Cultura del Ministerio de Educación, 1952.

4

La construcción del yo femenino y de la feminidad en el modernismo: el caso de Alma Rubens[1]

Alma Rubens constituye un caso extraño y singular dentro de la poesía cubana. Los veintitrés poemas que se le conocen, ubicados dentro de la etapa menos airosa del modernismo, esa a la que Federico de Onís dio en llamar postmodernismo, nunca fueron recogidos en libro. Esos poemas se publicaron en diversos periódicos y revistas de la isla a lo largo de una década, entre 1912 y 1923[2] y allí permanecieron, olvidados, hasta la tardía fecha de 2004 en que el crítico cubano Alberto Rocasolano los publicara bajo el título de *Poemetos de Alma Rubens*[3]. Pero Alma Rubens no solo no llegó a reunir sus poemas, sino que, tampoco consiguió tener una existencia real, más allá de la construida a través de sus textos. Y es que Alma Rubens no es más que el heterónimo femenino del poeta cubano José Manuel Poveda (Santiago de Cuba, 1888-Manzanillo, Oriente, 1926), poeta y periodista, autor de numerosas crónicas, de una novela inacabada y perdida, *Senderos de montaña*, que no llegó a editarse y, sobre todo, del único poemario que publicó en vida, *Versos precursores* (1917), considerado un libro fundamental de la poesía cubana de principios del siglo XX, junto a *Arabescos mentales* (1913), de Regino Boti, y *Ala* (1915), de Agustín Acosta.

Poveda era mulato y había nacido en provincia. Dos circunstancias que dejaron huellas en su vida y en su obra. Dos circunstancias que acaso influyeron en la creación del heterónimo y provocaron, sobre todo, que Poveda nunca desvelara quién era realmente Alma Rubens, ese misterioso personaje al que le atribuyó la circunstancia de escribir en francés (él sería, supuestamente, su traductor, descubridor y crítico), además de una nacionalidad doble: la francesa y la cubana. Alma Rubens podría ser vista como la máscara de Poveda, y el sofisticado medio que utilizó para tachar su alma cubana y colocar en su lugar un alma francesa, su alma *otra*, su alma ... Rubens (Rodríguez, "La negación"), haciendo realidad ese principio que él mismo estableciera en cierta ocasión firmando, en ese caso, con su propio nombre: "Somos dos, cuando no innumerables. Poseemos de dos almas en adelante" (Poveda, "En acecho" 12). En los varios artículos que escribió sobre Alma Rubens, Poveda la comparó con otros dos cubano-franceses y francófonos en su escritura: el célebre parnasiano José María de Heredia, autor de *Los Trofeos*, y Augusto de Armas, ese *raro* al que Rubén Darío dedicó uno de sus artículos. De ambos, Poveda afirmaba: "ninguno fue cubano, ninguno fue efusivo, pasional, comunicativo, sollozante al modo antillano" (Poveda, "La personalidad" 53). Para Poveda, Alma Rubens constituía así "la negación del alma cubana de hoy" (53). Y hacía esta afirmación con entusiasmo, como quien hace un elogio, o señala un mérito (Rodríguez, "La negación").

La creación de Alma Rubens supuso entonces, para el autor de *Versos precursores*, su modo peculiar de ser otro (u otra) y en otra parte. Su modo de seguir, e incluso ir más allá de uno de sus principales maestros, Julián del Casal, modernista afrancesado que escribía en "Nostalgias", uno de sus poemas más conocidos, incluido en *Nieve*:

> Suspiro por las regiones
> donde vuelan los alciones
>   sobre el mar,
> y el soplo helado del viento
> parece en su movimiento
>   sollozar;
> donde la nieve que baja
> del firmamento, amortaja
>   el verdor
> de los campos olorosos
> y de ríos caudalosos
>   el rumor
> (Casal, *Poesías* 135)

Pero, provinciano y mulato, ¿podía Poveda confesar del mismo modo su deseo hacia lo foráneo, su cansancio del trópico, su amor por *la Francia* de Baudelaire?;

¿podía permitirse reescribir con su propio nombre los versos de Casal? Él mismo parece contestarnos con estas palabras escritas a Regino Boti en una carta: "Sobre todo los pobrecitos provincianos, de los que nadie admira nada, debemos cuidar de que nadie se ría de nosotros con razón" (Chaple, *Epistolario* 61). Lo cierto es que Poveda nunca se atrevió a decir, como Flaubert: "Alma Rubens también soy yo" y solo después de su muerte se reveló su secreto.

Alma Rubens es así el heterónimo perfecto de Poveda[4], una máscara y, a la vez, una curiosidad, una rareza dentro de la poesía cubana. Pero ¿es solo esas cosas? El hispanista francés Hervé Le Corre, uno de los escasos estudiosos que se ha acercado a sus versos, escribe: "Alma Rubens ... es a la vez una nueva figura independiente, no solo una máscara, algo otro, una nueva voz" (Le Corre, *Poesía* 119) y señala la cercanía de los poemas de Alma Rubens con los de Delmira Agustini, Alfonsina Storni, Gabriela Mistral y Juana de Ibarbourou.

Coincido con la observación de Le Corre. Y, a partir de su idea, mi propósito en estas líneas es acercarme a Alma Rubens considerando su existencia textual y escrita. Propongo así leer a Alma Rubens no como quien busca detrás de la suya la voz oculta y/o deformada de Poveda, una lectura posible y válida, sin duda, y que algunos críticos, como el propio Le Corre, han llevado a cabo con agudeza[5], sino como quien lee a una (otra) mujer poeta de la etapa modernista y, de manera singular, y a pesar de todo, a una escritora modernista cubana; un enfoque ausente, hasta la fecha, en los estudios literarios[6]. Considero que cuando se trata de un acercamiento al texto poético, sexo y género no son conceptos o entelequias inmóviles o inamovibles, que funcionan con carácter previo a la escritura, sino que, son, también, construcciones del lenguaje, de la propia escritura. Propongo, además, escuchar a Alma Rubens a partir de las relaciones que sus versos establecen con los de otras poetas del modernismo hispanoamericano y cubano; y, por último, propongo explorar, a partir de su escritura, la construcción del yo femenino y de la propia feminidad en el modernismo.

Empecemos por atender a la descripción de Rubens que nos hace el propio Poveda, su *traductor* y primer crítico: la califica de decadente, mórbida, refinada, compleja y enferma, neurótica, pasional; llena de emociones "malignas", de sueños "ebrios", de una ideología dañina pero bella (Poveda, "Alma" 49–50). Caracterización hiperbólica, con ese exceso modernista, sin duda, pero que nos recuerda la escritura de tres figuras femeninas del modernismo con las que, en mi opinión, poseen los versos de Alma Rubens mayores concomitancias: Delmira Agustini, Juana Borrero y Mercedes Matamoros. Concomitancias que, vale la pena subrayarlo, no suponen la existencia de una simple epígona o discípula, sino las influencias que marcan a una voz que consigue crear una escritura propia y singular.

He elegido, para este acercamiento, dos poemas que se encuentran entre los más representativos de Alma Rubens, "Ensueño" y "Agua oculta y escondida". El primero, "Ensueño", se publicó, con el número XVI, en 1919, en el periódico *La Nación*, editado en La Habana, y como casi todos los poemetos de Rubens es un breve poema en prosa[7]:

> Me mostraría desnuda solo en medio de dobles tinieblas en plena tormenta, como una diosa que no quiere ser vista a la luz del sol, ni de la luna, ni de las antorchas de los hombres.
>
> Me mostraría desnuda en medio de las noches sin límites, oscuras y rugientes, flageladas de relámpagos.
>
> Para brillar un solo instante, ante los ojos atónitos de la tierra, blanca y fúlgida, bañada en una luz que no sería la del sol, ni de la luna, ni de las antorchas de los hombres.
>
> Y parecerá como el alma de la sierra, que desprendiera un instante de sus hombros el ropón de la noche, mostrara un instante su desnudez, y volviera a arroparse en la noche para continuar en secreto su camino. (*Poemetos* 30)

En este poema, la voz poética se construye como voz femenina, marcando reiteradamente su sexo y su género a lo largo del texto: "desnuda" (palabra repetida varias veces), "diosa", "blanca y fúlgida", "bañada". Una feminidad, sin embargo, con carácter de oxímoron pues, aunque se marca, no desea o no puede exponerse, mostrarse como tal ante todos ni hacerlo de cualquier modo; la feminidad, aquí, es deseo secreto y oculto que solo quiere, o desea, brillar un único instante que no se sabe bien si puede llegar. Advierto en "Ensueño" reminiscencias de la voz de Delmira Agustini; pienso en uno de sus grandes poemas, "Lo inefable", de *Cantos de la mañana* (1910): "Yo muero extrañamente... No me mata la Vida, / no me mata la Muerte, no me mata el Amor" (225). Así como la muerte que mata a la voz poética en "Lo inefable" es una muerte *otra*, extraña, misteriosa e inexplicable, también la luz que podría, acaso, iluminar, alumbrar la feminidad de la voz poética de "Ensueño" es una luz *otra*, una luz, también, extraña, que no viene del sol, ni de la luna, ni de las antorchas humanas. El adverbio de negación y la conjunción copulativa que coordina frases negativas resultan determinantes en ambos poemas; así, el *no* en Delmira indica que no se hace serie con la lógica en la que se vive: no es la vida, no es el amor, no es la muerte quienes matan a un sujeto femenino, viene a decir Agustini; se trata de un papel similar al que juega el *ni* en Alma Rubens: ni el sol, ni la luna, ni las antorchas humanas pueden, tampoco, iluminar y/o hacer ver la feminidad. Feminidad, entonces, en el poema de Rubens, que permanece como un secreto oculto que no encuentra el lugar o el modo para revelarse, para ser, en última instancia, comprendida. Una feminidad, en ambas poetas, que solo puede ser absorta y ensimismada, una feminidad, podríamos decir, en sí y para sí.

El segundo poema se titula "Agua profunda y escondida" y es el primero que publica Alma Rubens en 1912 en *El Cubano Libre*. Se trata de un texto más extenso, el más largo de todos los publicados por Rubens y es, también, el único escrito en verso libre y no en prosa; debido a su escasa difusión y a la propia estructura del poema, considero necesario, a pesar de su extensión, reproducirlo completo:

Está ignorada y profunda, oculta y profunda en el corazón del bosque inmenso,
    honda y negra en la tarde y en el mediodía,
el agua muda;
        ni una onda, ni un rumor, ni las flores ni peces en el agua
inmóvil, oculta y profunda en la selva sin nombre;
        y una hora y otra hora, y un sol y otro sol pasan
a lo lejos, muy lejos, demasiado lejos, sobre montañas
azules y mares remotos;
        y permanece inmóvil y profunda, honda y negra,
el agua muda.
        Parece el alma oscura del boscaje; pero en vano
busca en ella mi pupila los reflejos de los grandes cedros,
los ligeros claros de cielo apenas entrevistos,
la majestad tranquila, muy tranquila, del boscaje:
        en la selva hay paz, tranquilo goce de vivir en paz, risas
rojas y azules de flores en paz, y confianza en el silencio,
y una curiosidad del niño hacia las horas
y los soles que pasan demasiado lejos, sobre las cumbres
y los mares remotos;
        y el agua es demasiado turbia y sin reflejos,
sin paz y sin fe, honda y sombría como un pensamiento de traición,
alma que espía y teme, calladamente, cual un malhechor,
en el tiempo sin horas y en el día sin luz.
        ¡Oh corazón mío, vida, sueños míos tranquilos,
ansias de paz y de fe,

> bosque inmenso y silencioso del alma contrita,
> selva santa de olvido,
> corazón mío, vida, sueños míos!
>   Y esa agua eterna, esa agua negra y honda, turbia y honda,
> oculta y honda en tu fondo, sin reflejos y sin paz
> como un malhechor que espía y tiene, oculto en la sombra,
> para herir, para herir, oh corazón mío,
> sueños míos!
>   Miseria, cieno, viles rencores, viejas blasfemias,
> pecados inconfesos, deseos culpables, agua profunda y negra,
> turbia y honda, oculta y honda en el fondo del ser;
>   Psique abolida, oh, abismo del cálido vicio sin sonrojos,
> hueco de todo lo ausente y perdido, huella de la pezuña
> de Omestes, hecha infranqueable; nada en la nada,
> nada en la que los mismos dioses no son nada,
> como una hidrófana en medio del agua!
>   Oh, profunda, lúgubre linfa sin reflejos,
> que acecha como un bandido, atentos los grandes ojos sombríos,
> sacrílegamente, cobardemente, turbia y callada, secreta
> y escondida en la tranquila majestad del bosque inmenso y puro,
> selva santa de olvido,
> corazón mío, vida, sueños míos!
> (*Poemetos* 13–14)

    Es este, en mi opinión, uno de los poemas más sugerentes de Alma Rubens. El poema describe un agua honda y negra, sombría, el agua de un bosque o de una selva; pero se trata de un agua *rara*; un agua sin peces, sin flores; un agua "muda", "turbia y sin reflejos". Un agua, así, aún más que la feminidad de "Ensueño", contradictoria, *oximorónica*, pues nada refleja o en ella nada se refleja: "en vano busca en ella mi pupila los reflejos de los grandes cedros, / los ligeros claros de cielos apenas entrevistos . . . ".

    En la primera parte del poema podemos reconocer uno de los *topoi* modernistas: la idea del agua, el estanque, el lago, como reflejo del ser. Pero, como hemos dicho, en esta agua, oscura y turbia, no hay reflejo. Tal como señala Le Corre, en este poema: "se rompe la lámina del lago modernista, en su versión decorativa, y la armonía del reflejo (cisne o árbol)" (Le Corre, "Una poética" 222). Encontramos, así, otro modo de torcerle el cuello al cisne (y también al lago) modernista y rubendariano; e, incluso, podríamos llegar a pensar que con esta agua de Alma Rubens, que en 1912 ya no refleja cedros ni cielos, se empezarían a anunciar, de algún modo, las vanguardias; a pesar de que en el poema, como señala Le Corre, no se produzca una ruptura con el lenguaje del modernismo (222). Pero ¿no es esa agua turbia, negra, completamente oscura, y también muda (veamos aquí la sinestesia modernista en la que oído y vista se confunden) un agua que ya se va preparando para que *se ahoguen* después, en 1916, todos los cisnes modernistas de Huidobro?

Pero el texto da un giro sorpresivo en su segunda parte. En esta se establece un sugestivo paralelismo entre el agua oscura de la selva, en la que los árboles no se reflejan, y el propio sujeto poético, o la sujeto, en el fondo de cuya alma aparece la misma agua negra y turbia, oscura y honda; es decir, se nos sugiere que la sujeto poético no se siente reflejado en esa agua existencial; o lo que es lo mismo, no hay reflejo propio, no hay imagen, no hay presencia de ese doble que nos hace uno (o una). Aunque más adelante, el texto avanza diciéndonos que esa agua turbia y honda es un agua que oculta miserias, pecados inconfesos, cieno . . .; turbiedad repleta entonces de una otredad que no se corresponde con el yo del sujeto hablante ("psique abolida", "nada en la nada"). Hervé Le Corre interpreta el sentido de este poema (como otros de Alma Rubens) como un signo en Poveda de "la imposibilidad de reconocerse, [de] la fugaz entrevisión del doble temido" ("Una poética" 222). Pero me parece que el poema, y aunque en este caso no esté marcado explícitamente el sexo del sujeto hablante, como sí ocurre en "Ensueño" (la marca aparece de otra manera, fundamentalmente en la presentación que hace Poveda de la autora, ya que el poema va precedido del que sería su primer artículo sobre ella), podría también ser visto como un síntoma de la problemática construcción del yo femenino en el modernismo. Cabe pensar así que esta agua-oxímoron, esta agua "muda" ofrece dos posibilidades, ambas conflictivas para el yo femenino: la inexistencia —una mujer, una ella, sin reflejo en el que reconocerse y constituirse como sujeto—; o la división —una ella completamente dividida ante un reflejo (¿deseo, otredad?) enfermizo, turbio, en el que no se reconoce. En ambos casos, una ella que, en última instancia, no consigue *ser* una, porque el lago-agua-espejo no le devuelve esa imagen completa, esencial, que permite el reconocimiento de sí mimo (o de sí misma), básica para situarnos en el mundo. Un espejo, así, mudo, u oscurecido, que se niega a reflejarla o que la refleja deformada. Un agua muda y turbia que cabe situar, una vez más, en la estela de "El cisne" de Delmira Agustini, incluido en *Los cálices vacíos* (1913), poema que, como muy bien ha explicado Silvia Molloy, corrige a Darío (Molloy, "Dos lecturas" 63):

Pupila azul de mi parque
Es el sensitivo espejo

> De un lago claro, muy claro! . . .
> Tan claro que á veces creo
> Que en su cristalina página
> Se imprime mi pensamiento
> (Agustini 202)

En el poema de Delmira, sin embargo, el lago es claro, y, por eso, engañoso; y puede hacerle creer (a veces) al sujeto femenino que ella verdaderamente está, podría estar, dentro de él. Mientras que en el agua-espejo de Alma Rubens no hay un atisbo de claridad; el agua es turbia, por lo que no hay motivo para creer que se está dentro de ella; el engaño resulta una posibilidad más remota. Podrían observarse otras cercanías y vínculos entre ambos poemas. Dice Molloy que en Agustini, a diferencia de lo que ocurre en Darío, hay "una primera persona que activamente fabrica un ámbito personal [. . .] 'mi parque', 'mi lago'" ("Dos lecturas" 65). También en el poema de Alma Rubens se fabrica un ámbito personal, pero se hace de otro modo, mediante una llamativa con-fusión entre el paisaje de fuera y el paisaje de dentro, entre el agua exterior y el agua interior. Así, el yo en el poema de Rubens no aparece, excepto como mirada, hasta la mitad del texto; en sus inicios, ese paisaje descrito nada parece tener que ver directamente con el yo. Según avanza el poema, sin embargo, el agua turbia de fuera se va transformando en el agua turbia de dentro, llegando a hacerse imposible, al final del texto, distinguir entre una y otra. Es decir, el poema comienza aparentando situarse en el mismo sitio dariano de ese "mirón" exterior modernista (Molloy): la mirada sobre el paisaje exterior, para terminar construyendo, fabricando, como Delmira, en el sentido en que señala Molloy, un ámbito personal, el de un paisaje propio y subjetivo; acaso lo más interesante del texto de Rubens es que ella, a diferencia de Agustini, no necesita usar el posesivo; no necesita decir "mi lago" para fabricarse ese ámbito personal, sino que a través del recurso de un sinuoso paralelismo, tan sinuoso como la propia agua descrita, termina apropiándose de esa agua externa, convirtiéndola en su propio paisaje interior . Por otra parte, si Delmira viene a decir con "El cisne" desde su yo, como también indica Molloy, el deseo erótico femenino, Alma Rubens parece mostrar en su poema precisamente la imposibilidad femenina de decir *yo*, al menos, un yo completo e igual a sí mismo, donde el sujeto femenino pueda reconocerse.

Pero el poema de Alma Rubens de 1912 no solo establece conexiones con el texto coetáneo de Agustini; también lo hace con un poema bastante posterior, de Dulce María Loynaz, autora considerada en ocasiones por la crítica como la última poeta modernista. Me refiero a "El espejo", incluido en "Agua perdida", la tercera sección de *Juegos de agua*, publicado en 1947:

> Este espejo colgado a la pared,
> donde a veces me miro de pasada ...
> es un estanque muerto que han traído
> a la casa.
> Cadáver de un estanque es el espejo:
> Agua inmóvil y rígida que guarda
> dentro de ella colores todavía,
> remembranzas
> de sol, de sombra ... —filos de horizontes
> movibles, de la vida que arde y pasa
> en derredor y vuelve y no se quema
> nunca ... —Vaga
> reminiscencia que cuajó en el vidrio
> y no puede volverse a la lejana
> tierra donde arrancaron el estanque,
> aún blancas
> de luna y de jazmín, aún temblorosas
> de lluvias y de pájaros, sus aguas ...
> Esta es agua amansada por la muerte:
> Es fantasma
> de un agua viva que brillara un día,
> libre en el mundo, tibia, soleada ...
> ¡Abierta al viento alegre que la hacía
> bailar ... ! No baila
> más el agua; no copiará los soles
> de cada día. Apenas si la alcanza
> el rayo mustio que se filtra por
> la ventana.
> ¿En qué frío te helaron tanto tiempo,
> estanque vertical, que no derramas
> tu chorro por la alfombra, que no vuelcas
> en la sala
> tus paisajes remotos y tu luz
> espectral? Agua gris cristalizada,
> espejo mío donde algunas veces
> tan lejana
> me vi, que tuve miedo de quedarme
> allí dentro por siempre ... Despegada

> de mí misma, perdida en ese légamo
> de ceniza de estrellas apagadas...
> (Loynaz, *Poesía* 97–98)

En el texto de Loynaz encontramos, como señala María Lucía Puppo, "un llamado al despojamiento de la poesía" (Puppo, *La música* 55), así como su martiana apuesta por la naturaleza al presentarnos "la antinomia naturaleza / cultura" (55). Pero hay otros elementos en el texto y una anécdota y un relato particular y un modo de construirlo que nos pueden llevar a considerar el poema de Rubens como un hipotexto de este de Dulce María, que es, además, por cierto, como aquel, otro poema oxímoron. Aparece en "El espejo", como en Rubens, un agua muda, inmóvil, gris, que no refleja, que no copia los soles. Aunque en el poema de Dulce María el agua se ha transformado, de manera literal, en espejo. En este espejo loynaciano, "estanque muerto", el sujeto femenino se busca y se ve, encuentra una imagen. Pero la encuentra, también, como el sujeto poético de Rubens, deformada, ajena: "lejana", "despegada" de sí misma. La imagen-reflejo de Loynaz produce pavor, es una imagen que congela y que no se corresponde tampoco con el yo de la hablante del poema.

Desde luego, hay diferencias entre ambos textos. Mientras el agua turbia de Rubens parece apuntar al insistente y oscuro deseo interior que el yo no puede, o no tiene permitido reconocer como propio, el estanque muerto de Loynaz parece, en cambio, aludir a una imagen que se sitúa como externa al yo; es decir, esa imagen ideal fabricada desde fuera; una imagen que produce miedo y en la que el sujeto femenino, a la vez que se siente atrapada, la rechaza, precisamente porque no se reconoce en ella.

El poema de Loynaz da así una vuelta de tuerca al de Alma Rubens. Si esta recurre al paisaje exterior como estrategia para construir su propio paisaje ("mírenme a mí, el paisaje soy yo", parece decirnos), Dulce María sugiere lo contrario: "quieren reducirme a paisaje, pero ese paisaje, 'estanque muerto', nada tiene que ver con el yo que soy". Considero que el poema de Dulce María puede ser prensado como (una) salida femenina del modernismo, salida que se produce utilizando los mismos recursos con que las mujeres entraron en él: la construcción de la propia subjetividad y del propio yo. Una salida en la que ya no resulta necesario el intento de apropiarse de los espacios modernistas, construyendo y diciendo "mi parque" o "mi lago", o haciéndose paisaje para conseguir decirse; una salida en la que, por el contrario, el yo femenino acaba denunciando ese paisaje exterior como falseador de su propia subjetividad.

Este poema de Dulce María, esta propuesta de salida del modernismo, no sería posible, sin embargo, lo sabemos, sin los textos de Delmira Agustini. Pero ¿lo sería acaso sin Alma Rubens? Las cercanías entre ambos textos me inclinan a pensar que no. Asimismo, los tres poemas suponen momentos, cortes, que nos muestran, cada uno a su modo, cada uno con su singular perspectiva, el difícil propósito de construcción de la subjetividad, del yo femenino en el modernismo; espacio en que la feminidad aparecía atrapada en un paisaje anulador, en esa visión decimonónica en la que las mujeres eran vista como virgen / santa o como hetaira / femme fatal; y que, como ha señalado Catharina Vallejo, las arrojó al lugar de "un hueco, el margen, la ausencia" (Vallejo, "La mujer" 50).

Pero es hora de ir concluyendo. Si volviéramos al comienzo de nuestro trabajo y a la perspectiva del autor real, esa que consistiría en analizar la figura y los textos de Alma Rubens como imagen / máscara de José Manuel Poveda y buscarlo a él dentro de ella, podríamos acaso pensar que "Ensueño" y "Agua oculta y profunda", estos dos poemas-oxímoron, suponen un guiño de Poveda para delatar la condición heterónima y la imposibilidad de existencia de Alma Rubens, un modo de ocultar / mostrar la propia inexistencia de la poeta: alguien que solo se puede decir como mujer en un instante casi sin posibilidades de ocurrir; o alguien sin reflejo en el agua o con una imagen completamente deformada que no la representa.

Sin excluir esta interpretación, me parece también acertado pensar la compleja y conflictiva feminidad de Alma Rubens, no como un signo de su obvia condición heterónima o de su propia y particular inexistencia real. Sino, más bien, como un síntoma de la difícil construcción de la feminidad, y del sujeto femenino, en el modernismo, advirtiendo que, en última instancia, esa indagación en torno a la construcción del sujeto femenino la comparte Alma Rubens, como hemos visto, con otras poetas modernistas, como Delmira Agustini o Dulce María Loynaz.

Así como el vivir y padecer la condición femenina permitió a Gertrudis Gómez de Avellaneda crear, y en cierto modo *convertirse*, o reflejarse, en el esclavo Sab, como bien ha visto Doris Sommer (*Sab c' est moi*), y hacer verosímiles sus sufrimientos, sus ideas, su voz; del mismo modo, acaso las subalternidades de Poveda, su mulatez y su identidad provinciana, pueden haber favorecido su identificación con la condición femenina y haber agudizado su sensibilidad para construir una voz femenina viva, auténtica y absolutamente verosímil en su textualidad, que nada tiene que envidiar a otras de existencia real. En buena medida, además, la inexistencia e irrealidad de Alma Rubens la convierten en un símbolo idóneo de las poetas en el modernismo, esa mujeres con imágenes congeladas;

excluidas, ausentes o *desrealizadas* que se empeñaron en estar sin existir, y que Catharina Vallejo, siguiendo a Nancy Saporta, ha descrito bajo el nombres de "The Women in the Mens' Club"[8]. Al margen de su inexistencia real, o acaso precisamente por ella, el nombre de Alma Rubens debería aparecer en las antologías de poesía cubana y en las historias de la poesía de la isla como el de una poeta modernista más; junto al de Mercedes Matamoros, Juana Borrero, Nieves Xenes o Dulce María Loynaz.

Notas

1. Publicado en *Romance Notes* 57.2 (2017): 281–292.
2. En los periódicos *El Cubano Libre*, *El Heraldo de Cuba*, *La Nación* y *El Fígaro* y en la revista *Orto*.
3. En 2016 se publicó en España una nueva edición de los poemetos, incluidos en la antología de José Manuel Poveda *Poemetos de Alma Rubens y otros poemas*. Selección y prólogo de Milena Rodríguez Gutiérrez. Ayuntamiento de Carmona, Sevilla, colección Palimpsesto.
4. Este no fue el único heterónimo de Poveda; aunque sí fue el único con nombre femenino (Ver Rocasolano, "El último").
5. Le Corre ha relacionado la voz de Poveda y la de Rubens: "La figura de Alma Rubens comparte muchos de los ideales de su creador: la voluntad de romper con el tipo de literatura impuesto por el público, la desvinculación con el medio, con el mercantilismo; la desconfianza radical hacia las formas más cerradas de literatura nacional" ("Una poética" 210). Por otra parte, en un trabajo más reciente, Katherine Theumer realiza una lectura transgénero de Poveda a partir de su heterónimo, en la que sostiene que en los poemas de Rubens se mezclan las sinergias entre autor y personaje, entre sujeto y obra, y donde, al decir de la autora, el personaje de Rubens es quien otorga la fuerza para la creación a Poveda (Theumer, "The Case of Alma Rubens").
6. Alma Rubens es una figura ausente en los estudios sobre escritoras cubanas. La encontramos, sin embargo, en la antología de mujeres poetas *Otra Cuba secreta*, en cuya introducción incluí, en nota al pie, dos de sus *poemetos*, señalando que con este heterónimo, Poveda "consigue construir una voz femenina creíble e intensa" (28).
7. *Poemeto* fue el término con el que Poveda dio a conocer los versos de Alma Rubens a partir del segundo poema publicado bajo este heterónimo. La palabra remite al poema en prosa, género en el que se inscriben prácticamente todos los poemas, excepto el primero. Alberto Rocasolano utilizó dicho término para englobar todos los poemas y reunirlos en libro en 2004.

8 Véase Catharina Vallejo. *The Women in the Men's Club: Women Modernista Poets in Cuba, 1880–1910*. New Orleans: UP of the South, 2012.

Bibliografía citada

Agustini, Delmira. *Los cálices vacíos*. Rosa García Gutiérrez, ed. crítica e introducción. Sevilla: Point de Lunettes, 2013.
Casal, Julián del. *Poesías*. La Habana: Consejo Nacional de Cultura, 1963.
Chaple, Sergio, compil., prólogo y notas. *Epistolario Boti-Poveda*. La Habana: Arte y Literatura, 2007.
Le Corre, Hervé. "Una poética del desarraigo: Alma Rubens en la obra de José Manuel Poveda (1888–1926)." *Mujer, cultura y sociedad en América Latina*. Roland Forgues, ed., vol. 1. Pau: Publications de l'Université de Pau, 1998. 204–228.
———. *Poesía hispanoamericana postmodernista*. Madrid: Gredos, 2001.
Loynaz, Dulce María. *Poesía completa*. La Habana: Letras Cubanas, 1993.
Molloy, Silvia. "Dos lecturas del cisne." *La sartén por el mango: encuentro de escritoras latinoamericanas*. Patricia Elena González y Eliana Ortega, eds. Río Piedras: Huracán, 1984. 57–69.
Poveda, José Manuel. *Poemetos de Alma Rubens*. Alberto Rocasolano, compilación, ordenación y notas. Santiago de Cuba: Oriente, 2004.
———. "En acecho del tirano." *Heraldo de Cuba* II: 292 (1914): 12.
———. "Alma Rubens." *Prosa*. La Habana: Letras Cubanas, 1980. V. 2 . 49–50.
———. "La personalidad fabulosa y única de Alma Rubens." [*Heraldo de Cuba*, 1915]. *Prosa*. La Habana: Letras Cubanas, 1980. V. 2. 51–55.
Puppo, María Lucía. *La música del agua. Poesía y referencia en la obra de Dulce María Loynaz*. Buenos Aires: Biblos, 2006.
Rocasolano, Alberto. *El último de los raros. Estudios acerca de José Manuel Poveda*. La Habana: Letras Cubanas, 1982.
Rodríguez Gutiérrez, Milena, ed., introducción, notas y bibliografía. *Otra Cuba secreta. Antología de poetas cubanas del XIX y del XX. De Gertrudis Gómez de Avellaneda a Reina María Rodríguez*. Madrid: Verbum, 2011.
———. "La negación del alma cubana: Alma Rubens". *Diario de Cuba*, 15-8-2013. http://www.diariodecuba.com/cultura/1376485744_4637.html
Sommer, Doris. "'Sab c'est moi". *Ficciones fundacionales. Las novelas nacionales de América Latina*. Bogotá: Fondo de Cultura Económica, 2004. 157–183.
Theumer, Kathrin, "The Case of Alma Rubens or the Trans-gendered Imagination in José Manuel Poveda". *Roucky Montain Review* 67: 1 (2013): 27–40.
Vallejo, Catharina. "La mujer y el Modernismo: representación y teoría". *Revista Casa de las Américas* 248 (2007): 41–53.
———. *The Women in the Men's Club: Women Modernista Poets in Cuba, 1880–1910*. New Orleans: UP of the South, 2012.

II.
De las Vanguardias y *Orígenes* a la actualidad

5

La dimensión poética en los *Cuentos Negros de Cuba*: la "antropoesía" de Lydia Cabrera[1]

Las primeras décadas del siglo XX serán fundamentales en Europa para el conocimiento y la difusión de las culturas negra y africana. Las literaturas de vanguardia, y en primer lugar, el cubismo, van a poner de moda en el mundo occidental estas culturas exóticas, orientales, negras, reivindicando también su valor y su fuerza *otra*. Recordemos, por citar un único ejemplo, a Apollinaire, quien, en su célebre poema "Zona", pedía: "Dormir entre tus fetiches de Oceanía y de Guinea", de los que afirmaba que eran: "Cristos con otra forma y de otra creencia" (Apollinaire, *Antología* 15).

En los años veinte y treinta, cuando la difusión de las culturas africanas alcanza una enorme fuerza en Europa, y particularmente en Francia, será cuando lo negro, lo africano, comience a tener presencia en Cuba dentro del mundo intelectual; en gran medida, gracias a la labor de la llamada Sociedad de Folklore Cubano —fundada en 1923 por Fernando Ortiz, el relevante etnólogo y antropólogo cubano, junto a figuras como Chacón y Calvo y otros[2]—, y también dentro de la llamada literatura y poesía cultas. Aunque hay algunos antecedentes[3], es Nicolás Guillén, con sus *Motivos de son*, aquel *pequeño* folleto publicado en 1930, quien consigue que lo negro, menospreciado hasta entonces, arrinconado en el solar cubano, y aceptado exclusivamente en la música popular, entre en la poesía, revolucionando este género en la isla[4].

Pocos años después, en 1936, se publica otra obra fundamental, los titulados *Cuentos Negros de Cuba*, cuya autora, Lydia Cabrera, era, hasta cierto punto, discípula de Fernando Ortiz[5], creador del concepto de *transculturación*, que tan larga vida y tanta utilidad ha tenido no solo para Cuba y el Caribe sino para la cultura latinoamericana.

Lydia Cabrera (La Habana, 1899-Miami, 1991), fue etnóloga, antropóloga, investigadora y escritora, y es conocida sobre todo por su obra monumental *El Monte* (1954), un clásico sobre cultos religiosos afrocubanos o, para decirlo con el nombre que se le conoce en Cuba, sobre la santería que, como describe Cabrera Infante, es "la más poderosa unión sincrética de las mitologías africanas con el catolicismo" (19).

Pero si hablamos de Lydia Cabrera como escritora, que es lo que va a interesarnos en este capítulo, resulta imprescindible referirse a sus *Cuentos Negros de Cuba*, que constituyen, como los *Motivos de son* de Guillén, un clásico de la literatura cubana, como ya señalara Alejo Carpentier; quien, en la temprana fecha de 1938, escribía: "A mi juicio —y es sabido que no soy amigo de malgastar elogios—, los *Cuentos Negros* de Lydia Cabrera merecen plenamente el título de obra maestra" (135).

Para acercarnos a esta obra, digamos, ante todo que, llamativamente, los *Cuentos Negros* se publican primero en París en 1936, traducidos al francés, y será solo cuatro años más tarde, en 1940, cuando se editen en La Habana. Los veintidós cuentos que integran el libro fueron escritos por Lydia Cabrera en la capital francesa, donde vivía y estudiaba en esos años.

La propia Lydia Cabrera declaró que había escrito los *Cuentos Negros* cuando Teresa de la Parra, la escritora venezolana y su pareja entonces[6], se encontraba enferma de tuberculosis, con el propósito de "entretenerla". La crítica ha repetido estas declaraciones de Lydia Cabrera frecuentemente sin ninguna matización[7], pero se trata de una afirmación que, aunque procede de la propia autora, considero que debe ser puesta entre paréntesis; al menos como única respuesta, o como respuesta fundamental, a la motivación de la escritura de los *Cuentos Negros*. No puedo evitar hallar en la declaración de Cabrera una de esas "tretas del débil", como las nombrara Josefina Ludmer; esas estrategias que han utilizado, que siguen utilizando, las escritoras, habitualmente en posiciones de subalternidad, desde Sor Juana Inés de la Cruz, para situarse ante el poder —literario en este caso—, y conseguir ser aceptadas, diciendo aquello que se espera que digan; es decir, minusvalorando o restando importancia a su propio trabajo.

En los *Cuentos Negros*, como en los *Motivos*, resulta esencial la oralidad; pero si Guillén ofrece una poesía ya mestiza, mulata y en contacto directo y explícito con la música cubana (recordemos que Guillén no quiso nunca, e incluso rechazó utilizar el término afrocubano para nombrar su poesía)[8], a Lydia Cabrera le va a interesar otra cosa: la indagación en el folklore y en las leyendas de la mitología africana, tal como estos habían sido reelaborados por los negros criollos de la isla. Asimismo, la importancia de los *Cuentos Negros* la destacaron en su momento figuras tan significativas como el propio Fernando Ortiz y, como ya hemos indicado, Alejo Carpentier. Los textos de ambos constituyen el comienzo de las dos líneas críticas fundamentales sobre Lydia Cabrera: una, la de Ortiz, hacia la antropología, y la otra, la de Carpentier, hacia la literatura. El primero señalaba que esta obra "abre un nuevo capítulo folklórico en la literatura cubana" (9). Por su parte, Carpentier, que pocos años antes de la edición de los *Cuentos Negros* había publicado su primera novela, *Écué Yamba-O*, que inaugura la narrativa afrocubana, escribía también: "Los *Cuentos Negros* de Lydia Cabrera constituyen una obra única en nuestra literatura. Aportan un acento nuevo. Son de una deslumbradora originalidad. Sitúan la mitología antillana en la categoría de los valores universales" ("Los Cuentos Negros" 131).

En fechas más cercanas, diversos autores han colocado esta obra de Lydia Cabrera como antecedente imprescindible de "lo real maravilloso", creado por el propio Carpentier, y también del célebre "realismo mágico". En este sentido, Esperanza Figueroa resalta que los *Cuentos Negros* anticipan precisamente "lo real maravilloso" de Carpentier, y afirma: "no cabe duda de que cuando Alejo Carpentier estaba explicando su 'lo real maravilloso' sabía perfectamente bien, él mejor que nadie, que estaba describiendo el arte de Lydia Cabrera" (10). Josefina Inclán, por su parte, resalta la "'presencia rotunda' del realismo mágico en los *Cuentos Negros* (16), y el escritor Eduardo Mendoza, en sus "Notas preliminares" a la edición de los *Cuentos Negros* en Círculo de Lectores, escribe: "Estos cuentos se adelantan a su tiempo de un modo sorprendente: leyéndolos advertimos qué antiguas y profundas son las raíces de lo que luego vino a llamarse 'el realismo mágico'" (8).

Serían numerosos los aspectos que podrían destacarse en los *Cuentos Negros*; apuntemos apenas algunos de los más significativos. En primer lugar, su carácter de ser traducción y, todavía más, como señalara Fernando Ortiz, de constituirse como "segunda traducción"; es decir, las fábulas de los cuentos, relatados a Lydia Cabrera por informantes, proceden del "lenguaje africano (yoruba, ewe o bantú) en que se imaginaron, pasando posteriormente al idioma amestizado y dialectal de los negros criollos". La escritora parte así de unos cuentos ya *traducidos*, y de ahí tiene que pasarlos, como dice Ortiz, a "una forma legible en castellano [...] conservando los cuentos su fuerte carácter exótico de fondo y de forma" (8–9).

En segundo lugar, los *Cuentos Negros* tienen esa característica que, con tanta agudeza, indicara también Ortiz: la presencia de una moralidad *otra*, que el autor del *Contrapunteo cubano* ... llama "*una* moralidad distinta y *unas* valoraciones sociales diversas, impuestas a la conciencia de los negros africanos por sus circunstancias diferentes de las de los blancos" (8). Además, y esta idea procede también del antropólogo, habría que destacar que, a pesar de tener entre sus protagonistas "algunos personajes del panteón yoruba, como Obaogó, Oshún, Ochosí", constituyen, en su mayoría, "más que cuentos religiosos", "fábulas de animales", al estilo de "Esopo", donde son protagonistas "el tigre, el elefante, el toro, la lombriz, la liebre, las gallinas y, sobre todo, la jicotea" (9).

Hay otras dos características muy relevantes en los *Cuentos Negros*: la cuestión del género, y el aspecto que nos interesa especialmente aquí: su "formidable potencial de poesía" (Carpentier, "Los Cuentos Negros" 132).

Sobre la primera, llamaba la atención Carpentier, cuando decía que estábamos ante un libro que "no hubiera podido ser escrito por un hombre" (132) y mencionaba ejemplos de la visión femenina, que hoy llamaríamos de género, que contiene el libro; como ese "prodigioso reino femenino de Cocozumba" que aparece en "Bregantino Bregantín", donde "habían desaparecido hasta los vocablos masculinos del idioma y se decía 'yo cocino en la fogona', 'yo clavo con la martilla' y 'cuatro dedas con la pulgara' " (frases que hoy nos suenan casi realistas, y precursoras) y se refiere también al cuento "Dos reinas", donde "conocemos a las reinas Eléren Güedde y Oloya Guánna, que desencadenaron una guerra por asuntos de cocina" (Carpentier 133). Como se advierte, Carpentier percibe con agudeza esa visión de género de los *Cuentos Negros*. Madeline Cámara, en fechas más recientes, en un artículo donde dialoga con la obra de Lydia Cabrera desde la perspectiva de María Zambrano, señala que en los *Cuentos Negros* Cabrera, al "dar permanencia a la historia oral de lo africano", muestra que "Patria es también Matria, más aún matriz", al poner en primer plano el "alma negra cubana", ese "principio femenino violado y enmudecido por siglos de colonización y explotación blanca y masculina" (27).

Pero quiero acercarme al segundo rasgo, que me parece primordial en los *Cuentos Negros*, pues es el que acentúa la dimensión literaria de esta obra, y el que ubica a Lydia Cabrera en el sitio de escritora, de gran escritora. Porque esta característica matiza, o precisa, esa "labor de traducción" de Lydia Cabrera que indicara Ortiz; es decir, el valor de los *Cuentos Negros* no vendría dado por un simple papel divulgativo o por una función que supusiera la exclusiva recolección de los mitos afrocubanos, sino, sobre todo, por su propia capacidad, y voluntad, de creación literaria. En este sentido, Carpentier advierte que "sería un error creer que la escritora se ha contentado con transcribir el folklore en sus narraciones"; y continúa diciendo que ella "ha construido relatos personalísimos, enriquecidos con suntuosas visiones de paisajes y costumbres criollos" (132). Rasgo que, por cierto, nos hace afianzarnos en la idea de que no se trata de cuentos escritos solo con el propósito de "entretener" a una enferma, aunque esta enferma se llame Teresa de la Parra.

Margarita Mateo, estudiosa contemporánea, defiende y argumenta esta "dimensión literaria" de los *Cuentos Negros* con un ejemplo muy elocuente. Mateo compara y advierte las notables diferencias entre los *Cuentos Negros* y la antología de Ramón Guirao, *Cuentos y leyendas negros de Cuba*, publicada en Cuba en 1944, y señala: "Lydia Cabrera supera ampliamente, desde el punto de vista de la creatividad literaria, los textos de esta antología" (44), e indica cómo, a diferencia de los cuentos de Guirao, en los *Cuentos Negros* hay "voluntad de atrapar al lector, de jugar con el lenguaje, con las figuras literarias, de subrayar lo insólito y la visión mágica del mundo" (45).

Pretendo entonces insistir en este "potencial poético" de los *Cuentos Negros*, pero no solo en su dimensión literaria sino, de manera más específica, en su dimensión lírica. Aunque el propio Carpentier ya apunta a este potencial poético-lírico al escribir que los *Cuentos Negros* "crean un género nuevo en los dominios de una poesía esencialmente criolla" (134), es María Zambrano la primera que va a destacar con claridad su presencia, tanto en los *Cuentos Negros* como en el siguiente libro de relatos de Lydia Cabrera, titulado *Por qué*, publicado en La Habana en 1948. En un artículo aparecido en la revista *Orígenes* en 1950, Zambrano otorga a Lydia Cabrera la condición de poeta; de un tipo singular de poeta: "Lydia Cabrera se destaca entre todos los poetas cubanos por una forma de poesía en que conocimiento y fantasía se hermanan hasta el punto de no ser ya cosas diferentes, hasta constituir eso que se llama 'conocimiento poético'" (119). Y más adelante se refiere a *Por qué* (y esta afirmación puede trasladarse a los *Cuentos Negros*) como un "libro escrito en prosa pero que solo como poesía puede ser entendido" (120). Josefina Inclán, una de las primeras estudiosas de Lydia Cabrera como escritora, presenta su obra como "transida de poesía" (1). También Rosario Hiriart, otra de sus principales investigadoras, ha examinado la poeticidad de los *Cuentos Negros*, aproximándose, específicamente, a la categoría de tiempo, y a cómo esta aparece en el libro; sobre este aspecto escribe que estamos ante: "narraciones situadas en un tiempo poético, fuera de toda realidad concreta" (32). Otros autores insisten en esta característica; así, Margarita Mateo afirma sobre los *Cuentos Negros*: "El uso de un lenguaje poético, elaborado literariamente, con profusión de metáforas, símiles y otros recursos tropológicos, es rasgo esencial de su escritura" (46), mientras Duanel Díaz Infante dice: "[...] a Lydia Cabrera lo que le fascina del mundo negro es más bien su poesía" (229). Pero es Madeline Cámara, acaso, quien mejor ha argumentado esta dimensión poética. Cámara pone en relación una ficha etnográfica de la propia Lydia Cabrera, que recoge literalmente las palabras de una informante, con su elaboración literaria, que se hallaría en el que sería el primero de los *Cuentos Negros*, "Bregantino Bregantín". La comparación resulta reveladora. Se lee en la ficha: "Por la noche el altar ya arreglado. Dos pieles de Gato Montés con caracoles bordados. En el suelo, una gran cazuela de arroz con frijoles y rositas de maíz. Dos velas encendidas. Se alude también al altar tocando el suelo con los dedos y besándose las yemas ... La habitación olía a guayaba" (Cámara "Para llegar" 28).

En el cuento, esta información es convertida en: "Sanune tocó la tierra y la besó en la yema de sus dedos ... Cuando abrió los ojos, estaba en una habitación rodeada de noche, olía expresamente a fronda caliente y fruto de guayaba ... , frente a un altar, que eran dos ramas de álamo frescas y recién cortadas, apoyadas en la pared y dos pieles de gatos montés" (Cámara, "Para llegar" 29).

Voy a detenerme en dos momentos de los *Cuentos Negros* que, en mi opinión, nos revelan también esta intensa dimensión poética.

El primero de ellos es la construcción de ese mito del origen, o de los orígenes, donde se imagina y recrea el surgimiento de las razas, que se halla en el cuento titulado "Taita Hicotea y Taita Tigre". Se trata de un cuento que ejerce, me parece, un enorme poder de seducción en los lectores y al que se han referido algunos críticos. Comienza con un relato de los comienzos del universo y de la humanidad desde una personalísima mitología afrocubana:

> Cuando la tierra era joven, la Rana tenía pelos y se hacía papelillos. Al principio, todo era verde. No solamente las hojas, la yerba y cuanto sigue siendo verde, como el limón y el grillo Esperanza, sino los minerales, los animales y el hombre, que Oba-Ogó hizo soplando sobre su caca. (Cabrera, *Cuentos Negros* 41)

El comienzo del cuento es espléndido: una escritura absolutamente híbrida, y mágica, que mezcla diversos refranes, mitos religiosos sobre los orígenes, leyenda, folklore, fábulas de animales, humor criollo, y poesía. Sobre el final de este pasaje, escribe Fernando Ortiz que se trata de un mito "poco halagador para el hombre no obstante su deífica oriundez", pero agrega enseguida: "pero no se aparta mucho del mito bíblico por el cual el primer ser humano nace del fango de la tierra que Jehová moldea y vivifica, infundiéndole su soplo divino" (10).

Podríamos decir así que Lydia Cabrera construye el mito de la creación, el Génesis de la cultura afrocubana, como una parodia con aires cuasi posmodernos, introduciendo en él la magia, que se une a un aire burlón, *jodedor*, como se diría en Cuba, y con cierta carga de ese choteo específicamente cubano al que se refirió el propio Fernando Ortiz y que Jorge Mañach definió como "descubrir lo objetivo risible que había pasado inadvertido a los observadores más intensos" (Mañach, "Indagación" 63); así, la rana que, al criar pelos, puede hacerse, y de hecho se hace, papelillos[9]; o todo en el mundo verde, incluido ese grillo Esperanza e, incluso, el propio hombre (¿habría aquí, por cierto, también, algún pequeño homenaje a su amigo Federico García Lorca, con su "verde que te quiero verde" de su "Romance sonámbulo"; ese amigo que le dedicó a la escritora, y "a su negrita", en el *Romancero gitano*, "La casada infiel"?[10]); hallamos, además, en este mito afrocubano de la creación, al hombre hecho desde y con la caca, y ¿puede haber creación más choteada que una que se hace desde y con la caca? Pero, sin embargo, esta parodia, como señala Ortiz, sigue guardando una relación de afinidad, de *simpatía*, con el Génesis bíblico: se podría decir que no hay tanta diferencia como pudiera pensarse en un principio entre el fango y la caca.

La descripción de ese mundo de los orígenes continúa relatándose con una gran intensidad lírica que nos recuerda, en cierto grado, las elaboraciones surrealistas, no porque se presente desde una escritura automática, ni por la sintaxis, perfectamente normalizada, sino por el ilogicismo de las imágenes, que nos hacen pensar también en el realismo mágico; y recordemos que diversos críticos han señalado la presencia del surrealismo en los cuentos de Lydia Cabrera; así, entre otros, Rosa Valdés-Cruz, quien habla de la presencia en esta obra de descripciones "de marcada técnica surrealista" (Valdés, "Los Cuentos" 93). Escribe Lydia Cabrera: "Faltaba un poco de orden; los peces libaban en las flores, los pájaros colgaban sus hilos en las crestas de las olas. (Los mares desbordaron de los caracoles; los ríos del lagrimar del primer cocodrilo que tuvo pena.)" (Cabrera, *Cuentos* 41).

Después, el cuento relata el surgimiento de las razas, y con estas, el surgimiento de la diferencia entre negros y blancos, del siguiente modo:

Un hombre subió al cielo por una cuerda de luz. El Sol le advirtió: -"No te aproximes demasiado, que quemo" –Este hombre no hizo caso: se acercó, se tostó, se volvió negro de pies a cabeza . . . Fue el primer negro, el Padre de todos los negros.
(La alegría es de los negros).

Otro hombre se fue a la Luna montado en un Caballo-Pájaro-Caimán-Nube Chica. La Luna tiene un ojo redondo, en un cerco pintado con carbón: dentro del ojo, una liebre dando vueltas.
Este ojo es una cisterna de agua fría, agua primordial del cielo; la liebre es un pez de hielo. La lluvia vive en el ojo de la Luna.
[. . .]
La Luna es fría. El frío es blanco. El hombre que fue a la Luna emblanqueció. Fue el primer hombre blanco. Padre de todos los blancos. Son tristes . . . Todo se explica.
(Cabrera, *Cuentos* 41–43)

Una vez más, las imágenes se acercan a las elaboraciones del surrealismo, asociándose asimismo el sol a los negros, y la luna, a los blancos; la segunda, en una imagen, la del ojo redondo, que podría recordar la película de Buñuel, *Un chien andalou*. Pero en esta imagen profundamente poética se definen también las características fundamentales de los negros y los blancos: alegría y tristeza, sol y luna.

Se trata, por cierto, de los mismos rasgos en los que insistirá, muchos años más tarde, el puertorriqueño Luis Rafael Sánchez, quien las desarrolla y las asocia con la música popular. Se lee en *La importancia de llamarse Daniel Santos*: "La bullanga explosiva, pregonada, riente, no es cosa de blancos. A menos que el blanco sea del Caribe o de las Antillas" (Sánchez, *La importancia* 61–62), y más adelante: "La bullanga de los blancos es soporífera. La tristeza patrulla la bullanga de los blancos" (62), y todavía: "La bullanga explosiva, pregonada y riente, la vitalidad, los deberes del ritmo, el escepticismo jodedor a todas horas, son los vuelcos intelectuales del negro, del mulato, del caribeño" (62).

Pero, volviendo al cuento de Lydia Cabrera, estos rasgos, asociados al color de la piel de los blancos y los negros, se explican líricamente: a partir de dos viajes de "iniciación" diferentes. Los primeros, los negros, habrían ido al sol, del que saldrían, como de un gran baño de luz tropical, muy tostados y, a pesar de todo, alegres; los segundos, habrían viajado a la luna, que los dejaría tristes y cubiertos por su blanco frío.

En este relato-poema de los orígenes aparece también otro elemento llamativo, psicoanalítico, de lenguaje y poético: el malentendido. En esta creación sui géneris, la creación del hombre se origina en un malentendido. La luna le dice a la liebre: "Corre, ve y dile a los hombres de mi parte que así como yo nazco, muero y resucito ellos deben nacer, morir y resucitar" (Cabrera, *Cuentos* 42). Pero en esta creación poética, y choteada, la liebre se emborracha con cerveza junto a la jutía, y confunde las palabras de la Luna-Diosa: "No tenía costumbre de beber cerveza y trabucó el mensaje que la luna le había confiado" (42). La borracha liebre cuenta a la luna lo que ha dicho a los hombres: "[...] así como yo nazco, muero ... y no resucito, deben ustedes nacer, morir y no resucitar. Y empezaron a cavar sus fosas ... " (42).

La humanidad surge entonces en el cuento en perfecta correspondencia con lo que explica Freud, pero, en este caso, literalmente: de un malentendido; malentendido que produce, a la vez, la muerte, y lo humano; malentendido también mezclado aquí con el alcohol, con la borrachera; malentendido que hace pasar *liebre por luna*; humanidad, así, perfectamente humana en su origen equivocado; pero, también, surgiendo de la borrachera; es decir, choteada, cubana y caribeña.

Otro momento particularmente poético, y quizás el momento poético por excelencia de los *Cuentos Negros*, se halla en el cuento titulado "Walo-Wila". En este texto es difícil aislar pasajes, porque todo el cuento posee una intensa fuerza poética o mitopoética; fuerza que ahora no está atravesada por la parodia, la burla o el choteo, sino, al contrario, por el más puro lirismo, y por cierta dimensión mágica y envolvente; dados, entre otros recursos literarios, por la atmósfera, enigmática, misteriosa; la sonoridad, el ritmo y la musicalidad, y por cierto carácter reiterativo, cíclico. El argumento del cuento, si es que es posible resumirlo, es el siguiente: son dos hermanas, llamadas Walo-Wila y Ayere Kénde —o Kénde Ayere, el narrador no lo sabe muy bien—. A Walo-Wila, que no salía nunca a la calle, nadie la había visto jamás. Así que en el cuento van pasando uno a uno, junto al balcón al que se asoma Ayere Kénde, muchos y distintos animales-pretendientes: el Caballo de madera y música, el Hombre Chivo, el Hombre Toro, el Hombre Morrocoy, Hombre Tigre, Hombre Elefante, Hombre León. Todos tienen sed, y todos la sacian en la copa de oro que les ofrece la hermana *visible*; todos alaban la belleza de la copa y, entonces, Ayere Kénde dice siempre lo mismo: "Más bella, mucho más bella es mi hermana invisible" (Cabrera, *Cuentos Negros* 36). Y todos quieren conocerla, pero entonces, se oye desde dentro la canción de Walo-Wila, la hermana invisible; una canción, con variantes, parecida a la siguiente: "¡Ay que yo soy fea, / Que yo soy tuerta, / Que soy gambada, / Que tengo sarna ... !" (37). Y entonces, los pretendientes se alejan asustados. Hasta que aparece Venado, que se arriesga, que a pesar de todo decide casarse con ella. Y al final, Venado descubre la verdad de las palabras de Ayére Kende, y percibe la belleza de Walo-Wila.

La sonoridad, la musicalidad y el ritmo están presente a lo largo del cuento-poema, pero se acentúan especialmente con la llegada del primer pretendiente, el caballo de madera y música, con el diálogo que sostienen la hermana visible y la invisible, que se transcribe casi en forma de poema, con un insistente estribillo; veamos un fragmento:

>   Ayere Kénde
> Aquí hay una visita, Kénde Ayere!
> Preguntó Walo-Wila:
> —Walo-Wila. Walo Kénde,
>   Ayere Kénde
> ¿Quién es la visita, Kénde Ayere
> —Walo-Wila, Walo Kénde
>   Ayere Kénde,
> Compadre Caballo, Kénde Ayere.
> —Walo-Wila, Walo Kénde
>   Ayere Kénde
> ¿Qué quiere Compadre Caballo, Kénde Ayere?
> —Walo-Wila, Walo-Kénde,
>   Ayere Kénde
> Que casamiento, Kénde Ayere.
> —Walo-Wila, Walo-Kénde,
>   Ayere Kénde
> Dile a Compadre Caballo que yo soy fea, Kénde Ayere.
> —Walo-Wila, Walo-Kénde
>   Ayere Kénde
> Que yo soy tuerta, Kénde Ayere.
> —Walo-Wila, Walo Kénde
>   Ayere Kénde
> Que tengo bubas, Kénde Ayere.
> —Walo-Wila, Walo-Kénde
>   Ayere Kénde
> ¡Que estoy podrida, Kénde Ayere!
> —"¡Adiós, adiós!" —dijo el Caballo—.
>   [. . .] (36)

De este sugestivo cuento-poema pueden hacerse diversas interpretaciones, sin que ninguna consiga, pienso, agotarlo. Así, "Walo-Wila", la hermana invisible y escondida, puede ser, en una interpretación cercana a lo psicológico, un personaje que representa al doble; una dualidad que aparece a menudo en la escritura de Lydia Cabrera, como ha estudiado Rodríguez-Florido[11]; de manera más específica, este personaje podría ser metáfora de la otredad que existe en toda feminidad (lo mismo blanca que negra); una otredad que percibimos con transparencia en el fragmento anterior, donde tienden a confundirse los nombres de una y otra hermana; así, la hermana invisible es esa *otra* que surge de pronto para decir lo contrario de lo que le conviene, y en la que nadie confía; esa *otra* que construye y cava su propia soledad. Pero Walo-Wila podría ser, también, en una lectura más simbólica, la promesa, la ofrenda de la belleza, una belleza que nadie ha visto nunca, que nadie ve, pero en cuya existencia es necesario creer, y confiar. Una belleza que la hermana, Ayere Kénde, ofrece a todos (Hombre Caballo, Hombre Chivo, Hombre Toro; Hombre Tigre, Hombre Elefante, Hombre León ...), como una especie de celestina-hechicera, después de calmar su sed; pero que solo Venado (Hombre sabio, aunque no se le llame así en el cuento), es capaz de intuir, imaginar, entender y percibir. Tal vez uno de los elementos que intensifica este carácter mágico-poético del cuento, sea que, al contrario de lo que sucede en numerosos relatos de hechiceras y brujas, las palabras mágicas, seductoras, y que no pueden ser demostradas ni comprobadas, no esconden el engaño o la mentira, no pretenden engañar; sino que llevan, oculta, la verdad; es decir, en el cuento, las palabras seductoras disfrazan la verdad, una verdad que hasta el final del cuento no sabemos, sin embargo, que lo es.

En su prólogo a la edición española de los *Cuentos Negros de Cuba*, Guillermo Cabrera Infante utiliza una expresión feliz para denominar a Lydia Cabrera; la llama "antropoeta" (Cabrera, "Lydia"). Pienso que ese término es un hallazgo y acaso el que mejor define la labor de la escritora. Podríamos terminar con unas palabras de Reynaldo Arenas, que resumen la significación de esta espléndida *antropoeta*: "Gracias a Lydia Cabrera el tambor y el monte, el Cristo que agoniza y el chivo decapitado, la jicotea y la noche estrellada confluyen y se unifican, dándonos la dimensión secreta y totalizadora —el ritmo— de la Isla" (Arenas, "Diosa" 28).

Notas

1 Publicado en *Guaraguao. Revista de Cultura latinoamericana* 61 (2019): 31–46.
2 Sobre la importancia de esta Sociedad, puede consultarse, entre otros, el artículo de Ana Cairo, "Lydia Cabrera: praxis vanguardista y justicia cultural" (2002).
3 Podrían mencionarse poemas como "La bailadora de rumba", de Ramón Guirao, o "La rumba", de José Zacarías Tallet entre los antecedentes. (Sobre este tema, puede consultarse el artículo de Armando González-Pérez, "Incursión en el mundo mágico-religioso de la poesía afrocubana").

4 Sobre Guillén y *Motivos de son*, véase, entre otros, el artículo de Milena Rodríguez "Contrapunteo del ojo y del oído: Nicanor Parra y Nicolás Guillén (2016).

5 Lydia Cabrera era, además, cuñada de Fernando Ortiz, casado con una hermana de la escritora. Aunque su interés hacia las religiones y la cultura afrocubanas, según ella misma declaró, no comienza en Cuba, sino durante su estancia en París.

6 Durante mucho tiempo, las relaciones entre Lydia Cabrera y Teresa de la Parra se presentaron desde la crítica como relaciones de amistad. Sin embargo, Lydia Cabrera era mucho más que amiga de la venezolana. Para aclarar este vínculo, resulta muy útil consultar el capítulo que Sylvia Molloy dedica a Teresa de la Parra en su libro *Poses de fin de siglo*. Asimismo, en una entrevista de 2009, Molloy declaraba:
"Cuando fui a Caracas a trabajar sobre sus manuscritos [se refiere a Teresa de la Parra], muchos de los cuales están en la Biblioteca Nacional, visité a Velia Bosch, crítica venezolana a cuyo cuidado estuvo la obra de Parra y que, por eso mismo, se considera un poco dueña de la escritora. Basta cotejar la edición que hizo de los Diarios de Parra con los originales para comprobar que están totalmente recortados. Teresa de la Parra murió de tuberculosis en Madrid en 1936 y su pareja, la antropóloga y escritora cubana Lydia Cabrera, la acompaña hasta el final. Ambas están en España y en los Diarios, supone, en un momento dice Parra: 'Hoy Lydia fue a la ópera y cuando volvió se acostó en mi cama y hablamos de Tristán e Isolda'. Comparando, ves que en la edición de los *Diarios* que hace Bosch falta 'en mi cama'. Entonces te das cuenta de la lectura voyeurística que hizo esta mujer, porque dudo mucho de que, en ese contexto, 'en mi cama' quiera decir otra cosa que acostarse junto a la compañera enferma. Pero el miedo, el pánico de esta crítica la lleva a sobreleer y a hacer recortes como este, nimios pero significativos. Cuando me encontré con Velia Bosch, sabiendo acaso que si ella no sacaba el tema lo iba a hacer yo misma, me dijo: 'Se habla mucho de la homosexualidad de Teresa de la Parra, pero francamente yo no creo para nada en eso. Las mujeres somos muy afectuosas. El gran amor de su vida fue Gonzalo Zaldumbide. Y su relación con Lydia Cabrera... bueno, ellas eran muy amigas'. Incluso, Bosch me llegó a decir que le había dicho a la propia Lydia Cabrera que se equivocaba en lo referido a la supuesta homosexualidad de Teresa. ¡A la mujer que había sido su pareja! 'No, Lydia, tú te equivocas. Teresa no era así'. Una escena de una ridiculez lamentable (Lennard, "Hacer").

7 Un punto de vista mucho más atendible y lúcido tiene Madeline Cámara, quien pone el acento en la motivación de la escritura, y subraya el papel que juega Teresa de la Parra como receptora para Lydia Cabrera Así, Cámara indica que los *Cuentos Negros* "resultan entonces, en su gestación, textos de los que se espera el disfrute del receptor" (Cámara, "Para llegar" 29).

8 Nicolás Guillén llegó a declarar: "Nada más falso [. . .] que el término 'afrocubano' para designar cierto arte, cierta música o cierta poesía: lo cubano, así sea en el negro como en el blanco, es lo español más lo afro, amo más el esclavo" (Guillén, "Charla" 298).

9   "Hacerse papelillos", significa en Cuba rizarse el pelo utilizando tiras de papel.
10 En cierto modo, los *Cuentos Negros* de Lydia Cabrera guardan una cierta afinidad con el *Romancero gitano* de Lorca, en la medida en que ambos mezclan la cultura popular con elementos procedentes de la vanguardia, sobre todo, del surrealismo.
11 Rodríguez-Florido se acerca al tema del doble en los *Cuentos Negros* y en *Por qué*, estudiando la presencia en algunos títulos de los hermanos mellizos, los hombres-animales y los compadres (Rodríguez, "Función" 61). No toma en cuenta el cuento que nos ocupa.

Bibliografía citada

Apollinaire, Guillaume. *Antología*. Manuel Álvarez Ortega, trad. Madrid: Visor, 1996.
Arenas, Reinaldo. "Diosa instalada en el centro del poema". *En torno a Lydia Cabrera. Cincuentenario de Cuentos negros de Cuba (1936–1986)*. Isabel Castellanos y Josefina Inclán, eds. Miami: Universal, 1987. 27–28.
Cabrera, Lydia. *Cuentos Negros de Cuba*. Fernando Ortiz, prejuicio. Miami: Universal, 2002.
Cabrera Infante, Guillermo. "Lydia Cabrera, antropoeta" [prólogo]. Lydia Cabrera. *Cuentos Negros de Cuba*. Barcelona: Círculo de Lectores, 1996. 9–20.
Cairo, Ana. "Lydia Cabrera: praxis vanguardista y justicia cultural", *Caminos. Revista cubana de pensamiento socioteológico* 24–25 (2002): 73–83. https://revista.ecaminos.org/article/lydia-cabrera-praxis-vanguardista-y-justicia-cultu/
Cámara Betancourt, Madeline. "Para llegar a Lydia Cabrera a través de María Zambrano. Hacia un conocimiento poético de lo cubano". *Antígona. Revista de la Fundación María Zambrano* 2 (2007): 20–33.
Carpentier, Alejo. "Los Cuentos Negros de Lydia Cabrera" [1936]. *Revista de la Biblioteca Nacional José Martí* 4 (1999): 131–135.
Díaz Infante, Duanel. "Lydia Cabrera o la felicidad". *Días de fuego, años de humo. Ensayos sobre la Revolución cubana*. Leiden: Almenara, 2014. 225–231.
Figueroa, Esperanza. "Prólogo". Lydia Cabrera. *Cuentos para adultos, niños y retrasados mentales*. Miami: [Universal], 1983. 7–23.
González-Pérez, Armando. "Incursión en el maravilloso mundo mágico-religioso de la poesía afrocubana". *Revista Iberoamericana* 152–153 (1990): 1323–1337.
Guillén, Nicolás. "Charla en el Lyceum". *Prosa de prisa (1929–1972)*. Ángel Augier, compil., prólogo y notas. La Habana: Arte y Literatura, Tomo I, 1975. 286–304.
Hiriart, Rosario. "El tiempo y los símbolos en Cuentos Negros de Cuba". *Homenaje a Lydia Cabrera*. Reinaldo Sánchez, José Antonio Madrigal y otros, eds. Miami: Universal, 1977. 31–34.
Inclán, Josefina. *Lydia Cabrera. Creación y poesía*. Miami: Peninsular [Folleto], 1981.
Lennard, Patricio. "'Hacer la diferencia'. Entrevista a Sylvia Molloy". *Página 12. Suplementos*. 25 de septiembre, 2009. https://www.pagina12.com.ar/diario/suplementos/soy/1-1000-2009-09-25.html

Mañach. Jorge. "Indagación del choteo". *La crisis de la alta cultura en Cuba. Indagación del choteo.* Miami: Universal, 1991.

Mateo, Margarita (2006). "Los Cuentos Negros de Cuba: transgresión y ruptura". *Transgresiones cubanas: cultura, literatura y lengua dentro y fuera de la isla.* Knauer, Gabriele, ed. Madrid: Iberoamericana, 2006. 41–55.

Mendoza, Eduardo. "Nota preliminar". Lydia Cabrera. *Cuentos Negros de Cuba.* Prólogo de Guillermo Cabrera infante. Barcelona: Círculo de Lectores, 1996. 7–8.

Molloy, Sylvia. "Secreto a voces. Traslados lésbicos en Teresa de la Parra". *Poses de fin de siglo. Desbordes del género en la modernidad.* Buenos Aires: Eterna Cadencia, 2012. 262–287.

Ortiz, Fernando. "Prejuicio". Lydia Cabrera. *Cuentos Negros de Cuba.* Miami: Universal, 2002. 7–10.

Rodríguez Florido, Jorge J. "Función del doble en los *Cuentos Negros* ... y en *Por qué* ... ". . *Homenaje a Lydia Cabrera.* Reinaldo Sánchez, José Antonio Madrigal y otros, eds. Miami: Universal, 1977. 61–71.

Rodríguez Gutiérrez, Milena. "Contrapunteo del ojo y del oído: Nicanor Parra y Nicolás Guillén". *Cuadernos Hispanoamericanos* 797 (2016): 48–65.

Sánchez, Luis Rafael. *La importancia de llamarse Daniel Santos.* San Juan: Universidad de Puerto Rico, 1988.

Valdés-Cruz, Rosa. "Los cuentos de Lydia Cabrera: ¿transposiciones o creaciones?". *Homenaje a Lydia Cabrera.* Reinaldo Sánchez, José Antonio Madrigal y otros, eds. Miami: Universal, 1978. 93–99.

Zambrano, María. "Lydia Cabrera, poeta de la metamorfosis". *Islas.* Jorge Luis Arcos, ed. Madrid: Verbum, 2007. 117–122.

6

Lo entrañable *versus* lo siniestro: Fina García Marruz corrige a Freud[1]

Uno de los conceptos freudianos más sugestivos es acaso ese que el padre del psicoanálisis llamó *lo siniestro*, "Unheimlich", en alemán; "uncanny", en inglés, que apunta a "aquella suerte de espantoso que afecta las cosas conocidas y familiares" (Freud 2483) y que podría resumirse, rápidamente, como la presencia de lo extraño en lo familiar[2].

Pienso que en la poesía de Fina García Marruz (La Habana, 1923–2022), o al menos en buena parte de sus poemas, puede advertirse una especie de inversión o antagonismo del concepto freudiano; inversión que podríamos nombrar (no soy original al darle este nombre) como "lo entrañable". No resulta este segundo término ajeno a la obra de Fina. Ella misma se ha referido, por ejemplo, a las palabras —esas que para un poeta son equivalentes a lo que serían los colores para un pintor— como "madres tristes, / intemperie entrañable de la vida" ("Yo os amo, palabras, madres tristes", *Las miradas* 115). Por su parte, Cintio Vitier, en sus *Cincuenta años de poesía cubana*, utiliza este término para enumerar los temas, motivos o presencias en la poesía de la autora, que serían, dice: "la intimidad de los recuerdos, el sabor de lo cubano, los misterios católicos"; añadiendo que, en "la primera dimensión", Fina ofrece una "poesía de evocaciones entrañables" (Vitier, *Cincuenta* 376).

Según el Diccionario de la RAE, entrañable se define como "íntimo, muy afectuoso". Pretendo ampliar esta definición e ir un poco más allá de la RAE.

Pretendo, también, ir más allá de la crítica literaria que ha utilizado también (me incluyo a mí misma) este término para referirse a la poesía de Fina. Pretendo así, pensar aquí "lo entrañable" en la poesía de Fina no solo como la presencia en sus versos de algo "íntimo o muy afectuoso", sino también como la presencia de algo opuesto a lo siniestro freudiano y que supone dotar de connotación familiar a elementos, objetos, cosas, aparentemente extraños o ajenos. La aparición de lo siniestro freudiano ajena los objetos familiares, los extraña o los aleja; lo entrañable de Fina, por el contrario, vuelve cercano, familiar, aquello que parecía extraño, lejano o ajeno; aquello, también, que nos resulta distante o lejano por el modo demasiado grave en que ha sido habitualmente percibido. En mi opinión se trata asimismo de uno de los rasgos que otorgan mayor singularidad a su poesía.

Propongo explorar este *entrañable* en dos de las zonas centrales de la poesía de la autora mencionadas por Cintio Vitier: "la intimidad de los recuerdos" y "el sabor de lo cubano".

Para aproximarnos a "la intimidad de los recuerdos", resulta necesario acudir a la primera suma de libros de la autora, *Las miradas perdidas*, publicada en 1951, y particularmente a aquellas partes donde esta intimidad adquiere todo el protagonismo; es decir, las dos primeras, tituladas "Las oscuras tardes" y "Las miradas perdidas".

Quizás podríamos comenzar acercándonos al poema "Sonetos a la lluvia", poema donde se mira desde el recuerdo, donde se evoca la familia reunida en la sala; una lejanía que, sin embargo, se transmuta a lo largo del poema en cercanía; todo se acerca en y con la mirada, hasta lo que parece lejanísimo; el tiempo vuelve, el pasado vuelve, la luz vuelve: "¿Es de ayer esa luz que da a los muebles viejos / un brillo gris, autónomo?" (*Las miradas* 10), se pregunta la voz poética casi de modo retórico, pues la luz de ayer se ha vuelto de hoy. Hay un verso en el poema que revela, creo, particularmente, lo entrañable de Fina: "Respiro a Casal". El primer sentido de ese impresionante verso, tal vez aluda al lugar desde el que habla la voz poética y que la hace, aparentemente al menos, similar a Casal; el propósito, así, de alguien que (cito a la propia Fina refiriéndose a Casal) "quiere vivir lo lejano" (García Marruz, "Lo exterior" 78). Pero el modo en que Fina se sitúa al lado de Casal descubre su visión entrañable; porque no dice "veo", "pienso", "escucho", ni siquiera "siento", sino "respiro". Y, ¿hay un modo de acercarse más, de sentirse más cerca de Casal que respirándolo? Habría que subrayar entonces que el verso termina siendo una especie de oxímoron: el poeta de la lejanía, al ser respirado por la voz poética, se vuelve cercano, íntimo, entrañable; se convierte en parte de la propia familia; como si dejara de ser, al menos por un instante (cito ahora a Cintio Vitier) el poeta de "la frialdad, el frío, la extrañeza" (Vitier, *Lo cubano* 267).

Ha llamado la atención Carmen Ruiz Barrionuevo sobre la presencia de Casal en Fina, poco advertida por la crítica, que suele detenerse bastante más en su afinidad con Martí. Y habría que recordar, como hace Ruiz Barrionuevo, que el primer poema de *Las miradas perdidas* es el espléndido soneto "Una dulce nevada está cayendo" que, como sigue diciendo Ruiz Barrionuevo, recuerda a Casal y a su libro *Nieve*, aunque, matiza la estudiosa, Fina "consigue imponer su propia concepción renovando la imagen, infundiéndole nuevas adherencias lumínicas, gestos y sonoridades" (Ruiz Barrionuevo, "Fina" 32); efectivamente, en el poema, la abstracta nieve se transforma en una nevada concreta; y más aún, en "una dulce nevada"; la nieve, dulce, pierde así su dimensión de extrañeza casaliana; y se acerca, se convierte en un objeto familiar, cercano, entrañable.

Un concepto en que mejor se advierte, en esta zona de la intimidad de los recuerdos, la singular visión de Fina, es el concepto *tiempo*. En *Las miradas perdidas*, el pasado, el tiempo lejano, se acerca por acción de la mirada familiar y "dinámica" (es importante este rasgo que señala Emilio de Armas, "La poesía" 18), de la voz poética. Así, por ejemplo, en "Una cara, un rumor, un fiel instante", el tiempo, como la nieve, deja también de ser algo abstracto; no es más el tiempo a secas, sino "el tiempo mío". Y aquí tal vez valdría la pena recordar a María Zambrano, tan admirada por Fina y los origenistas, quien sitúa precisamente en torno a la abstracción una de las diferencias esenciales entre poesía y filosofía. Para Zambrano, el poeta difiere del filósofo en que el segundo ha optado por la abstracción, esa "idealidad" conseguida con "un género de mirada que ha dejado de ver las cosas" (Zambrano, "Pensamiento" 15), mientras el poeta es aquel aferrado al encuentro con lo inmediato, fiel a las cosas, con la cosa misma impresa en su interior (17). En este poema, el tiempo pierde así, como decíamos, toda condición abstracta; es el tiempo interior de la voz poética; tiempo del que esta se apropia para hacerlo suyo, y al que añade además un plus, la dimensión familiar, cuando lo compara, en un hermoso símil que nos hace incluso sonreír, con "un lento y perezoso amante / que siempre llega tarde". Ese carácter familiar del tiempo se enuncia también al final del poema: el sonido del pasado es un sonido *otro*, un sonido de ayer, pero ese sonido de ayer es también "el mismo"; es decir, lo que parecía lejano vuelve, regresa, pierde su dimensión extrañada y se transforma en algo cercano, de hoy, en un tiempo familiar. Y es que en *Las miradas perdidas*, libro que acaso podría haberse titulado *Las miradas ganadas*, o *Las miradas recuperada*s, Fina consigue tocar y acercar el tiempo; el pasado, el tiempo ido, regresa a través de los versos del poemario, vuelve, y vuelve como puede volver un familiar querido, un amigo que se había marchado. Así, por ejemplo en "Yo quiero ver", en mi opinión uno de los grandes poemas del libro, leemos:

Yo quiero ver la tarde conocida,
el parque aquel que vimos tantas veces,
yo quiero oír la música ya oída
en la sala nocturna que me mece
el tiempo más veraz
(García Marruz, *Las miradas* 22)

El trascurrir del tiempo tiene siempre en estos poemas una connotación familiar; dice así el poema "Versos del que se olvida": "Esos días que viví / y que no recuerdo, / ¿adónde, hacia la nada, / fueron corriendo? / De una vez para siempre / han sucedido, / como un fiero, inocente / malentendido." (77). Lo que ya no está, la marcha, la fuga de los días, no supone nada demasiado grave, sino solo un error, un malentendido, fiero, pero también inocente. En la bellísima "Canción de otoño", por otra parte, la vuelta al pasado y el paso del tiempo son vistos también de modo familiar, como una especie de juego infantil, del juego de una Alicia en el país de los recuerdos; una Alicia que intenta viajar al "país en que se vuelve"; una Alicia que encuentra, sin embargo, en su viaje, el "pasillo" del tiempo "lleno de polvo" (y advirtamos que el tiempo se transforma con este sintagma en algo así como un baúl querido, o en el viejo cuarto de los antiguos juguetes); la dificultad para volver es una circunstancia que no supone la renuncia; al contrario, la voz poética insiste y llega, con "voluntad amorosa" —para utilizar otro término con el que Emilio de Armas se ha referido a la poesía de la autora (Armas, "La poesía" 20)— al sitio que buscaba: "Y sin embargo escribo sobre su polvo 'siempre' " (*Las miradas* 113). Acto, entonces, de voluntad amorosa persistente, que recupera lo perdido; que transforma, con naturalidad emocionante, conmovedora, la supuesta despedida en rencuentro, lo imposible en certeza afirmativa; transfigurando así lo lejano en entrañable: "Yo digo siempre como el que dice adiós" (113).

Otro poema de *Las miradas perdidas* que me parece significativo en nuestro recorrido es "Los extraños retratos", cuyo centro lo ocupa un concepto concomitante al de tiempo: infancia, en este caso. En este poema, la infancia, como ocurría con el tiempo en "Una cara, un rumor . . .", se convierte en "infancia mía", y la voz poética apela a ella procurando diluir entre ambas las distancias establecidas —distancias físicas, pero también espirituales—; sugiriéndole o invitándola a una conversación íntima, como quien se dirigiera a un amigo cercano, a un familiar querido, para intentar deshacer viejos equívocos o malentendidos, que hubieran quedado coagulados, fijos, como en una fotografía congelada. Escribe Fina:

> Ahora que estamos solos,
> infancia mía,
> hablemos,
>
> olvidando un momento
> los extraños retratos
> que nos hicieron
> (*Las miradas* 65)

Pero no solo el tiempo y la infancia reciben un tratamiento muy familiar en este libro; también la muerte es percibida del mismo modo; así, en el poema "Pienso a veces en vosotros", los muertos, "sin futuro, vuelven como una música" (*Las miradas* 25); o en la serie con título homónimo al del libro, "Las miradas perdidas", texto que constituye un homenaje a los "Versos Sencillos" de Martí ("únicos poemas", ha escrito Fernández Retamar, "que en nuestra literatura muestran, dentro de una ejemplar calidad, la huella del gran libro", *Obras* 149), la voz poética habla, conversa con la muerte como mismo proponía hacerlo con la infancia; juega con ella como un niño que regañara a otro niño; como mismo jugara con el tiempo en "Canción de otoño": "Muerte, devuelve el sombrero / de lazo rosa que me hizo / mi madre para que fuera / al imaginario circo" (*Las miradas* 96). Una voz martiana en la que se escuchan notas vallejianas.

Muy a menudo asoma en este libro esta voz infantil, de resonancias vallejianas, solo que, a diferencia de Vallejo, esa voz infantil de Fina es serena, sin angustia; esa voz no deja en evidencia, como hace Vallejo, su orfandad; sino que consigue restaurar lo que una vez estuvo, el paraíso perdido; consigue que ese mito del comienzo que Freud y el psicoanálisis consideran irrecuperable, se religue, vuelva a unirse, a ser lo que era; aunque sea solo por un instante. Y es que, como escribe Emilio de Armas, este libro es "una de las más auténticas realizaciones" de la poesía del encuentro (Armas, "La poesía" 22).

Serenidad, dulzura, ingenuidad infantil, son, así, maneras (la palabra estrategias sonaría demasiado fría para referirse a Fina) con las que Fina lleva a cabo su "posible apoderamiento de lo desconocido", que, al decir de Cintio Vitier, distingue a los origenistas (Vitier, *Cincuenta*). Ella acerca lo lejano, lo ajeno, lo extraño, volviéndolo entrañable, transfigurándolo: "Pues dulce es lo lejano, cual si el alma / hallara habitación en lo distante, / sólo en la lumbre ajena hallara calma" ("Paseo nocturno", *Las miradas* 126).

Para aproximarnos a la segunda zona mencionada de la poesía de Fina me parece conveniente acudir a su segunda suma de libros: *Visitaciones*, publicada casi veinte años después de *Las miradas perdidas*, en 1970. El cuaderno "Azules", la primera parte del libro, sitúa en su centro eso que Cintio Vitier nombra como "el sabor de lo cubano".

Uno de los textos que nos sorprende en nuestro recorrido es la prosa poética "El danzón de Carlos", que enlaza con el poema de ascendencia martiana y vallejiana antes mencionado. Como en "Las miradas perdidas", la muerte es presentada en esta prosa en su dimensión familiar y entrañable, construidas a través del juego; pero aquí advertimos que la raíz de esta visión no está solo en Vallejo, como habíamos supuesto, sino, también, en la música popular cubana; así, en el texto se incluye una cuarteta popular anónima, cuarteta que parecería escrita por una especie de Vallejo cubano y popular: "Mamá, la muerte me está llamando / para llevarme al cementerio / y como me vio tan serio / me dijo que era jugando" (*Visitaciones* 39). Y agrega Fina a continuación: "¡Apiadarse la muerte, hablarnos como madre delante del gran susto!", observando asimismo que aquí estaría "uno de los rostros más hondos de la patria" (39). Por cierto, que esta cuarteta, anónima, la utiliza García Caturla en su "Canto de cafetales"; y también Lezama, en *Paradiso*, hace una paráfrasis de los versos, comentando que se trata de "una estrofa donde la muerte y lo cubano se han intuido mutuamente" (Lezama, *Paradiso* 189).

Otros poemas de esta sección de "Azules" insisten en ese intuirse de la muerte y lo cubano, muerte siempre juguetona, poco solemne, familiar. En "Tercetos informales" se dice del cubano: "Todo el viaje irá bromeando / aunque el diente y la camisa / la muerte le esté mirando" (*Visitaciones* 61) y en "Los soneros", hermoso homenaje a Nicolás Guillén, el son se confunde con el ser, apareciendo como "burlador de la muerte" (63).

Pero acaso uno de los poemas en los que con mayor intensidad se pone de manifiesto este trato entrañable, familiar, hacia los objetos y las cosas, sea el poema en prosa "¡Ay, Cuba, Cuba..!", con el que se cierra "Azules", poema al que no quiero dejar de referirme; texto que constituye, pienso, uno de los grandes e imprescindibles poemas de Fina y uno de los más espléndidos poemas patrióticos cubanos del siglo XX. Tal vez habría que ubicar en este caso lo siniestro fuera del texto; lo siniestro estaría en el hecho o en la anécdota que motiva el poema, que quedan en sombra en el texto, pero que nos han sido revelados por Jorge Luis Arcos en su excelente estudio sobre la poesía de Fina: la anécdota (tal vez deberíamos darle otro nombre) es la Crisis de Octubre, la Crisis de los Misiles de 1962. En el poema, sin embargo, la circunstancia concreta, dramática, trágica, se difumina, se borra; solo se intuye en el tono urgente y emotivo, y se sugiere veladamente en algunas pocas líneas. Afirma Arcos que en este poema los valores de lo cubano "se nutren de una fuerza y un dramatismo interno que no tiene apenas parigual" en la poesía cubana (*En torno* 230), y estoy de acuerdo con él, siempre que maticemos que el dramatismo del poema es un dramatismo, valga una vez más el oxímoron, suave, entrañable. Y es que en este poema Fina convierte a Cuba en una niña, en una jovencita rebelde y un poco alocada que no parece conocerse demasiado a sí misma; niña a la que se dirige en un regaño amoroso, familiar, como hablaría una madre a su hija. Visión, por cierto, que nos lleva a recordar también a María Zambrano, que nombró a la República española como La Niña. Dice Fina en el poema:

> ¡Ay, Cuba, Cuba, esa musiquita ahora, de las entrañas, que conozco como un secreto que fuera mío y no tuyo, tú que eres porque no te has conocido nunca, óyeme, no te vayas detrás de esos extraños como una provinciana ilusionada por un actor de paso que la deslumbra con trajes gastados de teatro, acuérdate de la portada azul con lomerío atrás lejano, acuérdate del "mecido" como de cuna sobre la hoja, y el "va y ven" que entra y sale como un mar del olor del jazmín de noche, acuérdate de tu pulcro vestidito "de tarde": no te vayas detrás de esos extraños, que cuando abras los ojos ya te habrán secado el alma y demudado el rostro que yo te amaba [...]. Ay, no serás nunca madre nuestra sino hija, Cuba, Cuba, loca mía, desvarío suave? (*Visitaciones* 73)

Como ya he dicho en otro lugar, en el poema Fina "enumera los rasgos de la cubanía —el colibrí, el jilguero, el son, la palma, la musiquita (elocuente el diminutivo) de las entrañas— pero lo hace suave, familiarmente, "como mimos, como arrullos de madre a una hija" (Rodríguez, "Entre el cacharro" 146); la dimensión dramática, trágica, del poema queda así mitigada o transfigurada. Del mismo modo, el patriotismo del poema es también suave, familiar: la dimensión gloriosa de la patria se ha vuelto inmediata, tangible, la gloria se transforma en "cuerpo glorioso"; del mismo modo, el ideal patriótico, abstracto y solemne, se convierte en algo mucho más cercano y humilde, en "ensoñación modesta".

Escribía Fernández Retamar en *La poesía contemporánea en Cuba* que la obra de Fina se ofrece "enteramente distante de toda oscuridad", y aunque Retamar se refería a la "sencillez formal" y a la "claridad expositiva" (148), creo que la observación vale también para la visión existencial o íntima; y que cabe hablar de lo "claro existencial", o de "lo claro íntimo" de la poesía de Fina, donde lo entrañable sería uno de los modos en que esa claridad existencial se manifiesta. Podríamos añadir que este *entrañable* de Fina, en las dos zonas examinadas, intuye (utilizo el término lezamiano) lo cubano. Así, varios de los rasgos de lo cubano que Cintio Vitier sugiere, los encontramos en los poemas mencionados: la intrascendencia, entendida como suave risa, antisolemnidad, juego; o el cariño, en tanto círculo abrigado y penumbroso de la familia, los tejidos interfamiliares, la cadencia; o la memoria, con la infancia como paraíso perdido, la añoranza del ayer familiar, el misterio de las sensaciones en el recuerdo; o, por último, el despego, visto como intemperie, como descampado del ser (Vitier, *Lo cubano* 486).

Pero es hora de ir concluyendo. No quisiera hacerlo, sin embargo, sin señalar, aunque sea fugazmente, otro modo singular de Fina, próximo a lo entrañable, en que la escritora corrige, no ya solo a Freud y al psicoanálisis, sino también la gran tradición filosófica. Me refiero al modo en que parece negar la existencia de esa falta original del ser que nos constituye como humanos. Y es que la poesía de Fina no solo crea el ser, como afirma Octavio Paz que han hecho los poetas (Paz, *El arco* 154); sino que va aún más allá, y parece como si transformara la propia falta en ser; como si convirtiera la falta de ser en ganancia. Como dice Jorge Luis Arcos, Fina "configura un vacío que debe ser llenado" (Arcos, *En torno* 5). Fina consigue convertir la insuficiencia en algo positivo; la carencia, en una especie de falta gozosa o jubilosa. Así, por ejemplo, para Fina, el levísimo legado de "los indios nuestros", los indios cubanos, legado que ella misma cifra en "piedras humildes", "la hamaca", "el borde de una cazuela" . . . , constituye una riqueza, no por lo que ellos dejaron, sino más bien por lo que *no* dejaron; se trataría, así, de la riqueza de la falta de huella, que es comparada con la falta de huella que deja la flor, o la mañana, o "la rápida mirada del amor" ("Los indios nuestros", *Visitaciones* 66). Y ahí está, también, el "Cine mudo" de Fina, cuya falta ya no es más falta, sino que se trastoca en afirmativo regocijo:

> No es que le falte
>   el sonido,
>   es que tiene
>   el silencio.
> (García Marruz, *Créditos* 14)

Notas

1 Publicado en *Revista Casa de las Américas* 278 (2015): 85–91. Se presentó como ponencia en la Semana de Autor dedicada a Fina García Marruz organizada por la Casa de las Américas (La Habana, 2014).

2 Este ensayo, y concepto, de Freud, ha sido también traducido al español como "Lo ominoso", tal como aparece en la edición de Amorrortu de las *Obras Completas* de Freud (Volumen XVII).

Bibliografía citada

Arcos, Jorge Luis. *En torno a la obra poética de Fina García Marruz*. La Habana: Unión, 1990.
Armas, Emilio de. "La poesía del encuentro en las miradas perdidas". *Encuentro de la Cultura Cubana* 11 (1999): 16–22.
Fernández Retamar, Roberto. *Obras. La poesía contemporánea en Cuba (1927–1953)* [1954]. La Habana: Letras Cubanas, 2009.
Freud, Sigmund. "Lo siniestro" [1919]. *Obras Completas (1916–1938)*. Luis López-Ballesteros y de Torres, trad., Jacobo Numhauser Tognola, ordenación y revisión de los textos. Madrid: Biblioteca Nueva, 1996, T. III. 2483–2505.
García Marruz, Fina. *Las miradas perdidas (1944–1950)*. La Habana: Úcar García, 1951.
———. *Visitaciones*. La Habana: Unión, 1970.
———. "Lo exterior en la poesía". *Ensayos*. La Habana: Letras Cubanas, 2008, 2ª ed. 73–82.
———. *Créditos de Charlot* [1990]. La Habana: Letras Cubanas, 2002.
Lezama Lima, José. *Paradiso* [1988], ed. crítica. Cintio Vitier, coord. Nanterre: ALLCA XX / Université Paris X, 1996.
Paz, Octavio. *El arco y la lira*. México: Fondo de Cultura Económica, 1982.
Rodríguez Gutiérrez, Milena. "Fina García Marruz: entre la extraña familia de lo escondido", prólogo. Fina García Marruz. *El instante raro (Antología poética)*. Milena Rodríguez, ed., selecc. y prólogo. Valencia: Pre-Textos, 2010. 11–58.
———. "Entre el cacharro doméstico y la Vía Láctea: el compromiso poético de Fina García Marruz". *Entre el cacharro doméstico y la Vía Láctea. Poetas cubanas e hispanoamericanas*. Sevilla: Renacimiento, 2012.
Ruiz Barrionuevo, Carmen. "Fina García Marruz, el secreto del encuentro", prólogo. Fina García Marruz. *¿De qué silencio eres tú, silencio?* Carmen Ruiz Barrionuevo, ed. e introducción. Salamanca: Ediciones Universidad de Salamanca / Patrimonio Nacional, 2011. 9–89.
Vitier, Cintio, ordenación, antología y notas. *Cincuenta años de poesía cubana (1902–1952)*. La Habana: Dirección de Cultura del Ministerio de Educación, 1952.
———. *Lo cubano en la poesía*. Las Villas: Universidad de Las Villas, 1958.
Zambrano, María. "Pensamiento y poesía". *Filosofía y poesía*. México: Fondo de Cultura Económica, 2001. 13–25.

7

Las *entrevisiones* de Fina García Marruz: a propósito del poemario *Viaje a Nicaragua* (1987)[1]

El libro de poemas *Viaje a Nicaragua* (La Habana, 1987) es un libro peculiar por varias razones. En primer lugar, se trata del único poemario que los escritores cubanos Fina García Marruz (1923) y Cintio Vitier (1921–2009) firmaron juntos a lo largo de su vida. Los dos poetas del grupo Orígenes, pareja desde muy jóvenes, y casados desde 1947, prepararon a cuatro manos varios volúmenes de ensayos y de investigación literaria: *Temas martianos* (1969); *Flor oculta de poesía cubana. Siglos XVIII y XIX* (1973) y *La literatura en el papel periódico de La Habana: 1790–1805* (1990); sin embargo, su única publicación conjunta, como poetas, fue, como decíamos, el libro mencionado. Habría que añadir que las ochenta y cuatro páginas del libro constituyen un testimonio y una crónica poética del primer viaje que realizaron los dos escritores al país centroamericano en medio de las convulsas circunstancias del triunfo de la Revolución sandinista nicaragüense.

En este capítulo proponemos un acercamiento a este libro de poemas, abordando el contexto político y cultural en que este se escribe, las motivaciones que propician su escritura, así como su temática y sus propuestas estéticas y políticas y, de manera particular y específica, se ensaya una aproximación a la poética de Fina García Marruz y a sus *entrevisiones* a partir del análisis y comentario de varios poemas incluidos en el libro.

El viaje a Nicaragua. Contexto, antecedentes, implicaciones

El viaje a Nicaragua de Vitier y García Marruz se produce en 1979, pocos meses después del triunfo de la Revolución Popular Sandinista protagonizada por el Frente Sandinista de Liberación Nacional (FSLN); un momento de euforia y de júbilo colectivos en el país centroamericano, que posee una acentuada dimensión épica; circunstancias que se ven reflejadas en el cuaderno de los poetas origenistas. El viaje nicaragüense fue promovido por el poeta Ernesto Cardenal, gran amigo y mentor de Vitier y García Marruz, y figura, como se conoce, estrechamente vinculada a la Revolución Sandinista.

Podría decirse que, en cierto modo, el viaje de Vitier y García Marruz es equivalente al que realizara Cardenal a Cuba en 1970. Cardenal viajó a Cuba como jurado de poesía del Premio Casa de las Américas. Cintio y Fina irán a Solentiname, a la isla nicaragüense de su gran maestro, el sacerdote y poeta Cardenal, en el Gran Lago de Nicaragua. Uno y otros van, sobre todo, a *ver*, a ser testigos, a dar testimonio de las revoluciones que estaban ocurriendo en ambos países[2].

Es cierto, sin embargo, que Cardenal no fue a Cuba en el momento del triunfo revolucionario; sino que llegó once años después, y en una etapa de menor entusiasmo, de menos certezas, que los existentes en la Nicaragua de 1979. No obstante, esa Cuba que Cardenal vio en 1970, a diferencia de la que conoció antes de 1959, le pareció, tal como recoge su libro *En Cuba*, testimonio sobre ese viaje, "una Cuba luminosa" (405). Cintio Vitier y Fina García Marruz aparecen a menudo a lo largo de esas páginas; ellos son los más íntimos amigos del nicaragüense en la isla, poetas católicos como él, discípulos suyos y dos de sus principales testimoniantes sobre lo que ocurre en el país. Hacia el final del libro, escribe Cardenal:

> Yo le dije a Cintio y Fina que mi viaje había sido rápido: había conocido esta Revolución sólo superficialmente. Pero un gran cambio se había operado en mi vida; era la experiencia más importante de mi conversión religiosa. Y era como otra conversión. Había descubierto que actualmente, y en América Latina, practicar la religión era hacer la revolución. (*En Cuba* 404–405)

Habría que recordar que en 1961, tras la declaración del carácter socialista de la Revolución cubana, Cintio Vitier realizó un viaje a México donde confió a Cardenal sus dudas sobre si regresar o no a Cuba, al tener, como creyente y católico, grandes reservas hacia el comunismo. En ese momento Cardenal le aconsejó: "vuelva y dé testimonio" (Vitier, "En Cuba: antes" 44). El propio Vitier contó, muchos años más tarde[3], estos hechos, y situó el suyo como un conflicto común a los poetas católicos origenistas en aquel momento histórico, provocado por "los inevitables problemas que nos planteaba el perfil marxista de la Revolución" (43).

La frase, o el consejo-mandato de Cardenal a Cintio, tiene, sin duda, una evidente carga religiosa, católica[4]; como señala la estudiosa y crítica cubana Diony Durán en un excelente artículo, el único que conocemos sobre este poemario, son palabras que "lo conminan a dar fe, a revelar, a decir la verdad" (122); pero estas palabras pueden interpretarse también en el sentido de la vocación poética, complementaria e intrínsecamente unida al sentimiento religioso en los tres poetas; es decir, se trata de actuar como debería hacerlo el poeta exteriorista que encarna el propio Cardenal; actuación que supone, en palabras de Vitier, "una opción [...] de la subjetividad, la cual decide salir de sí, entregarse y olvidarse, para expresar el mundo circundante y ayudar a transformarlo o mejorarlo, a partir del lenguaje mismo de la realidad" (Vitier, "Prólogo" VII). No hay que olvidar que el siguiente poemario que publicará Vitier, después del consejo de Cardenal y tras decidir regresar a la isla, dará cuenta de los cambios que se están produciendo en Cuba y se titulará precisamente *Testimonios*[5].

Se puede hablar así de numerosas retroalimentaciones en estos viajes de los tres poetas y de la función que cumplen para ellos como poetas católicos: Cardenal convence a Vitier (y a través de él, suponemos, también a Fina) de que permanezca en Cuba, a pesar de sus dudas, para dar testimonio. Vitier y García Marruz ejercen después como testigos cuando Cardenal viaja a la isla; a la vez, en ese viaje, se produce la fundamental "conversión religiosa" del nicaragüense y con ella su convencimiento de que religión y revolución podían ir, iban, de la mano, en América Latina. Finalmente, Cardenal hace partícipes a sus dos amigos cubanos de la nueva revolución que se ha producido en Nicaragua, para que puedan, ahí también, ofrecer un nuevo testimonio.

Sobre este contexto, habría que decir también, como bien señala Diony Durán, que Nicaragua en 1979 no solo suponía un "renacimiento de la utopía" social (125), sino que allí, a diferencia de lo que sucedía en Cuba, "la palabra cristiana no sólo estaba legalizada, sino que había accedido al poder" con Cardenal como Ministro de Cultura (125). Nicaragua representa así, en esos años, en bastante mayor medida que la atea Revolución cubana, la "Tierra prometida" (125), el Reino de los Cielos en la tierra, un lugar en el que de manera mucho más fluida y natural que en Cuba, podían fundirse revolución y religión[6].

Por último, subrayamos la profunda admiración-devoción de Vitier hacia Cardenal y su condición de maestro, en el ámbito de lo religioso y en lo poético: "nos sentamos a la mesa en torno a Ernesto como apóstoles tímidos", escribe Vitier en el poemario (*Viaje* 77); un sentimiento que es plenamente compartido por Fina García Marruz; valgan las siguientes palabras de la escritora sobre el nicaragüense: "un poeta mayor … alguien de quien no creo hacer sólo un juicio personal al afirmar que, muertos Vallejo y Neruda, es quizás hoy el mayor poeta vivo de nuestra América" ("Una nueva poesía" 197) y también: "su humildad nos hace olvidar a veces que no podemos dar lecciones a un poeta de su estatura: su radicalidad lo lleva a ir siempre a las raíces, porque su vocación es revolucionaria, mística, o sea, va a lo final, mientras nosotros interrumpimos con argumentos intermedios" (203).

El poemario y el poema-prólogo

Comencemos, situados estos precedentes y contextualizaciones, a referirnos al poemario. Como se señala en la contraportada (sin firma), *Viaje a Nicaragua* recoge "estampas", o "cuadros realistas de la vida cotidiana" del pueblo nicaragüense en ese significativo momento histórico. En el libro encontramos, también, homenajes a figuras emblemáticas de la Revolución nicaragüense, como Augusto César Sandino o Carlos Fonseca; o a los principales poetas del país centroamericano, el primero, Rubén Darío (en su caso, el homenaje está ya presente desde el propio título), y por supuesto, Cardenal, pero también José Coronel Urtecho o Salomón de la Selva; hallamos descripciones de la geografía y la naturaleza del país centroamericano: sus lagos, sus volcanes, sus bosques; también, descripciones de costumbres (la cocina típica, por ejemplo), o el relato sobre los combatientes del FSLN. La mirada religiosa, el carácter "litúrgico cristiano" (Durán 86), de un catolicismo muy próximo o incluso inscrito en la teología de la liberación, atraviesa el poemario, donde late también, como indica Carmen Ruiz Barrionuevo, "la fusión de los dos pueblos el cubano y el nicaragüense en la necesaria solidaridad" (67).

El libro se abre con un poema titulado "Tu lucha, Nicaragua", colocado a manera de prólogo o, como lo llama Durán, como poema "pórtico" (125); el texto está fechado en junio de 1979; fecha que puede confundir al lector, pues hace pensar que el viaje de los poetas se produce antes del triunfo de la Revolución Sandinista, ocurrido el 19 de julio de 1979. Sin embargo, como ha aclarado Diony Durán, este poema es previo al viaje, y presenta "un itinerario temático de lo que luego sería el viaje real" (125), que se lleva a cabo en noviembre de 1979, es decir, cuatro meses después del triunfo de la Revolución sandinista. En la lectura de este poema-prólogo, advertimos que ciertos versos nos indican que el texto es, efectivamente, un preámbulo al viaje y que supone una especie de mapa poético de propósitos, construido antes de la partida; ahí están, sobre todo, esos verbos en futuro, que aparecen en la parte final, conjugados en primera persona del plural: "conoceremos", "nos detendremos", "nos reuniremos" (8–9); el texto, entonces, anticipa el viaje. A diferencia del resto del cuaderno, este primer poema no está firmado ni por Fina ni por Cintio, por lo que deberíamos asumir acaso que se trata de un poema escrito por ambos. Esta suposición parece corroborarla, dentro del texto, ese plural empleado en los verbos a lo largo de todo el poema, que construye un nosotros participativo: "Nos despertamos preguntando por tu lucha, Nicaragua" (5) o "No sé por qué te queremos tanto, Nicaragua" (5); o, aún de modo más directamente relacionado con la escritura, a la manera vallejiana: "Queremos escribir, y no nos vienen las palabras" (6). Existe, además, una circunstancia externa al texto que confirmaría esta suposición: el poema se publicó por primera vez en la revista *Casa de las Américas* en 1979, firmado por ambos poetas[7]. Pero ¿se trata en realidad de un poema escrito por Vitier y García Marruz? En mi opinión, es posible detectar en el texto las huellas de la escritura de Fina, mucho más que las de Cintio. Entre esos rasgos garcíamarrucianos estarían el tono característico de su poesía, ese tono entrañable, donde brilla lo menor, un tono singular y diferente al de Vitier; un tono que se caracteriza, entre otros elementos, por el reiterado uso de los diminutivos: el paisito, la lanchita, los pajaritos[8]; o, por ciertas imágenes peculiares: "se avergüenzan las metáforas, como doncellas / reconocidas en su vejez por un amigo de juventud" (5); o, más adelante, al hablar de los jóvenes sandinistas: "Parecen muchachos que jugasen a los bandidos todavía" (6), imagen donde la guerra es vista como un juego, ese juego infantil tan valorado por la poeta, muy presente, por ejemplo, en *Las miradas perdidas* (1951)[9]. O la referencia a los indios de Nicaragua: "los indios de Nicaragua entendían por América / 'lugar alto, elevado'. Y también 'lugar interior'" (7) que recuerda a los indígenas cubanos descritos en su poema "Los indios nuestros", incluido en *Visitaciones* (1970): "No nos dejaron ese idioma sibilante / en que las consonantes silbaban como pájaros / en una atolondrada floresta" (*Obra poética* T I 175). O el calificar a los "pajaritos" de Solentiname como "graciosos" (*Viaje* 8). Además de los elementos señalados, hay un dato objetivo, o más bien, dos, que nos permiten confirmar nuestra intuición: "Tu lucha, Nicaragua" fue incluido en la edición de la *Obra poética* de García Marruz, publicada en 2008, sin que se señale la participación de Cintio Vitier; por otra parte, el poema no aparece en la edición de la poesía completa de Vitier, publicada en 2009[10]. No parece quedar en pie ninguna duda sobre la autoría del poema, que habría que atribuir a Fina García Marruz en exclusiva[11].

Al margen de la discusión sobre su autoría, podemos mencionar otros elementos significativos en este poema prólogo, como "la denuncia [. . .], la confesión [. . .] la nostalgia" (Cámara, "Boleto" 43); así como la aparición y presencia de dos figuras tutelares que van a tener un papel central a lo largo del cuaderno: Rubén Darío y Ernesto Cardenal, los dos guías, o, como los llama Diony Durán, los "dos Virgilios" (121) que conducirán a los poetas visitantes en su viaje nicaragüense.

A continuación, encontramos los poemas que constituyen propiamente el libro y el viaje; se trata de veinticuatro poemas que se agrupan bajo el título de "Apuntes nicaragüenses" y que aparecen firmados únicamente por Fina García Marruz; bajo el título de los "Apuntes" se añade la fecha de 1979, aunque, en este caso, sin especificar el mes.

Al final, cerrando el libro, aparece un poema extenso firmado por Cintio Vitier, que ocupa unas dieciséis páginas, y que se titula, como el cuaderno, "Viaje a Nicaragua". Diony Durán ha analizado el poema de Vitier, destacando su "narratividad" (126), su grafía, que "remite a la convención textual bíblica" (126), y percibiéndolo "como un canto coral, un oratorio" (126); también Madeline Cámara ve en el poema "algo de himno, o de salmo" (44). El poema de Vitier funciona así como epílogo, como cierre del cuaderno y, también, como refuerzo o apoyo del testimonio poético-religioso ofrecido por Fina sobre la Revolución nicaragüense; un testimonio que duplica el valor del de Fina, al confirmar, como ella, o junto a ella, la convicción adquirida por Ernesto Cardenal en su viaje a Cuba de que revolución, en América Latina, equivale a religión.

Asimismo, podemos añadir que, como señala Diony Durán, el relato del viaje en el poemario "se traza sobre rasgos del antiguo modelo del viaje de peregrinación" (126).

La poética de Fina *versus* la poética de Cintio

Resulta sugerente relacionar los poemas de Fina y el texto de Cintio; todos relatan las mismas experiencias y entre ellos hallamos, sin duda, muchos elementos en común; el primero, ese propósito testimonial y revolucionario-religioso; pero, también, otros, como la identificación con la pobreza y con los pobres; las figuras de Darío y Cardenal como guías del viaje[12]; o la reiteración de la intertextualidad, una de las características más significativas, a mi juicio, de estos poemas: textos bíblicos, ideas y versos de Darío, de Martí, de San Juan de la Cruz, o del propio autor de *El estrecho dudoso*, pueden detectarse como hipotextos en diversas ocasiones en ambos poetas. La influencia, o quizás mejor decir, la presencia de Cardenal, gravita de modo particularmente intenso; por ejemplo, en esa visión de los héroes como poetas que aparece reiteradamente en el libro, tanto en los poemas de Fina como en el de Cintio, una visión en la que Martí supone sin duda la inspiración, pero en la que influye también, con seguridad, esa imagen de Sandino que Cardenal había ofrecido en *Hora Cero*, donde escribe: "Y Sandino no tenía cara de soldado, / Sino de poeta convertido en soldado por necesidad" (*Antología* 37)[13]; la concepción poética exteriorista de Cardenal funciona también como modelo en los poemas de ambos escritores: sus textos están muy próximos o incluso se inscriben dentro de ese exteriorismo que Cardenal define con los siguientes términos:

> La poesía exteriorista expresa las ideas o los sentimientos con imágenes reales del mundo exterior: usa nombres de calles o de lugares, nombres propios de personas con su apellido, fechas, cifras, anécdotas, citas textuales, palabras y giros de la conversación diaria, etc. [. . .] la poesía exteriorista incluye todos los elementos que antes se consideraban privativos de la prosa (novela, cuento, historia, ensayo, periodismo, etcétera), y en esto está incluido también el lenguaje conversacional, que antes se consideraba propio de la novela o el cuento, pero no del poema. (Borgeson, "Ernesto Cardenal" 636–637)

Y sobre el que añadía, en palabras recogidas por Vitier en la Antología de la poesía del nicaragüense: "poesía objetiva: narrativa y anecdótica, hecha con los elementos de la vida real y con cosas concretas, con nombres propios y detalles precisos y datos exactos y cifras y hechos y dichos" (Vitier, "Prólogo" VII).

Borgeson, en su estudio sobre la poesía de Cardenal, resume el exteriorismo en tres principios: "el uso de imágenes concretas y directas; el empleo de materiales muy diversos que abren el poema a nuevas posibilidades expresivas; y la explotación de una temática y un lenguaje fundados en la vida diaria" (*Hacia el hombre nuevo* 33).

Estos tres principios pueden rastrearse en este libro en los poemas de Fina y en el de Cintio. Pero hay también diferencias entre los textos de ambos. Diony Durán señala que Fina "fragmenta el recorrido [del viaje], asumiéndolo emocionalmente más que describiéndolo" (126). Cabe agregar que en el poema de Cintio todo se agolpa y se mezcla; es un texto que delata la urgencia y su poema constituye una acumulación de diversos, de muchos momentos. Fina, por el contrario, trata de captar momentos, instantes, y se detiene en ellos, los aísla otorgándoles vida, haciéndolos durar y perdurar, y, también, trascender; en los textos de Fina se hallan, además, hermosas imágenes que surgen de pronto, construidas con gran fuerza lírica y simbólica, que se apartan "de la vida diaria y las cosas concretas"; imágenes que aparecen, se deslizan, en medio de las sencillas y directas descripciones; momentos o instantes trascendentalistas[14] dentro del peculiar exteriorismo construido por Fina. Pero además, algunas de esas imágenes, suponen, son, como sucede en otros libros suyos, *entrevisiones*. Y empleo el término de *entrevisión* para caracterizar la poética de Fina, en el sentido en el que lo utiliza el mayor estudioso de la escritora, el poeta y crítico Jorge Luis Arcos, quien describe la *entrevisión* de la autora origenista no solo como "revelación" (Arcos, *En torno a la obra poética* 12), sino como una revelación distintiva: esa "revelación que huye, que escapa, que no se deja poseer" (12). La propia Fina, en su intensísima poética contenida en "Lo exterior en la poesía" escribe que lo que "constituye el centro mismo de toda búsqueda poética [es] descubrir la *liturgia de lo real*, la realidad pero en *su extremo de mayor visibilidad*, que es también el de su escape eterno" (*Ensayos* 77–78. Cursivas en el original).

Las *entrevisiones* de Fina

Quiero detenerme en tres de los poemas de Fina que se hallan en los "Apuntes"[15], intentando acercarme a la singularidad de su escritura. En estos poemas, la escritura es sencilla, humilde, predominan la narración y la descripción, y, sin embargo, nos sorprenden en ellos, decíamos, esas imágenes y esas *entrevisiones* que rompen con la dimensión cotidiana, objetiva y anecdótica del texto.

Por ejemplo, el primer poema de los Apuntes, "Fiesta en Solentiname", cuenta la llegada a la isla y la describe: la Iglesia, el altar, las mujeres y hombres congregados alrededor de Cardenal; cómo los campesinos llegan desde todas partes para recibir al sacerdote Cardenal, el "Padrecito", y cómo él les habla, les cuenta las promesas del futuro: "Pronto habrá un puesto médico / y ya no se les morirán los hijos" (15); tendrán "escuelita y granja" (15); podrán "curarse o aprender a leer los hijos" (15); se menciona el bombardeo de la ciudad nicaragüense de Estelí hecho por las tropas somocistas y se describe también una fiesta, una celebración final en Solentiname, donde las mujeres fríen carne y plátanos, repartiéndola entre todos, "después de recordar a los que dieron su sangre, como en una nueva eucaristía" (16). Hay varias ocasiones en que las imágenes poéticas aparecen en el poema, interrumpiendo su carácter objetivo y descriptivo, de crónica; acaso la más hermosa y sugerente sea la *entrevisión* que se halla al final del texto, cuando las mujeres cocinan en la fiesta:

> Ensartan en palos olorosos de monte la
> carne sangrante de la res,
> y se huele, fragante, el olor del maíz,
> que es el olor de América,
> y los hombres del maíz, las mujeres del
> maíz, del mito indígena,
> surgen, como nuevas criaturas, entre los
> delantales todavía manchados y
> radiantes. (16)

Como bien ha visto Diony Durán, hay aquí sin duda una intertextualidad con el *Popol Vuh*, el texto mítico y legendario de los mayas, pues en el poema se está "invocando el renacimiento de una comunidad que en estos versos aparece iniciando su demanda de fiesta y libertad, bajo un doble signo, el de Cristo y el mito de la creación maya regido por los dioses fundadores Tepeu y Gucumatz" (132); pero hay más. El poema de Fina establece también una relación de intertextualidad con el poema de Cardenal "Las ciudades perdidas", incluido en su libro *Homenaje a los indios americanos*, de 1969—, donde al hablar de los indígenas, se decía: "Conocieron a Jesús como el dios del maíz / Y le ofrecían sacrificios sencillos / De maíz, y pájaros, y plumas" (*Antología* 116). El texto maya y el poema de Cardenal sirven así a Fina para construir su propia visión, o más bien, su propia *entrevisión*[16]. Porque para ella, no se trata de que estos campesinos e indígenas de Solentiname aparezcan como lo que podríamos decir que son, descendientes de los indígenas de esas regiones centroamericanas; tampoco se trata, como propone Cardenal en su poema, de presentar a Jesús como un dios *otro* del maíz, construcción sincrética que fusiona las mitologías y religiones indígenas con el cristianismo; no, en el poema de Fina se trata de otra cosa. Con esta imagen, Fina, para decirlo con palabras de Jorge Luis Arcos, "se afinca en la realidad para traspasarla" (109); es decir, lo que hace Fina es transfigurar, por un instante que queda flotando al final del poema, a esos hombres y mujeres humildes, esos campesinos de Solentiname; son ellos mismos, no sus dioses, los que aparecen convertidos en verdaderas encarnaciones de los dioses míticos y legendarios de los mayas, los hombres y mujeres del maíz. Como especie de nuevos dioses, como los dioses de los mayas, los indígenas y campesinos de Solentiname surgen entonces, otra vez, de su alimento primordial, el maíz. La pobreza, la humildad, como los delantales manchados que constituyen su símbolo, se hacen, así, radiantes, se transfiguran.

Otro poema donde asistimos a una elaboración similar, aunque en otro ámbito, es el titulado "Lago de Managua" que, en este caso, canta a la naturaleza nicaragüense. El poema se abre con los versos: "Desde lo alto de la avioneta, el lago de Managua / parece una lámina arrugada de plata" (31); una visión, así, "aérea" del lago y la naturaleza (Durán, "Crónica" 134), y continúa el texto: "Esto, supongo, lo habrán dicho muchos, / pero junto a un espejo ¿quién teme repetir?" (García Marruz, *Viaje* 31); versos que aluden a la reiteración de esa comparación literaria que asocia agua, lago, con una lámina de plata, pero que acaso vuelva a apuntar también hacia Ernesto Cardenal, quien en su poema "Apalka", escribía:

> ... y la infinita laguna
> que ninguno del Waki visita
> se vuelve (en el viento voces alteradas de piratas)
> a la luz de la luna de la noche atlántica, una
> laguna lúgubre de monedas de plata. (*Antología* 114)

Cardenal se refiere al tesoro escondido en la laguna, pero Fina vuelve al sentido original de la comparación, al color del agua; aunque, una vez más, su imagen se apoya en los modelos para deslizarse hacia otros sentidos; así, sin dejar de hacer presente la dimensión religiosa ("Desde muy alto, la laguna se diría que se adensa, / que el plata se hace sólido, y se pudiera / caminar, como Jesús, sobre las aguas", *Viaje* 31), el poema termina con otra imagen sobre el lago que es también una, otra, transfiguración: "Pero nos acercamos, y los grises plata / tienen suavidades de pluma de paloma. / Parece entonces que el lago, / de pronto, va a echarse a volar" (31). Lago, entonces, transfigurado, traspasado mediante una *entrevisión* sinestésica (un color gris con suavidades de pluma de paloma; esa paloma, lo señala Diony Durán, "anunciadora, mensajera, la que devela el Verbo", 135), que lo convierte, por un instante, en un lago casi pájaro, un lago con plumas, enigmático, misterioso, que hace suya la posibilidad, o mejor, la fugaz *entrevisión*, del vuelo.

Quiero detenerme, para concluir, de manera más detallada, en el que es, en mi opinión, uno de los más hermosos poemas de Fina en este cuaderno y uno de los que más nítidamente contienen esa singular *entrevisión* que la poeta construye; se trata del poema titulado "En Metapa", acercamiento, comprensión y homenaje a Rubén Darío y al modernismo. El poema relata la visita de ambos poetas (Fina y Vitier) a la casa donde nació el autor de *Azul*. Veamos, en este caso, el poema en su totalidad:

Vamos a la casa en que nació Darío
en Metapa, antes llamado pueblo de Chocoyos,
y ahora ciudad Darío. Y la casa es pobrísima,
pegada a la tierra, como una raíz,
y parecida a la casa en que nació Sandino
que era pobre también. Vemos la cama
del poeta, la cocina con gran piedra
para amasar la yuca y el maíz. El techo es de tejas
que llaman de doble agua. En la vitrina cerrada
libros y manuscritos, escasos. Voló el águila lejos
de aquí, pero aquí estuvo el nido. Aquí nació una nueva
música. Olvidó el dios Pan su flauta en una rama
que encontró el niño indio. (En algún parque vimos
la escultura de su rostro en figura de cemí.)
Ídolo de la hermosura aquí, porque es prenda y miraje
del día de la justicia. No han debido llamar
a esta aldea Darío, sino dejarle el nombre
con que él la conoció y nombró, Metapa,
que suena a rostro de madre indígena, a raíz,
húmeda como el delantal de la sirvienta que nos crió.
Hay que amar la raíz, oscura, retorcida, fea quizás,
sin la que no serán la libertad y la hermosura
del árbol pleno en flor. Metapa suena a origen.
En el mercado de Masaya, pobre también, vi una cuna,
y pensé que era una cuna de esta tierra
en que nació Sandino y en que nació Rubén.
La cuna era de mimbre bien tejido, cálida como un huevo.
Parecía que iba a salir a navegar. Y entonces fue que me fijé en su forma,
trabajada, elegante: Era un cisne.
(García Marruz, *Obra poética* T. II 29)[17]

Aparecen aquí varios de los elementos que hemos señalado a lo largo de este trabajo, como la identificación con la pobreza: "Hay que amar la raíz, oscura, retorcida, / fea, quizás, sin la que no serán la libertad y la hermosura / del árbol pleno en flor". Y es que, como escribe la poeta en *Darío, Martí y lo germinal americano*: "Lo que no estaba en la raíz no estaría después en el fruto" (19). O la asociación entre poetas y héroes, Sandino y Darío, en este caso: "Y la casa es pegada a la tierra, como una raíz, / y parecida a la casa en que nació / Sandino"; o la imagen entrañable que "interrumpe" el relato y la descripción, bien para resaltar el significado de la casa y de Darío ("Aquí nació una nueva música. Olvidó el Dios Pan su flauta en una rama / que encontró el niño indio"), o para hablar de las resonancias, del sentido, de la fuerza y significado de los nombres ("No han debido llamar / a esta aldea Darío, sino dejarle el nombre / con que él la conoció y nombró, Metapa, / que suena a rostro de madre indígena, a raíz"). El poema establece además una clara asociación entre el origen del modernismo y la casa humilde de Darío: "Aquí nació una nueva música", verso que no solo nos hace ver la casa como el espacio primero, iniciático, del gran poeta del modernismo, sino que sugiere también una relación directa entre el ambiente, la naturaleza que rodeó a Darío en su infancia y el propio movimiento modernista. En *Darío, Martí y lo germinal americano*, Fina escribirá: "En nuestro primer viaje a Nicaragua, riberas del San Juan, nos dimos cuenta que aquel paisaje de volcanes y de lagos, de garzas elegantes y exquisita flora de aguas, era ya un paisaje modernista" (10), señalando más adelante que el modernismo percibe "la cultura como una naturaleza" (11)[18].

Pero es al final, como en los dos poemas anteriores, donde surge, sorpresivamente, la *entrevisión* de Fina: la visita a la casa de Darío concluye con una retrospectiva, el relato de una visita anterior, la que hiciera la voz poética al mercado de Masaya, y ella cuenta entonces cómo vio allí una cuna "de mimbre bien tejido", "cálida como un huevo" y añade: "parecía que iba a salir a navegar", para terminar con los versos: "Y entonces fue que me fijé en su forma, / trabajada, elegante: Era un cisne". La imagen es enormemente sugestiva: la invención dariana, el elegante cisne modernista, y con él el propio modernismo, habrían surgido de los elementos básicos, primarios en sus dos sentidos: la infancia y la pobreza, lo humilde; la cuna sería como una especie de raíz, de la que luego nacería el tronco, el modernismo, el "árbol pleno en flor". Estos versos se complementan con esas palabras que escribe la autora en *Darío, Martí y lo germinal americano*, donde destaca precisamente como rasgo específico de Darío, "frente a sus amados 'modelos' franceses" (43), "ese vínculo con la pobreza material del cuerpo y tierra de origen, esa esencial orfandad que en su caso fue doble y no sólo de la propia cultura, que, reducida a su punto más débil, se vuelve pura energía ascensional. Presencia de lo germinal americano que se funde y confunde con un Eros estelar."(43). Resulta además llamativo cómo en el texto se cambian las personas del verbo, de la primera persona del plural en que está escrito casi todo el poema, a la primera del singular, hacia el final, a partir del momento en que se empieza a relatar la visita anterior al mercado de Masaya; es decir, la voz poética se separa del nosotros para ofrecer su propia *entrevisión*, que presenta aquí como una visión personal, no compartida. En ella —tal como el lago de Managua que, por un instante, parece volar—, la cuna-cisne de Metapa parece que va a salir a navegar. Lago y cuna entrevistos, así, de manera trascendentalista, como en un "apoderamiento" de la realidad.

Pienso, como antes decía, que este poema es uno de los mejores ejemplos de cómo la poesía de Fina transfigura la realidad, construye la *entrevisión*, haciendo de ella un rasgo muy suyo. Porque es como si la poeta añadiera un plus a esa poesía exteriorista que constituye el modelo, la referencia, en los versos de este libro; esa poesía objetiva, anecdótica, llena de fechas y contada con los elementos de la realidad; esa poesía exteriorista que Fina, también, transfigura.

Hemos dicho al comienzo que *Viaje a Nicaragua* es un libro-crónica donde Cintio y Fina relatan, cuentan un viaje. Pero, quizás, habría que precisar que el libro contiene el viaje de Fina y el viaje de Cintio al mismo lugar, y acaso deberíamos añadir que el viaje no se lleva a cabo del mismo modo, que el viaje de Fina no es exactamente el mismo viaje que el de Cintio. Porque ella viaja también, algo que no hace el autor de *Vísperas*, con sus *entrevisiones*. Además de la Nicaragua sandinista, de la aldea de Solentiname, o dentro de ellas, Fina entrevé —visiones instantáneas, fugaces, pero intensas, potentes, irradiadoras— hombres y mujeres humildes que surgen, como dioses indígenas, del maíz; lagos que parece que van a echarse a volar; cunas-cisnes que parece que van a salir a navegar"[19]. Porque parece como si, de pronto, mientras ambos poetas estuvieran viajando en medio del exteriorismo, de la realidad de las anécdotas y de las fechas, de los elementos objetivos, Fina escapara, y se echara, con sus *entrevisiones*, ella también, como el lago de sus versos, a volar.

Notas

1 Publicado en *Mitologías Hoy. Revista de Pensamiento, Crítica y Estudios Literarios Latinoamericanos* 15 (2017): 131–145.
2 La poeta costarricense Mayra Jiménez, directora en aquellas fechas de los talleres de poesía de Nicaragua y también, junto a Cardenal, del suplemento literario del diario *Barricada*, escribe un artículo durante la visita de Cintio y Fina donde cuenta las actividades desarrolladas por los poetas cubanos y señala que, desde su llegada a Nicaragua, ellos "no han cesado de ofrecer charlas, conferencias, recitales" (88), en encuentros "con estudiantes, con el ejército, con campesinos" (88).
3 Lo hizo más de veinte años después, en 1985, en el Simposio sobre Ernesto Cardenal en Managua, texto que incluyó en sus *Prosas leves* en 1993 bajo el título "*En Cuba*: antes y después".

4   La dimensión religiosa, y sacrificial, de este mandato se vio reforzada posteriormente por las palabras de Thomas Merton, guía espiritual de Cardenal y también de los dos poetas origenistas, quien, según ha relatado Cintio Vitier, les escribía en 1963 a él y a Fina: "No sientan que las dificultades en medio delas cuales trabajan están haciendo sus vidas menos significativas. Al contrario, todos los cristianos están donde quiera en una especie de destierro y es necesario comprender esto" ("*En Cuba*, antes y después", 47).

5   *Testimonios (1953–1968)* fue publicado por Ediciones Unión en La Habana en 1968.

6   Recordemos que en Cuba los católicos fueron marginados y perseguidos; y en los años 60, muchos de ellos, junto a homosexuales y otros grupos considerados contrarrevolucionarios, sufrieron prisión en los campos de concentración que constituyeron las llamadas Unidades Militares de Ayuda a la Producción (UMAP); muchos fueron también expulsados de la Universidad y es solo a partir de la caída del Muro de Berlín y de los cambios en Europa del Este, que comienza a aceptarse su participación en las instituciones estatales e incluso en el Partido Comunista. El propio Vitier no tuvo realmente un verdadero reconocimiento en la isla hasta 1992 "cuando la desaparición de la Unión Soviética obligó al gobierno de la isla a rearticular su ideología en favor del nacionalismo postcomunista" (Rojas, "Cintio" 79).

7   Apareció en el número 117 de 1979 de la revista, dedicado a Nicaragua con motivo del triunfo de la Revolución sandinista, número que llevaba en la portada un cartel donde se leía: "Nicaragua patria libre". Por otra parte, en un artículo dedicado a la presencia de Nicaragua en la revista *Casa de las Américas*, publicado en 2015, la autora, Alejandra González Bazúa, se refiere al poema con estas palabras: "nos detendremos en el poema de los cubanos Fina García Marruz y Cintio Vitier 'Tu lucha, Nicaragua'" (296).

8   Sobre las diferencias entre las voces y los tonos de García Marruz y Vitier, véase "Entre el cacharro doméstico y la Vía Láctea: el compromiso poético de Fina García Marruz" (en *Entre el cacharro doméstico y la Vía Láctea*. Sevilla: Renacimiento, 2012).

9   En "Canción de otoño", uno de los grandes poemas de García Marruz, incluido en *Las miradas perdidas*, leemos sobre el (im)posible regreso al tiempo de la infancia: "Cómo volver allí, cómo volver, / a imaginar siquiera lo que fuimos, / la extraña adolescencia, los encuentros, / y los juegos más graves que la frívola vida" (*Obra poética* T. I 78). Sobre la presencia y la relevancia del juego en *Las miradas perdidas*, puede consultarse el prólogo a la antología *El instante raro*, de Milena Rodríguez, donde se lee: "La voz poética, con su acento infantil, nos da también una de las claves y una de las verdades más auténticas de por qué perdura (no sólo para ella, sino para todos) ese tiempo pasado, ese tiempo de la infancia, y es que en él ocupaban los juegos el centro; los juegos, sin duda, 'más graves que la frívola vida'" (36).

10 El editor y prologuista de la *Poesía* de Cintio Vitier es el prestigioso crítico y ensayista cubano Enrique Saínz, quien también edita y prologa la *Obra poética* de Fina García Marruz. En la *Obra poética* de Fina el poema aparece en el Tomo II (7–9); en

la edición de la poesía de Vitier, del libro *Viaje a Nicaragua* solo se recoge un único poema, el que da título al libro.

11 La pregunta que queda en pie es por qué se publicó el poema en 1979 en la revista *Casa de las Américas con la firma de ambos poetas*. ¿Cedió acaso Fina García Marruz, secretamente, en aquel momento, parte de la autoría del poema a Cintio Vitier para que el nombre de Cintio no dejara de figurar en ese emblemático número de homenaje a Nicaragua y a la Revolución sandinista? Todo parece indicar que así fue.

12 En su reseña sobre el poemario, publicada en la revista *Revolución y Cultura*, Madeline Cámara escribe que este parece "un libro escrito por dos embajadores de Darío, fervientes admiradores de Sandino, amigos entrañables de Cardenal" (42).

13 En su ensayo *Darío, Martí y lo germinal americano*, Fina menciona este poema de Cardenal al hablar de Darío: "Rostro para ser descifrado por un poeta, como hizo Cardenal en su 'Hora Cero'" (9). Recordemos que aunque este ensayo se publica en 2001, fue escrito, como aclara la propia García Marruz, "para el Coloquio sobre Martí y Darío celebrado en Nicaragua en diciembre de 1984" (5).

14 El término o concepto de "poesía transcedentalista" fue utilizado por Fernández Retamar para describir la poesía de los origenistas en su ya clásico estudio *La poesía contemporánea en Cuba (1927–1953)*, destacando en estos poetas, como rasgo central, los "posibles apoderamientos de lo desconocido" (112), idea tomada del propio Cintio Vitier; en este sentido, Retamar señala que es evidente en ellos "una voluntad de trascender la arquitectura de palabras, de llegar, por su medio, a enfrentar *lo desconocido*, una realidad que vislumbran más entrañable" (113). El crítico precisa además que utiliza el nombre "en su prístino sentido" (113), tal como lo explicara Heidegger: "aquello que realiza el traspaso, aquello que traspasando permanece" (113).

15 En el mencionado artículo de Diony Durán pueden encontrarse comentarios y análisis sobre otros poemas del libro.

16 Puede haber otra relación de intertextualidad, otro hipotexto presente en el poema; se trataría de un escrito de Lezama sobre Darío que recuerda la propia Fina en su ensayo *Darío, Martí y lo germinal americano*, donde nos dice que Darío dio a Lezama "la impresión de tener 'la final bondad de un dios del maíz', nuestro pan americano" (9). Se advierte que esta imagen también estaría reelaborada en el poema de la autora.

17 Hemos preferido reproducir este texto de la edición de la *Obra Poética* de Fina García Marruz, ya que en el cuaderno *Viaje a Nicaragua*, y debido al pequeño formato de la edición, los largos versos del poema aparecen cortados; indicamos, asimismo, que no hay ningún cambio ni variación en estos.

18 Una idea similar se halla también en el poema de Cintio, "Viaje a Nicaragua": "y ahora vemos que el modernismo nació de los paisajes vírgenes de América, porque aquí, en las soledades paradisíacas del río San Juan, están las garzas blancas y morenas de Darío, los lotos casalianos, la hembra del pavorreal abriendo su fastuosa cola

de colores en el crepúsculo, la conversión de la naturaleza en arte por obra y gracia de la luz y el agua, la 'joyería viva del jardín' que dijera Martí" (*Viaje* 71).

19 Ni estas ni otras *entrevisiones* aparecen en el poema de Cintio "Viaje a Nicaragua"; en este no hay hombres humildes que surjan del maíz, y aunque sí encontramos en su texto unas pocas descripciones o construcciones líricas trascendentalistas, referidas al lago de Managua (tal vez sean esos algunos de los momentos más intensos del poema), con cercanías a las de Fina, nunca le parece que el lago vaya a "echarse a volar". Por último, en el poema de Vitier solo hay una leve referencia a la visita a la casa de Darío, que se cuenta muy apresuradamente, en apenas tres líneas: "De Darío veníamos, de su casa de recién nacido, en Metapa, humildísima –'un Belén', dijo Ernesto" (67), y nada más. Ni rastro de la visita al mercado de Masaya, ni de la cuna, ni de su forma de cisne, ni, por supuesto, de su posible, fugaz, *entrevista*, navegación.

Bibliografía citada

Arcos, Jorge Luis. *En torno a la obra poética de Fina García Marruz*. La Habana: Unión, 1990.

Borgeson Jr., Paul W. "Ernesto Cardenal: Respuesta a las preguntas de los estudiantes de letras". *Revista Iberoamericana* 108–109 (1979): 627–638.

———. *Hacia el hombre nuevo: poesía y pensamiento de Ernesto Cardenal*. London: Tamesis Book, 1984.

Cámara, Madeline. "Boleto a Nicaragua". *Revolución y Cultura* 9 (1987): 42–44.

Cardenal, Ernesto. *Antología*. Pablo Armando Cuadra, sel. y prólogo. Buenos Aires: Carlos Lohé, Cuadernos Latinoamericanos, 1974.

———. *En Cuba* [1977]. México D. F.: Era, 1982.

Durán, Diony. "Crónica de un viaje a Nicaragua". Dorothee Röseberg, ed. *El arte de crear memoria*: *Festschrift zum 80. Geburtstag von Hans-Otto Dill*. Berlín: Abhandlungen der Leibniz-Sozietät der Wissenschaften zu Berlin, Trafo Wissenschaftsverlag, 2015. 121–140.

Fernández Retamar, Roberto. *Obras. Seis. La poesía contemporánea en Cuba (1927–1953)* [1954]. La Habana, Letras Cubanas, 2009.

García Marruz, Fina. "Una nueva poesía popular en Nicaragua". *Nicarauac* 11 (1985): 195–221.

———. *Darío, Martí y lo germinal americano*. La Habana: Unión, 2001.

———. "Lo exterior en la poesía" [1947]. *Ensayos*. La Habana: Letras Cubanas, 2008. 73–82.

———. *Obra poética*. Enrique Sainz, prólogo. La Habana: Letras cubanas, 2008, T. I y II.

——— y Vitier, Cintio. "Tu lucha, Nicaragua". *Casa de las Américas* 117 (1979): 62–64.

———. *Viaje a Nicaragua*. La Habana: Letras Cubanas, 1987.

González Bazúa, Alejandra. "En busca del tiempo encontrado: representaciones del sandinismo en Casa de las Américas". Andrés Kosel, Florencia Grossi, Delfina Moroni, coord. *El imaginario antiimperialista en América Latina*. Ciudad Autónoma de Buenos Aires: Ediciones del Centro Cultural de Cooperación Floreal Gorini / Consejo Latinoamericano de Ciencias Sociales, CLACSO, 2015. 289–303.

Jiménez, Mayra. "Poesía en la Revolución". *Letras* 4–5 (1980): 87–102. URL: http://www.revistas.una.ac.cr/index.php/letras/issue/view/390

Rodríguez Gutiérrez, Milena. "Entre el cacharro doméstico y la Vía Láctea: el compromiso poético de Fina García Marruz". *Entre el cacharro doméstico y la Vía Láctea. Poetas cubanas e hispanoamericanas.* Sevilla: Renacimiento, 2012. 130–153.

———__. "Fina García Marruz: entre la extraña familia de lo escondido", prólogo. García Marruz, Fina. *El instante raro (Antología poética).* Milena Rodríguez Gutiérrez, ed., sel. y pról. Valencia: Pre Textos, 2010. 11–58.

Rojas, Rafael. "Cintio Vitier. Poesía y poder". *Letras Libres* noviembre (2002): 74–79. URL: http://www.letraslibres.com/revista/entrevista/poesia-y-poder

Ruiz Barrionuevo, Carmen. "Fina García Marruz, el secreto del encuentro", introd. Fina García Marruz. *¿De qué, silencio, eres tú, silencio?* Carmen Ruiz Barrionuevo, ed. e introducción. XX Premio Reina Sofía de Poesía Iberoamericana. Salamanca: Universidad de Salamanca / Patrimonio Nacional, 2011. 9–89.

Vitier, Cintio. "Prólogo". Ernesto Cardenal. *Poesía.* Cintio Vitier, sel. y prólogo. La Habana: Casa de las Américas, 1979. VII-XI.

———_. "En Cuba: antes y después". *Prosas leves.* La Habana: Letras Cubanas, 1993. 43–57.

———_. *Poesía.* La Habana: Letras Cubanas, 2009, vol. 2.

8

Cosas que no estaban o casi no existían: poéticas del espacio y el tiempo en las poetas cubanas[1]

La casa: espacio y tiempo opacos. Los comienzos: García Marruz y Loynaz

Quizás todo empieza en Cuba en la segunda mitad del siglo XX, en concreto en 1951, cuando Fina García Marruz (1923) publica el poemario *Las miradas perdidas*. En ese hermosísimo libro, la voz poética propone un viaje al pasado, a la infancia y a la casa familiar, a través de la memoria. El libro alude insistentemente a un espacio, la casa, que ya se ha ido, que ya no está, y que adquiere una existencia opaca, tenue, borrosa, a través de la memoria; una casa que cumple plenamente la afirmación de Bachelard: "La casa primera, y oníricamente definitiva, debe conservar su penumbra" (*La poética* 46). Como ya señalé en otro lugar, siguiendo también a Bachelard: "se trata de uno de esos libros cuyos poemas parecen haber sido escritos (...) bajo la llama de una vela, bajo una pequeña luz" (Rodríguez, "Fina" 31). Dice la voz poética en uno de los poemas, que anuncia, ya desde su título, "Y sin embargo sé que son tinieblas", esta dimensión tenue, opaca, del espacio:

> Y sin embargo sé que son tinieblas
> las luces del hogar a que me aferro,

me agarro a una mampara, a un hondo hierro,
y sin embargo sé que son tinieblas.
(García Marruz, *Las miradas* 18)

En otro poema, "Lo oscuro", se lee:

Es extraño pensar que nuestra casa
y sus oscuros muebles,
y los cuartos seguros que tenían
su luz independiente,
dependen hoy de la azarosa forma
en que los vio mi mente. (62)

Pero en este poemario también el tiempo es un tiempo opaco, borroso; no es exactamente el tiempo fijo de un pasado ya distante, sino un tiempo *otro*, un pasado variable, movido e impreciso, que puede llegar a mezclarse con el mañana. Dice la voz poética en "Oficios del tiempo": "Cada instante que pasa modifica / la música total del tiempo ido" (128) y en "Príncipe oscuro" se pregunta: "¿Va el tiempo hacia el ayer y no al mañana? / ¿Va la estrella al ayer y no al mañana? / ¿Va mi sangre al ayer y no al mañana?" (146). La casa, esta casa de García Marruz, sigue dando así la razón a Bachelard, pues es espacio que "conserva tiempo comprimido" (*La poética* 41).

En esa misma década del cincuenta, aparece otro poemario donde espacio y tiempo poseen, también, una dimensión opaca. Me refiero a *Últimos días de una casa*, uno de los poemas extensos más relevantes de la literatura cubana, publicado en 1958 por Dulce María Loynaz, en el que, de otra manera, la casa vuelve a ser central. En el poema de Loynaz no hay, como en el de García Marruz, un sujeto poético que recorre los espacios del pasado familiar, sino que es la propia casa la voz protagonista; casa-parlante que recuerda y rememora los distintos habitantes que por ella pasaron en tiempos diversos; una casa que habla de la gloria de lo que fue y se lamenta de lo que ya no es. Una casa que está a punto de derrumbarse, o de ser derrumbada, y que habla como desde el final de su propio tiempo, como se anticipa desde el título, que insinúa tanto el final de un tiempo (o del tiempo) como que el espacio (la casa) pronto dejará de existir; es decir, un título donde tiempo y espacio se encuentran en su momento, o circunstancia, finales; ambos, así, borrosos o casi ya *no siendo*. Como antes hemos señalado, esta casa loynaciana habla, tiene voz propia, pero su voz aparece también cubierta por diversos agentes, el silencio o el polvo, por ejemplo; por lo que distinguirla, percibirla con nitidez, o incluso que ella misma *vea*, no resulta tan sencillo: "Como marea en vilo por la luna, / el silencio me cubre lentamente" (Loynaz 147), o: "El polvo / me empaña los cristales / y no me deja ver si alguien se acerca" (153). En el poema queda asimismo patente que la casa no solo mezcla en su relato tiempos diversos, sino que habla desde una temporalidad imprecisa, que ella misma nombra en algún momento como "[. . .] este mediodía, sin relojes, sin tiempo" (153).

La isla: espacio y tiempo opacos. Todavía antes: Gómez de Avellaneda

Un siglo antes, en 1841, Gertrudis Gómez de Avellaneda publicaba su célebre poema "Al partir". En ese texto el espacio central lo encarna una *casa familiar* mucho mayor que la de García Marruz y Loynaz, la isla de Cuba[2]. En "Al partir" el espacio-isla aparece oculto, cubierto, velado desde el inicio del texto: cubierto por la noche y (la propia voz poética utiliza este sintagma) su *"opaco* velo" (Gómez de Avellaneda 1. *Énfasis mío*); una opacidad física (el cielo de la isla cubierto por la noche) que se lee también como metáfora de la distancia, de la lejanía[3] en la que ese espacio-isla acabará situándose para la voz poética; este espacio-isla se va quedando atrás en el poema, cada vez más lejano, y va desdibujándose ante ella según avanza el texto y el sujeto poético parte en ese buque que también avanza y "[. . .] silencioso, vuela!" (1). Ese espacio se (des)desdibuja de tal modo que acaba convertido solo en nombre ("el llamado corporal del nombre", que dirá Severo Sarduy, 20), significante que ocupará al final el lugar vacío del objeto espacial, quedando este completamente ausente, como espacio real, en el poema. Pero mientras el espacio-isla se aleja, retrocede, el tiempo fluye en el poema hacia adelante; tiempo vago que sentimos avanzar con el barco, tiempo futuro, pero impreciso, donde el ausente espacio real de la isla, metamorfoseado en nombre, se constituirá como centro psíquico para la voz poética: "tu dulce nombre halagará mi oído" (1). Pero aún tendríamos que añadir que en el poema aparece un juego doble con el tiempo, pues, en realidad, ese tiempo impreciso futuro al que se apunta a lo largo del texto, resulta ser finalmente un tiempo *fantástico* en el poema, "premonición de la lejanía" (Sarduy 20) o nostalgia anticipada.

"Al partir" es un poema que podríamos pensar como una poética del viaje, considerándolo, más que como ejemplo de literatura de viajes propiamente dicha (aunque en cierto modo también lo sea), como un poema representativo de la "literatura en movimiento", tal como la entiende el estudioso Ottmar Ette (Ette, *Literatura*); así, dentro del poema sería posible identificar ciertos "lugares [. . .] de la literatura de viajes" (42) señalados por Ette, como "la despedida" (42), que es despedida de "lo propio" (43), pero también alguna de las llamadas por el estudioso "figuras del movimiento literario de viaje" (52), como esa que denomina "el vaivén" (57), que se produce "entre dos o más lugares" (57) y que se caracteriza por que "el punto central [. . .] no es ni el viaje en sí, ni la partida o la llegada, sino la existencia casi simultánea de lugares separados en el espacio y en el tiempo" (57)[4]; aunque tendríamos que añadir que el "vaivén" en el texto es también opaco, porque no solo el espacio del que se parte lo es, sino que el supuesto lugar de arribo se construye de manera aún más borrosa. Así, este último vuelve a ser en el texto un lugar impreciso que la voz poética no solo no alcanzará, sino que ni siquiera conseguirá identificar, pues no parece tener claro de qué lugar se trata; tan solo sabe que es algo lejano que, como para Rimbaud, estaría en *otra parte*; el sitio de arribo solo se materializa a través de un complemento de lugar impreciso: "doquier el hado a su furor me impela" (Gómez de Avellaneda 1), que alude a un movimiento sin punto exacto de llegada[5].

El poema "Al partir", de Gertrudis Gómez de Avellaneda, el libro *Las miradas perdidas*, de Fina García Marruz y el poema extenso *Últimos días de una casa*, de Dulce María Loynaz resultan, a mi entender, los principales paradigmas de ese cuasi fenómeno al que pretenden acercarse estas líneas: la construcción de poéticas singulares que se hallan en los versos de varias autoras cubanas; poéticas que tienen en común la circunstancia de que espacio y tiempo constituyen centros fundamentales, pero son, sin embargo, centros que se construyen en negativo, o como acabándose, o en penumbra, o velados o borrosos. Se trata de poéticas que nos traen a la memoria la afirmación de Alicia Genovese: "Leer un poema es confrontarse [. . .] con un objeto opaco" (55); aunque precisando que la opacidad que encontramos en estos poemas se sitúa, sobre todo, en esas dos coordenadas o puntos específicos: espacio y tiempo.

Pero estos textos no solo constituyen los máximos ejemplos de estas poéticas, sino que parecen constituirse, también, en modelos para escritoras posteriores. Voy a acercarme así, brevemente, a continuación, a tres relevantes mujeres poetas de la segunda mitad del siglo XX cubano, con el propósito de confrontar algunos de sus textos con las poéticas mencionadas de Avellaneda, Loynaz y García Marruz. Se trata, adelantemos, de textos donde el espacio está representado por los mismos *topoi* que en estas figuras mayores de la literatura cubana, es decir, la casa y/o la isla. Nuestro acercamiento buscará explorar fundamentalmente las coordenadas espacio-temporales en los poemas; tratando, sin embargo, de no perder de vista en nuestro análisis que estamos ante espacios y tiempos *imaginarios*, subjetivos, donde se mezclan el adentro del poema y el afuera de la realidad; en ese sentido, recordamos, con María Lucía Puppo, la dimensión imaginaria de tiempo y espacio en poesía: "todo poema introduce un aquí y ahora, es decir, genera su propio espacio y su propio tiempo" (24)[6].

La casa/la isla. De lo opaco a lo oscuro: Rivero, De Feria, Alabau

Isel Rivero (1941), precursora del grupo literario El Puente, publica en La Habana en 1960, antes de partir al exilio[7], *La marcha de los hurones*, otro poema extenso, como *Últimos días de una casa*, que se ha convertido en un texto mítico de la literatura cubana. He analizado pormenorizadamente este texto (Rodríguez, "Partir"). A lo largo del poema, "una muy peculiar y compleja voz hablante, [. . .] voz polifónica que se va desdoblando [. . .] en varias personas" (Rodríguez, "Partir"), voz que es una y diversa, anticipa el desencanto, el *cansancio* ante la utopía revolucionaria cubana, ya en esta temprana fecha[8]: "Prevemos la decadencia en pleno renacer [. . .] / Es imposible hallar una verdad colectiva / además de aquella de que vivimos y morimos" (*Relato* 78). Por su visión apocalíptica, el texto podría haberse titulado *Últimos días de una isla*. Pero lo que me interesa destacar sobre todo es el espacio vago, borroso en el que se desarrolla el texto: un país o, quizás mejor, una sinécdoque del país, la ciudad, que es por supuesto, la ciudad moderna, y que es y no es La Habana; y, asimismo, un tiempo también impreciso, que es y no es 1960 (apenas un año después del momento del triunfo de la Revolución cubana, fecha en la que se escribe el poema). No quiero dejar de apuntar lo sugestivo que resulta leer los versos de Brecht, en el exergo que encabeza el cuaderno, "Realmente vivo en tiempos oscuros!" (65), en yuxtaposición a la noche que cubre a la isla "con su opaco velo" en el comienzo del de Gómez de Avellaneda; una vez más, lo opaco, transformado ahora en oscuro, se hace protagonista literal en el texto. Aunque en el poema de Rivero se acentúa la intensidad de lo opaco y, además de señalar al espacio (como en Avellaneda), se señala también al tiempo. Así, en Rivero, el tiempo, o los tiempos, más que opacos, son oscuros; es decir, han adquirido una dimensión aún más borrosa y confusa; una oscuridad que podemos leer en diversas direcciones, por un lado, en el sentido de la ambigüedad o indeterminación que antes hemos indicado en la construcción temporal del texto, reforzada por la propia complejidad de la escritura vanguardista, experimental de Rivero, pero que también cabe asociar con el propio contenido de ese tiempo o tiempos descritos, tiempos de gran complejidad política. En cuanto al espacio, a esa ciudad imprecisa se le augura un final cercano, pesimista:

Pobre ciudad junto al mar
sus hijos nuevos alzarán los brazos para caer.
Pobre ciudad... junto a su miseria elabora soluciones pasajeras
y se acerca un poco más a su ineludible destino
(*Relato* 69)

Lina de Feria (1945)[9], miembro del grupo El Puente, edita también en La Habana su primer poemario, *Casa que no existía*, publicado en 1967, que obtuvo el Premio David de poesía[10]. Lo primero que llama la atención, acaso, es el extraño, inquietante tiempo del verbo en el título del poemario; porque no se trata de una casa que no existe o no existió; sino de una casa que "no existía". El verbo, en pretérito imperfecto, está reclamando algo más, quizás un complemento de tiempo o de lugar; aunque también cabe pensar en otro tipo de frase, tal vez adversativa, que continuara el sintagma; por ejemplo, "casa que no existía", *aunque yo creí que era o estaba*. Pero estos complementos posibles, o esperables, se omiten en el título, que queda como incompleto, acentuándose de este modo su dimensión borrosa. En mi opinión, este primer libro de Lina de Feria posee vínculos con *Las miradas perdidas*, de Fina García Marruz, dados, entre otros, por el protagonismo de la memoria y las presencias familiares ("la parentela", la llama aquí la voz poética) y por cierto tono evocativo, de remembranza; aunque pienso que hay además algunas cercanías con *Últimos días de una casa*, de Loynaz[11]. Las *casas borrosas* de ambas parecen ser, de algún modo, modelos para la de Lina de Feria.

Me detengo en el poema I, que abre el cuaderno, pues resulta paradigmático de esa especie de síntesis muy personal de *Las miradas perdidas* y *Últimos días de una casa* que consigue Lina de Feria:

... han tomado mi casa,
uno tras otro llegan venciendo su eternidad
que les parece un obstáculo cercano y fácil
me faltan el respeto y entran
tirando al suelo máquina libros cigarros
cuadros que conservaba. los afiches
todo desaparece
todo es mi madre y su tiza de la Superior
maggie conrado úrsula
mi ejército de la infancia
mi tropa para huir a la loma del burro
    la soldadesca pura
      ha entrado junto a mí

> y esta casa ya no es mía.
> luego se van con los trajes absurdos
> se va el flaco habitante de la memoria
> rompiendo el blanco perdurar de los papeles
> para dejarme tirado en mi actual tamaño
> sujeto a un tiempo que no existe.
> (*Casa* 11)

Pienso que las presencias de Fina y de Dulce María pueden percibirse, sentirse en el poema. El texto comienza a *lo Dulce María*: "Han tomado mi casa", dice la voz poética, de manera cortazariana, como ya ha visto César López (213), pero también loynaciana; es decir, estamos ante una casa invadida, o tomada, por unos *otros* que entran y derriban, o destruyen, lo que hay; en este caso, objetos más modernos que los muebles antiguos de la casa loynaciana, como es esperable, por otra parte, en estos años 60: máquinas, libros, cigarros, cuadros, afiches. Pero, sorpresivamente (algo que se había insinuado ya en los primeros versos: "llegan venciendo su eternidad"), se descubre que esos *otros* que intentan asaltar o apropiarse de la casa del sujeto poético son, en realidad, unos *otros* de la memoria: la madre y la tiza de la Superior, la "tropa de la infancia"; en este momento, el poema cambia; se convierte en garciamarruciano; pasa de la invasión y el atropello a la nostalgia y la memoria. Con estas presencias, la casa-espacio se vuelve ajena: "esta casa ya no es mía"; dice la voz poética, resaltando la opacidad de aquello que en un principio parecía claro; y que termina opacando también al sujeto poético y al propio tiempo, un tiempo que se vuelve, también, *otro*, que se convierte en "un tiempo que no existe".

Hacia el final del poemario se va de-velando, sin embargo, que esos habitantes de la memoria, evocados *fantasmas* de la infancia, no son familiares ya muertos sino que se trata, probablemente, de seres vivos, cuya ausencia no es la de quienes han fallecido, sino la de quienes no están porque se han marchado literalmente del país:

> . . . ha vendido sus cartas, ha quemado
>   sus naves menores
> la familia se largó de cuba
> dejándolo con su cinto viejo
> y los libros más políticos.
> el techo se mira y es un puntal tan alto
> la casa está tan justamente sola
> el desayuno tan contrario a toda maternidad.

la firmeza no se explica en una cuartilla
y el arte poética
quede en su mirada de búfalo.
(V, 49)

A diferencia de la casa garciamarruciana, que habita esencialmente en la memoria, la casa de Lina de Feria está anclada a un espacio específico (Cuba) y a un momento histórico concreto (los primeros años de la revolución), aunque este espacio y este tiempo se encuentran desenfocados en el libro y no se de-velan excepto en algunos pocos versos y/ o poemas. Asimismo, en este poemario también resulta fundamental, como ha señalado César López, "la pérdida o lo perdido" ("Fundamentación" 214), tal como ocurre en *Las miradas*. Pero mientras la voz poética en García Marruz desea recuperar lo perdido, el sujeto poético en el poemario de Lina de Feria parece querer alejar lo que alguna vez fue. En ese sentido, un recurso llamativo en el libro es el *juego* y la *confusión* que se producen en torno a la evocación de los familiares; un recurso que resulta de gran eficacia, pues, tal como hemos visto en el primer poema y como sucede a lo largo del poemario, su ausencia se presenta como la de esos seres queridos que se han perdido a causa de la muerte, circunstancia que, como hemos señalado, termina revelándose incierta al final del libro. Y es que Lina de Feria utiliza la circunstancia de la muerte para velar el hecho de que esas vidas siguen sucediendo *en otra parte*; es decir, la partida de los que se van del país se desenfoca, es opacada y el tiempo (su tiempo) es radicalmente detenido a través de esta muerte sugerida. Tiempo, entonces, más que opaco, también oscurecido u oscuro, aunque este término no se pronuncie; pero ¿hay tiempo más oscuro que el tiempo de la muerte?

Este recurso literario pone de manifiesto la interacción del *adentro* del poema con el *afuera* de la realidad, porque da cuenta de una sugestiva inversión que ha sido constante en la isla en el período revolucionario, y es que, mientras en la vida cotidiana de muchos lugares suele decirse de manera eufemística de quien ha muerto, que *se ha ido*, en Cuba, por el contrario, la metáfora ha sido invertida y ha dejado de ser tal: los que se van (del país) son considerados, y tratados, como muertos; son convertidos, como ellos, en fantasmas, y dejan, prácticamente, de existir. Y es que morir, en Cuba, no es *irse*; sino que irse, es *morir*. Hecho que podría pensarse, por cierto, como un *malentendido* de un verso de José Martí que recuerda César López a propósito de este mismo libro: "No hay casa en tierra ajena" (Martí, cit. en López, "Fundamentación" 212)[12]. Hay que decir que, en última instancia, y ahora entendemos el título del poemario y la extrañeza en el tiempo verbal, el libro es una especie de conjuro ante la ausencia de los familiares queridos que se han ido, que se han marchado del país y han dejado en la mayor soledad a la voz poética, esos que se han convertido en fantasmas *inexistentes*. Se trata así de una poética negadora (la "solución negadora", la llama César López, "Fundamentación" 219) de aquello (y aquellos) que alguna vez estuvo y que sigue insistiendo en la memoria, pero que no está permitido, o no es apropiado, o será mal visto desde el afuera, recordar; una negación que es necesario repetir una y otra vez para hacerla verídica: "casa que no existía . . . , casa que no existía . . . ". Esa repetición que no cesa es quizás lo que se omite, lo que falta en el título del poemario y lo que lo dota, a la vez, de extrañeza y lirismo. Pero podríamos añadir que el título y el libro podrían ser vistos como una "treta del débil", a la manera en que la ha entendido Josefina Ludmer (Ludmer, "Tretas") pues, mientras se le niega y se insiste en su no existencia a través del título (como quien parece cumplir el mandato del *afuera*), el poemario se encarga precisamente de evocar y construir la casa; es decir, de hacerla existir y de que exista, aunque sea tachada, o de manera opaca o borrosa. Asimismo, la casa de Lina de Feria, al dar cuenta de la interacción del *afuera* y el *adentro*, se convierte en una casa transgresora, en la medida en que subvierte la idea convencional de este espacio; porque la casa ya no es aquí "ese ámbito propio y oculto a lo público" (Guerra 124), la "sagrada morada familiar [. . .] el espacio de los afectos donde quedan suspendidas las leyes del mundo del Afuera y sus diversas transacciones" (124). Al contrario, esta casa muestra cómo el mundo del afuera puede invadir el ámbito de lo privado. Y es que el tiempo imaginario del poema, el tiempo del adentro, está recreando, con su opacidad, u oscuridad (tal como sucede también en *La marcha* de Isel Rivero) algo que afuera ya ha sido, previamente, oscurecido.

En 1992, veinticinco años después del libro de Lina de Feria, Magali Alabau (1945) publica en el exilio *Hemos llegado a Ilión* (reeditado en 2013)[13], uno de los poemas más relevantes del exilio cubano, y que podría pensarse como el regreso, la vuelta a la isla muchos años después, de uno de esos fantasmas, de uno de esos muertos-vivos (o mejor, muerta-viva, pues la voz del poema reivindica explícitamente su sexo y su género), que se marcharon del país al comienzo de la revolución, y que encontramos en *Casa que no existía*, de Lina de Feria. *Hemos llegado a Ilión* es un poema extenso, como *Últimos días* y como *La marcha* que, como ha señalado Luisa Campuzano, produce "la inversión del espacio elocutivo, su traslado del ámbito del destierro, escenario habitual de la literatura del exilio, al ámbito de la patria" (30); el poema toma así a la isla como espacio central.

He señalado los vínculos *secretos* (llamémoslos así) entre este poema y *Las miradas*, de García Marruz (Rodríguez, "Magali"); de manera particular, esos vínculos se sitúan en la construcción del tiempo y en las relaciones que con este se establecen. Destaco la circunstancia de que en el texto de Alabau volver al presente-futuro es un acto tan difícil y complejo como la vuelta al pasado del sujeto poético de *Las miradas perdidas*: "'cómo volver allí, cómo volver', es la pregunta que insiste en *Hemos llegado*..." (Rodríguez, "Magali" 7); una pregunta que no se formula explícitamente, pero que late a lo largo de todo el poema; esa misma pregunta con la que, en el poema "Canción de otoño", la voz poética de *Las miradas* plantea su (im)posible regreso al pasado. Es cierto que el sujeto poético en *Las miradas* regresa al pasado solo a través de la memoria, mientras el sujeto de *Hemos llegado* parece volver física y realmente. Pero, como en el poemario de Fina, también en Alabau los tiempos se con-funden: el futuro al que se llega es sin duda el presente de la isla de Cuba en los años 90, pero, simultáneamente, es el propio pasado de la voz poética.

El poema de Alabau es, también, en cierto modo, correlativo e inverso al de Avellaneda, su "Al volver". Si "Al partir" es el poema de la lejanía, el poema de aquella que se aleja y/o se despide de la isla, *Hemos llegado a Ilión* es, aparentemente, el poema de la cercanía; en él se verifica otro lugar de la literatura de viajes, identificado por Ette: "el retorno", esa vuelta "a lo propio" (*Literatura* 50). Al revés que en Avellaneda, lo traumático se sitúa en este caso en el regreso, no en la partida. En ambos poemas, tiempo y espacio son opacos.

Si nos acercamos al espacio, observamos que la opacidad quizás sea mayor. En el poema, el espacio-isla está velado por el nombre, nombre que no es "Perla del Mar" o "Estrella de Occidente", como en Avellaneda, sino Ilión; es decir, Troya; la legendaria y devastada ciudad de *La Ilíada*; un espacio, nuevamente, como en Rivero, oscuro más que opaco, que se nombra también como "Averno" (*Hemos llegado* 44) o infierno: "Esta es la estadía siniestra del infierno" (30), o que aparece, incluso, en ruinas: "El pasaje al patio se parece a las ruinas de Sicilia" (45). Pero estos nombres *oscuros* no suponen el velo primordial sobre el espacio; acaso el velo más intenso lo produce el propio tiempo; porque es el tiempo el que opaca con mayor intensidad, el que hace aflorar con mayor fuerza la otredad en el espacio-isla; y es que en el poema de Alabau el espacio se vuelve tiempo; el sujeto poético, más que a un lugar, regresa a un tiempo *otro*: "voy de compras a las lentas veredas de otros años" (41), dice la voz poética. El espacio en el poema se convierte, decíamos, en tiempo, un tiempo que no avanza hacia delante, como en "Al partir", sino que, por el contrario, retrocede: "Allí pasé el Medioevo y la debacle, allí, en ese cuarto, / luces frías, oí los rezos, las denuncias, los detalles inciertos, / vi los rostros contorsionados por la ira" (47), un tiempo imaginario, híbrido, *monstruoso,* que condensa pasado, presente y futuro.

Pero es hora de ir concluyendo. He intentado aproximarme a ciertas poéticas de lo opaco espacio-temporal y a su recurrencia, desde Gertrudis Gómez de Avellaneda, en las poetas cubanas. Tal vez cabe relacionar estas poéticas con la insularidad: las islas son esos lugares legendarios donde espacio y tiempo no suelen coincidir con los reales, territorios variables, inestables y que fueron considerados, desde la conquista, como opuestos a la llamada "Tierra Firme". Pero estas poéticas se vinculan también, sin duda, a las características específicas de la literatura cubana y de su propia historia y condición, esa literatura que Ottmar Ette ha llamado "una literatura sin residencia fija" ("Una literatura"), una literatura que "es en grado sumo una literatura *del* movimiento y *en* movimiento" ("Una literatura" 735. *Énfasis del autor*) y en la que, como señala el estudioso, los "lexemas" que "adoptan [...] una función no solo dominante sino estructurante [...] han sido: huracán y ausencia, fragmento y movimiento discontinuo, inestabilidad y vacío" (742). Todos esos lexemas contribuyen a producir estas coordenadas espacio-temporales intensamente opacas en la poesía cubana; producen, podríamos decir, una opacidad doble, al opacar aquello que ya es, por sí mismo, opaco.

Pero acaso haya algo más, pues, como hemos visto, mientras en el XIX o primeras décadas del XX, casa e isla son opacas, pero todavía existen, en los poemas ubicados dentro del período revolucionario, posteriores a 1959 —textos donde el *afuera* se proyecta con mucha mayor fuerza en el *adentro*—, la opacidad parece acentuarse, reforzarse; los poemas pasan de lo opaco a lo oscuro, por la intensificación de lo borroso e indeterminado, pero también por la dimensión sombría del contenido; de manera que esta literatura "sin residencia fija" parece tornarse prácticamente en *literatura sin residencia*; sin hábitat; una literatura, además, con una temporalidad completamente dislocada, donde el tiempo, enloquecido, se ha apoderado del espacio, lo *ha invadido* y *tomado*, dejando en medio y a su paso, en lugar de la casa y/o la isla, el hueco, la ruina o el vacío.

Notas

1 Publicado en *Casa en que nunca he sido extraña. Las poetas hispanoamericanas: identidades, feminismos, poéticas*. New York: Peter Lang, 2017. 197–209. Una primera versión se presentó como ponencia en el I Simposio Internacional "Las poetas hispanoamericanas: identidades, feminismos, poéticas" (Universidad de Granada, 2016).

2 Como indica María Lucía Puppo, "el mito de la ciudad se relaciona con el mito de la casa", según ha establecido la antropología de la imaginación (20). Asimismo, cabe añadir que la casa loynaciana de *Últimos días...* tiene también una connotación, un posible significado próximo, más que al de isla, al de nación; como ha señalado

Jesús Barquet, la casa puede leerse como "la parábola del ideal republicano y de su frustración en la isla" (Barquet 51); desde esta perspectiva nacional, el poema nos hace percibir "la República cubana de los años 50 como una casa abandonada, de la que han renegado sus propios moradores" (Rodríguez, *Otra Cuba* 223).

3   Según Adriana Méndez Rodenas, este poema inaugura en la literatura cubana el "discurso de la lejanía" (Méndez Rodenas 15; ver capítulo 1).

4   Aunque Ette se acerca en su estudio a textos en prosa, específicos de la literatura de viajes, señala que estas figuras del movimiento no solo corresponden a ese género, sino que "el movimiento del viaje está inscrito en la literatura misma" (Ette, *Literatura* 36); es en este segundo sentido que consideramos que puede ser válido leer el poema de Gómez de Avellaneda como una poética del viaje. Respecto a la figura específica del "vaivén", nos parece interesante añadir que, según Ette, "el siglo XIX carece de este tipo de experiencia con Latinoamérica" (57), con lo cual, entendemos que el poema de Gómez de Avellaneda puede adquirir un valor particular; asimismo, el poema de Avellaneda se vincula con "la rapidez de los medios de transporte y el desarrollo tecnológico" (57), pues sin duda, el texto se configura en torno a la circunstancia del viaje en barco.

5   En "El deseo y el cocuyo…" leo este poema desde otra perspectiva, siguiendo las elaboraciones en torno al bolero de Iris Zavala. Considero que ambas lecturas son posibles; no las considero opuestas, sino alternativas y, en última instancia complementarias, y muestran la riqueza de este inagotable, fundacional texto de Gertrudis Gómez de Avellaneda.

6   Puppo ha desarrollado exhaustivamente el tema del espacio en la literatura, y particularmente en la poesía. en su estudio *Entre el vértigo y la ruina. Poesía contemporánea y experiencia urbana* (2013). La autora indica acertadamente que "el espacio como signo y referente introduce el mundo (objetivo) en el poema, pero su sintagmática es articulada por la mirada (subjetiva) del poeta (25).

7   Isel Rivero se exilia en 1960 con apenas 20 años; solo publica en Cuba dos poemarios, *La marcha de los hurones*, y anteriormente *Fantasías de la noche* (1959); su obra posterior ha sido editada fuera de la isla.

8   Habitualmente los críticos sitúan el comienzo del desencanto ante y con la utopía revolucionaria cubanas en los finales de los años 60, asociado al poemario *Fuera del juego* de Heberto Padilla y a su famoso *caso*.

9   Lina de Feria ha obtenido dos veces el Premio de la Crítica cubana; es autora de numerosos libros de poemas, como *A mansalva de los años, El ojo milenario, Los rituales del inocente, Omisión de la noche, Ante la pérdida del safari a la jungla*, entre otros.

10 El Premio David es concedido en Cuba a autores inéditos. En 1967 el Premio fue compartido por Lina de Feria y Luis Rogelio Nogueras.

11 César López ha mencionado las cercanías con Loynaz, aunque no las desarrolla; al respecto escribe: "En Lina de Feria, la no existencia de la casa es una consecuencia

de la existencia del poema de Dulce María Loynaz, consciente o inconsciente, no importa" (López, "Días" 358).

12   Este verso pertenece al poema "No, música tenaz!", incluido en *Versos libres*. Al hablar de malentendido, me refiero a que con esta frase Martí aludía a la dolorosa y errante vida del exiliado y, por supuesto, a la suya propia ("Si no vivo / Donde como una flor al aire puro / Abre su cáliz verde la palmera, / Si del día penoso a casa vuelvo.../ ¿Casa dije? No hay casa en tierra ajena!.../ [. . .]", Martí 159); en cambio, en y desde la Cuba posterior a 1959, ha parecido entenderse como castigo, con un significado semejante a que quien se marcha a tierra ajena no merece casa ni, aún, vida.

13   Magali Alabau es autora de otros títulos como *Electra, Clitemnestra* (1986), *La extremaunción diaria* (1986) o *Volver* (2012).

Bibliografía citada

Alabau, Magali. *Hemos llegado a Ilión*. Prólogo de Milena Rodríguez Gutiérrez. Madrid: Betania, 2013, 2ª ed.
Bachelard, Gastón. *La poética del espacio*. México, D. F.: FCE, 1965.
Barquet, Jesús J. *Escrituras poéticas de una nación: Dulce María Loynaz, Juana Rosa Pita y Carlota Caulfield*. La Habana: Unión, 1999.
Campuzano, Luisa. "Tristes tropicales: exilio y mitos clásicos en poetas cubanas de la diáspora". *La Gaceta de Cuba* 6 (2008): 27–32.
Ette, Ottmar. "Una literatura sin residencia fija". *Revista de Indias* XV: 235 (2005): 729–754. URL:http://revistadeindias.revistas.csic.es/index.php/revistadeindias/article/viewArticle/388
———. *Literatura en movimiento. Espacio y dinámica de una escritura transgresora de fronteras en Europa y América*. Madrid: Consejo Superior de Investigaciones Científicas, 2008.
Feria, Lina de. *Casa que no existía*. La Habana: Unión, 1967.
García Marruz, Fina. *Las miradas perdidas (1944–1950)*. La Habana: Orígenes, 1951.
Gómez de Avellaneda, Gertrudis. *Obras literarias de la señora Gertrudis Gómez de Avellaneda. Colección completa. Tomo primero*. Madrid: Imprenta y Estereotipia de M. Rivadeneyra, 1869.
Genovese, Alicia. "Lo leve, lo grave, lo opaco. Amelia Biagioni, Susana Thénon, otras voces". *Leer poesía. Lo leve, lo grave, lo opaco*. México, DF.: FCE, 2011. 47–75.
Guerra, Lucía. *Mujer y escritura. Fundamentos teóricos de la crítica feminista*. Santiago de Chile: Cuarto Propio, 2008.
López, César. "Días en la casa de la poesía". *Valoración múltiple. Dulce María Loynaz*. Pedro Simón, ed. y prólogo. La Habana: Casa de las Américas / Letras Cubanas, 1991. 354–384.
———. "Fundamentación y existencia de la casa". Feria, Lina de. *Antología boreal*. La Habana: Letras Cubanas, 2007. 212–219.
Loynaz, Dulce María. *Poesía completa*. César López, "Proyecto para una lectura demorada", prólogo. La Habana: Letras Cubanas, 1993.

Ludmer, Josefina. "Tretas del débil". *La sartén por el mango. Encuentro de escritoras latinoamericanas*. Patricia Elena González y Eliana Ortega, ed. Río Piedras: Huracán, 1985. 47–54.

Martí, José. *Ismaelillo. Versos libres. Versos sencillos*. Ivan Schulman, ed. Madrid: Cátedra, 2001.

Méndez Rodenas, Adriana. "Mujer, nación y otredad en Gertrudis Gómez de Avellaneda". *Cuba en su imagen. Historia e identidad en la literatura cubana*. Madrid: Verbum, 2002. 13–29.

Puppo, María Lucía. *Entre el vértigo y la ruina. Poesía contemporánea y experiencia urbana*. Buenos Aires: Biblos, 2013.

Rivero, Isel. *La marcha de los hurones. Relato del horizonte*. Madrid: Endymion, 2003. 61–84.

Rodríguez Gutiérrez, Milena. "Fina García Marruz: entre la extraña familia de lo escondido", prólogo. García Marruz, Fina. *El instante raro (Antología poética)*. Valencia: Pre-Textos, 2010. 11–58.

———. Ed., introducc., notas y bibliografía. *Otra Cuba secreta. Antología de poetas cubanas del XIX y del XX*. Madrid: Verbum, 2011.

———. "Partir/ marchar(se): el *no* femenino en la poesía cubana del XIX y del XX. Gertrudis Gómez de Avellaneda e Isel Rivero". *La Habana Elegante* 53, 2013. URL:http://www.habanaelegante.com/Spring_Summer_2013/Dossier_Poetas_RodriguezGutierrez.html

———. "Magali Alabau es Perséfone Pérez o cómo volver a Ilión", prólogo. Alabau, Magali. *Hemos llegado a Ilión*. Madrid: Betania, 2013. 7– 19.

———. "El deseo y el cocuyo: sobre lo cubano en la poesía de Gertrudis Gómez de Avellaneda". *Romance Studies* 33: 1 (2015): 44–55. Digital. URL: http://www.maneyonline.com/doi/abs/10.1179/0263990415Z.00000000085

Sarduy, Severo. "Tu dulce nombre halagará mi oído". *Homenaje a Gertrudis Gómez de Avellaneda. Memorias del simposio en el centenario de su muerte*. Rosa María Cabrera y Gladys. B. Zaldívar, eds. Miami: Universal, 1981. 19–21.

9

Dos poéticas del exilio cubano. Nivaria Tejera y Magali Alabau: París / Nueva York, o el espacio que *no* es[1]

Acaso una de las primeras preguntas que habría que plantearse al abordar este tema, es si es posible escribir sobre el exilio sin haber conocido, o vivido, la experiencia de ser un exiliado, o exiliada. Francisco José Martín, estudioso del exilio republicano español, se refiere a la necesidad de un particular posicionamiento del investigador ante este campo de estudio con las siguientes palabras:

> El exilio no es —no puede ser— un mero objeto de estudio, un mero campo de investigación. El sujeto que investiga ni puede ni debe permanecer al margen sin sentirse implicado [...] no se puede estudiar el exilio sin reconocerse en la experiencia exiliada, sin reconocerse de algún modo en alguna de las formas del exilio. Hay impostura si el estudio del exilio no va acompañado del reconocimiento moral del investigador en tanto que sujeto *de algún modo* exiliado [...] el exilio toca siempre —yo diría que toca necesariamente— alguna cuerda de la intimidad y de la afectividad del investigador [...] El exilio modifica, modifica al sujeto exiliado, pero modifica también al investigador, porque el estudio del exilio a la postre acaba siendo también experiencia de vida. (223)

Me parece fundamental dar cuenta de esa posición situada —moral y vitalmente— que debe asumir el investigador que se acerca a la experiencia del exilio, y que comparto plenamente. Asimismo, habría que decir que "experiencia de vida" son también muchos de los más relevantes, agudos e intensos textos sobre el exilio; escritos por autores exiliados; ahí están, para demostrarlo, la "Carta sobre el exilio", de María Zambrano; *El sol de los desterrados*, de Claudio Guillén, o las "Reflexiones sobre el exilio", de Edward Said, para referirnos a algunos de los más significativos en nuestra contemporaneidad y, en la escritura latinoamericana y cubana, de la que me ocuparé de manera particular en estas páginas, las *Cincuenta lecciones de exilio y desexilio*, de Gustavo Pérez Firmat, la autobiografía novelada *Antes que anochezca*, de Reinaldo Arenas o la colección de ensayos y artículos periodísticos *Mea Cuba*, de Cabrera Infante.

Por otra parte, debemos también ser conscientes, como investigadores, de la dificultad de definición de la categoría exilio. En este sentido, escribe Antolín Sánchez Cuervo:

> Pocos términos tan inexcusables en cualquier diccionario de cultura política elemental y al mismo tiempo tan equívocos o ambiguos como el de 'exilio', a menos de someterle a un reduccionismo convencional de antemano frustrante. Su polisemia conceptual y su densidad metafórica siempre parecen insalvables. (184)

Intentemos, a pesar de todo, esta definición.

El fenómeno del exilio apunta al ámbito del espacio y del movimiento, una de las coordenadas que distingue a nuestra sociedad contemporánea, y poscontemporánea. Decía Michel Foucault:

> La época actual quizá sea sobre todo la época del espacio. Estamos en la época de lo simultáneo, estamos en la época de la yuxtaposición, en la época de lo próximo y lo lejano, de lo uno al lado de lo otro, de lo disperso. Estamos en un momento en que el mundo se experimenta, creo, menos como una gran vida que se desarrolla a través del tiempo que como una red que une puntos y se entreteje ("De los espacios")

El exilio implica, así, movimientos, desplazamientos en el espacio. Para intentar caracterizarlo, tendríamos que señalar las particulares circunstancias que lo distinguen de otros tipos de movimientos, desplazamientos o traslaciones espaciales; así, migraciones, nomadismos, diásporas, extraterritorialidades, errancias, trashumancias, etc., según estos han sido llamados. Aunque, como señala Ana Bundgard, "la delimitación semántica del exilio se complica en el momento de establecer diferencias con otros tipos de emigración elegida por motivos laborales o económicos" (85).

Podríamos, quizás, en principio, identificar el exilio con una de las figuras espaciales básicas del movimiento del viaje, descritas por Ottmar Ette, la que este denomina "vaivén" (Ette, *Literatura* 57); se trata del movimiento "entre dos o más lugares" (57) y donde el punto central "no es ni el viaje en sí, ni la partida o la llegada, sino la existencia casi simultánea de lugares separados en el espacio y en el tiempo" (57). O percibir, desde otra perspectiva, su cercanía con el término "diáspora", sobre el que Rafael Rojas apunta que alude "a un descentramiento, a una atomización traslaticia, a una fragmentación del territorio por medio de la errancia" ("Diáspora" 140).

Como otros viajes, "vaivenes", nomadismos, el exilio supone un viaje en o por el espacio (aunque sin duda también en el tiempo) y una "existencia simultánea de lugares separados", así como también el descentramiento y la atomización del territorio. Pero se percibe sin duda la insuficiencia de estas definiciones, la carencia de ciertos elementos que se intuyen necesarios para delimitar el concepto de exilio. Podemos acudir a María Zambrano, quien escribe que el exilio transcurre en un "espacio indeterminado", un "espacio sin lugar" (Zambrano, "Carta" 27)[2]. En su célebre "Carta sobre el exilio", María Zambrano se refiere asimismo al exiliado en los siguientes términos: "La vida que le dejaron sin que él tuviera culpa de ello; toda la vida y el mundo, pero sin lugar en él, habiendo de vivir sin poder acabar de estar [...] El estar moviéndose sin poder apenas actuar; el que mora al par en una cueva, como el que nace, y en el desierto como el que va a morir" (4–5). Por su parte, Edward Said afirma: "el exilio es la grieta imposible de cicatrizar impuesta entre un ser humano y su lugar natal" (179) y añade: "[...] el exilio es irremediablemente secular e insoportablemente histórico [...] es producto de la acción de los seres humanos sobre otros seres humanos" (180). Siguiendo a Barkan y Shelton (en su estudio *Borders, Exiles, Diasporas*, Standford, 1998), Rafael Rojas ofrece también una definición de exilio, la de esa emigración "que concibe el éxodo como destierro nacional, como viaje hacia la oposición política" ("Diáspora" 140).

Si nos ubicamos en América Latina, podemos afirmar, con Ángel Rama:

> El exilio no es una invención reciente en la América Latina: toda su historia independiente de siglo y medio largo ha estado acompañada por obligados desplazamientos del equipo político e intelectual de los diversos países, que encontró en estados vecinos y en Europa, temporaria acogida mientras en sus patrias se hacía imposible su tarea. (95)

El estudio *La política del destierro y el exilio en América Latina* respalda esta declaración de Rama: el exilio "ha sido una práctica política sustancial en todos los países de América Latina a lo largo de la mayor parte de los siglos XIX y XX [...]" (*La política* 20).

Al hablar específicamente de Cuba, habría que subrayar que la isla es, sin duda, uno de los países latinoamericanos cuyo campo literario y cultural, ya desde el siglo XIX, pero sobre todo en el XX, se encuentra más radicalmente atravesado por el exilio. Como escribe Rafael Rojas, aunque "la nación cubana es la hechura social de pequeñas y grandes inmigraciones, como la africana, la española, la china, la judía, la norteamericana" (ese fenómeno que Fernando Ortiz llamó transculturación[3]), el proceso se invirtió a partir del triunfo de la revolución en 1959, "y la sociedad cubana comenzó a generar más exilio que inmigración" ("Diáspora" 137). La poeta y ensayista cubana Lourdes Gil, por su parte, escribe: "En términos cósmicos, 1959 es la eclosión del Big-Bang de nuestra historia contemporánea" ("La apropiación" 64). Celina Manzoni, la estudiosa argentina, al referirse al fenómeno de la errancia en la literatura latinoamericana, señala que, si bien la errancia parece un rasgo propio de la época, en el caso de la literatura cubana, "su consideración excede, tanto desde el punto de vista teórico como metodológico, cualquier otro tipo de experiencia en el continente" (Manzoni, "Diáspora"), y añade que en la literatura cubana, este fenómeno se carga del "dramatismo propio de lo que se percibe como una escisión nacional" (Manzoni, "Diáspora").

En este capítulo propongo pensar cómo se ha configurado desde la poesía, y de manera particular desde cierta poesía escrita por mujeres exiliadas, ese espacio diverso y múltiple (espacio sin lugar), que es, que sigue siendo todavía, el exilio cubano. Me referiré a dos autoras, Nivaria Tejera y Magali Alabau, cuyo lugar dentro de la literatura cubana es todavía inestable o problemático, pues, como escribe Horst Nistchak: "[...] desde la perspectiva del Estado-nación, la literatura producida por los exiliados no forma parte de la literatura nacional" ("El sujeto" 228). Sin embargo, coincidimos con Nistchack en que dicha situación, por larga que sea, no será permanente ni irreversible, pues "con la desaparición del Estado que ha causado su exilio, la literatura del exiliado siempre estará integrada en lo que se considera como literatura nacional" (228)[4].

Hace algunos años, publiqué un trabajo sobre las poetas exiliadas cubanas del siglo XX, titulado "Maneras de escribir el 'dulce nombre' de la patria: poetas cubanas del exilio", incluido en *Entre el cacharro doméstico y la Vía Láctea. Poetas cubanas e hispanoamericanas* (Renacimiento, 2012). Vuelvo ahora a estas poetas y retomo algunas ideas e, incluso, algún texto abordado en aquel trabajo. Pero ya no me interesa tanto, como entonces, analizar los distintos y "dulces" nombres (dulzura que hay que escribir entrecomillada) con que la patria cubana es presentada. Más que esos diversos modos de nombrar la ausencia, aspecto que allí abordaba, propongo ahora casi lo contrario: el acercamiento a los espacios *otros*, a ciertas ciudades, en concreto, que han llegado a ocupar —o acaso deberíamos decir, a *usurpar*—, el lugar del "dulce nombre de la patria". Esas ciudades, espacios *otros*, en los que se ha desarrollado el ya muy largo exilio cubano del período revolucionario, que comenzó en 1959 y llega hasta la actualidad, han sido diversos; ciudades como Miami, Nueva York, Madrid, París, Roma, Buenos Aires . . . Dentro de esos espacios urbanos, voy a centrarme específicamente en dos ciudades, París y Nueva York; dos ciudades que resultan muy significativas, desde el punto de vista simbólico, y real, para pensar el exilio. Acercarse al espacio urbano que constituye la ciudad resulta, además, apasionante ya que, como escribe Lucía Puppo: "la ciudad es en principio un anclaje referencial, pero además es un signo complejo y polisémico, capaz de generar múltiples interpretaciones" (86).

Antes de abordar estos dos espacios, estas dos ciudades, quisiera aludir al que ha sido el espacio geográfico por antonomasia identificado con el exilio cubano; me refiero a la ciudad de Miami. Y es que en esta mirada sobre Miami puede hallarse un modelo que se repite —hasta cierto punto— en esa mirada exiliada que se fija en París o que se detiene en Nueva York.

Miami: el doble que *no* es

Miami es, ha sido, la ciudad, por antonomasia, identificada con el exilio producido por la Revolución cubana y es, también, el espacio que responde más clara y explícitamente a esa dinámica de retroalimentación necesaria entre nacionalismo y exilio a la que apunta Edward Said: "La interacción entre nacionalismo y exilio es como la dialéctica del amo y el esclavo de Hegel, según la cual los contrarios se informan y constituyen mutuamente" (183). Miami es, así, en primer lugar, el afuera en el que se piensa siempre que se habla del nacionalismo cubano. Pero, siguiendo a Said, habría que ir más allá, y señalar no solo que sin el nacionalismo cubano Miami nunca habría existido, sino que, sin la existencia de Miami, el nacionalismo cubano no habría sido tampoco lo que es. La Habana y Miami se necesitan y se sostienen en su íntima lucha de contrarios.

Paradójicamente, desde el punto de vista espacial, Miami ha sido una ciudad pensada, concebida, construida, para parecerse a Cuba; ciudad-espejo que, sin embargo, en su "recreación de La Habana" (Pérez Firmat), o de Cuba, frecuentemente ha terminado provocando algo diferente y aún opuesto a lo que se buscaba[5]. Gustavo Pérez Firmat, uno de los escritores cubanos que mejor ha pensado ese espacio que ha sido Miami en el imaginario del exilio cubano, escribe al respecto:

> La recreación de La Habana en Miami ha sido un formidable acto de imaginación. Pero dejarse llevar por la imaginación, ese sitio en que tan bien se está, es un juego peligroso. Cuando la realidad finalmente se impone, la reacción del exiliado es el desconcierto, la desorientación. Si la Esquina de Tejas no está en La Habana [se refiere a un lugar de La Habana, cuyo nombre se repite en Miami], ¿dónde está? ¿Cómo se llama 'esto'? ¿Y dónde estamos nosotros? . . . la nostalgia cede paso al extrañamiento, la enajenación. (Pérez Firmat, *Vidas* 21–22)

Si se rastrea la escritura de los cubanos exiliados que vivieron o viven en Miami, encontramos no solo desconcierto, extrañamiento o enajenación, sino, incluso, rechazo, horror. Menciono, rápidamente, el caso de Lydia Cabrera. En 1982, y después de más de 20 años exiliada en Miami, decía la autora de *Cuentos Negros de Cuba* a Octavio Paz en una carta: "En este interminable exilio en un desierto de cemento y rascacielos, cree que ha sido para mí una alegría saber de tus triunfos tan merecidos" ("Carta a Octavio Paz"); poco tiempo después, en otra carta de 1983, se disculpa con el fotógrafo francés Pierre Verger por no haberle escrito antes; le dice que casi no puede ver, y utiliza una metáfora para su ceguera, diciendo que tiene "los faroles apagados", y añade: "pero no me quejo, pues pienso que así no veo a Miami, que detesto" ("Carta a Pierre Verger"). Para Lydia Cabrera, Miami es desierto de cemento y rascacielos, lugar detestado y no visto, no-lugar.

En mi artículo "Maneras de escribir el *dulce* nombre de la patria", propuse, como uno de los ejemplos fundamentales de ese modelo de posicionamiento de las (y los) exiliadas sobre Miami, un poema de Pura del Prado (Santiago de Cuba, 1931-Miami, 1996), titulado "Monólogo de una exiliada", perteneciente a su poemario *La otra orilla*, de 1972. El poema de Pura del Prado muestra esa sensación de extrañamiento a la que se refiere Pérez Firmat; en él, Miami es aquello que parece, pero *no* es; es ese *doble* que precisamente por su gran semejanza, acaba revelando su dimensión de falseamiento, de artificialidad, de postizo, su esencia de *no ser*. En este poema, resulta además llamativo y muy sugerente que ese *no ser* de la ciudad se identifique con la falta de los elementos africanos, o de lo afrocubano; ¿sería también esta ausencia la que notaría Lydia Cabrera, escritora esencial de lo afrocubano?[6] Veamos un breve fragmento del poema de Pura del Prado:

Miami se parece a Cuba,
pero no tiene yényere[7],
ni tejas coloradas,
ni olor a guarapo,
ni aquellos negros,
ay, aquellos negros tan distintos.
Le falta qué se yo,
lo más sabroso de lo mío [. . .]
(Prado, *La otra* 173)

París: el cosmopolitismo que *no* es

París ha sido ciudad-refugio de los exiliados, pero también ha sido la ciudad de los viajeros y de los escritores e intelectuales. María Zambrano, en la que se conoce como "Carta testimonial del exilio", dirigida a su madre y a su hermana desde La Habana en 1946, escribía: "[. . .] dentro de que yo no tengo sitio en ninguna parte, he soñado con París, porque París ha sido desde hace siglos el sitio de los que no tenían sitio [. . .]" ("Carta testimonial" 17–18).

En el estudio referido de Sznajder y Roniger se subraya la significación de París para los viajeros y exiliados latinoamericanos, su atracción e influencia desde finales del siglo XIX:

> París y Francia fueron no solo los heraldos de la Revolución, sino que también se les consideraba un modelo de modernidad que debía emularse. Con sus cafés, salones, vida intelectual efervescente, esferas públicas abiertas y discursivas, la variada prensa y panfletos, la meca de la moda y de las nuevas costumbres sociales, París aparecía ante los recién llegados como el epítome de las ideas y la sociabilidad modernas. (*La política* 139)

Los autores señalan cómo "la visita a París se volvió un rito de paso" (139) para muchos jóvenes latinoamericanos ya entrado el siglo XX, un "polo de atracción" irresistible (139).

Paul Estrade ha estudiado cómo desde el siglo XIX existió en París una colonia de exiliados cubanos que tuvo un peso significativo en las luchas de independencia cubana (*La colonia*). Pero nos interesa un exilio más cercano, el producido por la Revolución cubana; dentro de esta comunidad de exiliados, acaso haya tres nombres de escritores cubanos que destacan: Severo Sarduy, Zoe Valdés y Nivaria Tejera (Cienfuegos, Cuba, 1929-París, 2016), la menos conocida.

Andrea Gremels, siguiendo a Salman Rushdie, considera a estos cubanos que escriben o han escrito sus obras en Francia como *translated men*, porque son "autores que traducen sus saberes transversalmente a través de culturas y lenguas" ("¿Cuba francófona?" 275), aunque Nivaria Tejera, como recuerda su principal estudiosa, María Hernández Ojeda, es "múltiple exiliada" ("Introducción" 6): de la España de Franco y de la Revolución cubana[8].

Nivaria Tejera (Cienfuegos, Cuba, 1929-París, 2016) "ha destacado entre otros autores cubanos del siglo XX-XXI por un lenguaje de gran condensación simbólica, la hibridez geográfico nacional de su obra, el plurilingüismo en sus publicaciones y la oposición explícita a cualquier sistema de dominación" (Hernández, "Introducción" 6).

Quiero retomar un poema de Nivaria Tejera que ya comenté en "Maneras de escribir el 'dulce nombre' de la patria". Se trata de "Rueda del exiliado", publicado en los años 80, y del que dije lo que hoy sigo pensando, que se trata de uno de los mejores poemas de y sobre el exilio cubano[9]. En ese texto puede leerse "el exilio como incertidumbre" (Rodríguez, *Otra Cu*ba 338), en un poema "lleno de interrogaciones, de preguntas" (338), donde "el exilio adquiere una significación polisémica: es laberinto pero también algo físico, material; es herida, cuerpo roto, locura o sobrevida" (338).

Voy a detenerme en dos espacios de este texto: el espacio de la historia y el espacio parisino. Por un lado, el primero, el de la historia, está ligado al elemento de la sobrevida, que considero que es precisamente uno de los que más nítidamente apuntan hacia la dimensión exiliada del poema. En "Maneras . . . ", decía que en el poema hay una mención a la sobrevida y que dicha sobrevida es, llamativamente, muy distinta a la que propone el célebre poema de Roberto Fernández Retamar, "El otro", convertido en símbolo para los cubanos en los inicios de la Revolución cubana: "Nosotros, los sobrevivientes, / ¿a quiénes debemos la sobrevida? . . . / Quién se murió por mí en la ergástula? / / ¿Sobre qué muerto estoy yo vivo? " (109). En ese artículo señalaba también que en el texto de Nivaria Tejera la sobrevida ha perdido "toda su dimensión heroica" (Rodríguez, "Maneras" 180). Pero pienso que habría que ir más allá, porque, en realidad, es la propia historia la que ha perdido absolutamente su dimensión heroica en el poema, pues en el texto de Nivaria, la historia no es otra cosa que "una intriga" o un "absurdo" y el exiliado no es más que "espantajo", espantajo que sobrevive a ambos, sí, pero a costa de convertirse en eso mismo: "Estamos sembrados en la tierra de exilio como espantajos / De los que se huye como *de la intriga de una historia*" (Tejera, *Rueda*).

El poema de Fernández Retamar, "El otro", es el de un sujeto que proyecta a un cubano asentado en su propia tierra, ubicado en su propio lugar y en el centro de su propia historia; así, el espacio de la historia tiene en su poema una lógica cerrada, sin fisuras, por lo que el cuestionamiento solo puede volverse sobre el propio sujeto: ¿cómo puedo ubicarme *yo* frente a esta historia de la que *soy parte*? Por el contrario, el sujeto poético de "Rueda del exiliado", nos revela una visión completamente diferente u opuesta de la historia, percibida como un espacio discontinuo, atomizado, lleno de fisuras; un espacio que no tiene una lógica propia (o incluso, que no tiene ninguna lógica); una historia que está, asimismo, en otro sitio, fuera de la hablante, aunque operando sobre ella; historia construida por "otros seres humanos"; de ahí su carácter de "intriga"; perspectiva, podría decirse, paranoica, que es la del exiliado, o exiliada. La supuesta paranoia tiene, sin embargo, una base muy real en el caso de los exiliados, porque la persecución también lo es: "no hay delirio de persecución allí donde la persecución es delirio", escribe Cabrera Infante ("Los poetas" 352).

Por otra parte, resulta llamativa la presencia del espacio parisino en el poema. París aparece metonímicamente, a través del Sena; su presencia es fugaz, pero significativa; el emblemático río es aquí presentado sin aureola alguna, bajo un sintagma especialmente duro o despectivo: "la charca mefítica de la ciudad" (Tejera, *Rueda*), donde los exiliados se reflejan sin ser vistos[10]. En esos versos se alude a una condición doble de exilio, la del exiliado en su sentido más amplio y genérico, y también, a la condición particular del exilio cubano de la revolución.

En el primer sentido, podemos recordar a María Zambrano, quien escribe: "[...] el exiliado es objeto de mirada antes que de conocimiento. Al objeto de conocimiento se contrapone el objeto de visión, que es tanto como decir el escándalo" ("El encuentro" 36). En el poema de Nivaria Tejera, como en el de Pura del Prado, no hay correspondencia entre el sujeto-objeto y su imagen. Aquí, el Sena (París) parece reflejar el ser del exiliado, pero lo que refleja no es visto por nadie, o acaso, es mal-visto: objeto de escándalo, más que de verdadera visión, o de conocimiento.

En un segundo sentido, el poema sugiere esa singular condición del exilio cubano: "Los hombros caídos por el peso fantasmal del mito / Denuncian nuestra identidad" (Tejera, *Rueda*); objeto, acaso, aun mayor, de escándalo, que cualquier otro exilio en el París de los años 60. Una condición singular que parecen seguir subrayando más adelante otros versos en el poema:

[...] el tiempo ha llenado de herrumbre
Los cuchillos que nos amenazaban
Los títeres del intelecto nos excluyen
De sus espectáculos engoznados

Centinelas del goce egocéntrico
Pero olvidan que la ausencia
Es presencia también
Y red
Y espuela
Y que una isla escapa con el mar al encierro
Y que es inútil
Aprisionar una estrella que continúa quemándose
(Tejera, *Rueda*)

Rafael Rojas, y también la propia Nivaria Tejera en su libro autobiográfico *Espero la noche para soñarte, Revolución*, han contado y explicado la posición excéntrica de la escritora en su exilio parisino de los 60; escribe Rojas, retomando amargas frases de la propia Nivaria:

> El Qartier Latin de París, "abarrotado de pintores constructivistas o cinéticos o surrealistas, poetas y guitarristas, promulgadores de fiestas, latinos en su amargura, predispuestos para todo azar, barcas al garete a la caza del enjambre de abejas que los sigan al café a discutir de las futuras revoluciones que liberarán nuestro continente de tantas dictaduras", rechazó a la joven exiliada cubana (Rojas, *La vanguardia* 33)[11]

En *Escribo la noche para soñarte, Revolución*, novela-ensayo, "Guía Espiritual", como la ha llamado Madeline Cámara ("Apuntes" 23), escribe también Nivaria Tejera: "La tierra de exilio, no obstante me imponía cierta reserva, a riesgo de exponerme al repudio intelectual. Y con el tiempo, la ceguera de su fanatismo triunfó implacable sobre la urgencia de mi denuncia. De tal modo que aquel fuego que me consumía se agazapó en las arterias" (*Espero* 21).

Apuntamos que podemos encontrar también la perspectiva exiliada en otros poemas de Tejera en los que París se convierte en protagonista; por ejemplo, en el poema "¿Dónde
están ...?", que nos muestra el desencuentro entre la sujeto hablante y la ciudad de París, como si una y otra ocuparan lugares distintos, y no consiguieran encontrarse; un desencuentro donde la hablante, en este caso, no es siquiera objeto de mirada:

¿Dónde están las calles de París
Sus gentes silenciosas, su hambre?
Desde mi ventana miro pasar los hombres
Todos marchan tan solos que apenas existen.

Existen como un escaparate, un tren, o un periódico
Que vuela solitario en el tiempo de la noche.
Yo tengo hambre y no puedo acercarme a nadie para decirle:
"Tengo hambre".
Yo los amo y no puedo acercarme a nadie y decirle:
"Yo le amo"
(Navarrete, *Ínsulas* 35)

Andrea Gremels, al analizar otro poema de Tejera, "Champ de Mars", halla en el texto: "[…] un presente aplastante y abismal de búsquedas sin dirección y errancias nómades" ("Cuba sumergida" 168). Por su parte, escribe Maurice Nadeau que Nivaria Tejera nos ofrece "un París vuelto sobre su carapacho y cuyas venas petrificadas recorre. Un París de piedra y de tiempo que pasa, un París duro y desierto, un París de muchedumbres trituradas, un París-Nivaria" (43).

El espacio del París cosmopolita no es así, tampoco, el espacio donde el exiliado, la exiliada cubana, puede o podría construir su nueva patria[12]. El sueño de María Zambrano, París como el sitio de los que no tienen sitio, no funciona para la voz exiliada de Tejera; París termina siendo, así, el espacio que *no* es.

Nueva York: la modernidad que *no* es

Hablar de Nueva York es hablar de una de las ciudades fundamentales para el exilio latinoamericano y también hispano. Como París, Nueva York está unida al imaginario del exilio del continente desde finales del siglo XIX y a lo largo del siglo XX; Nueva York es la ciudad de la modernidad y el progreso; al menos, aparentemente.

En el caso de Cuba, José Martí, figura mayor de las letras y de la política de la isla en el siglo XIX es, además de otras muchas cosas, pero de manera muy intensa, un exiliado en Nueva York. Martí no es solo un referente en este sentido para los cubanos; como escribe Dionisio Cañas, gran conocedor de los escritores hispánicos en Nueva York: "La figura del escritor José Martí […] se erige en el panorama histórico de la literatura hispana de NY como la de un fundador, un padre literario. Tanto con su poesía como con su obra en prosa, establece un horizonte al que habrá que referirse siempre" ("Nueva York" 14).

La visión del exiliado hispano en Nueva York que Martí construye podría resumirse en la que recogen los célebres versos del poema "No, música tenaz", incluido en sus *Versos Libres*:

[. . .] Si no vivo
Donde como una flor al aire puro
Abre su cáliz verde la palmera,
Si del día penoso a casa vuelvo . . .
¿Casa dije? No hay casa en tierra ajena! . . . "
(Martí, *Poesía* 169)

Magali Alabau (Cienfuegos, 1945) es poeta y actriz integrante de un exilio más cercano que el de Martí[13]. Como escribe Yoandy Cabrera: "Esta escritora que comienza a publicar poesía a los cuarenta años es hoy una de las poetas más importantes y de las voces más atendibles de la lírica cubana en el cambio de siglo (XX-XXI)" (Cabrera, "Electra"). Alabau ha construido su obra en y desde su exilio en Nueva York desde finales de los 60. Perla Rozencvaig, al referirse a Alabau y a las conocidas como "poetas cubanas de Nueva York" (Lourdes Gil, Alina Galliano, Iraida Iturralde y la propia Alabau), afirma: "Sus textos se encuentran en la intersección de dos culturas. Se nutren de lo que prefieren o necesitan de cada una y a la vez dan constancia del horror que produce en cierto momento el choque de ambas" ("Prólogo" 7). La ciudad de Nueva York está presente en casi todos los poemarios de Alabau; como escribe Librada Hernández, su poesía "no puede entenderse fuera del contexto bicultural del hispano en los Estados Unidos" ("Marginalidad" 289).

Voy a detenerme en un poema incluido en uno de sus libros más recientes, *Amor fatal*, de 2016.

En *Amor fatal* la hablante lírica asume claramente una opción homosexual y lesbiana: "El deseo en cada una se vació / dejando un poco de ti en cada molde" (Alabau, *Amor* 16). También: "Me daba vergüenza besar a otra mujer. / Prefería besar a mi padre" (24). De ahí, el primer significado del título del libro: el amor lesbiano como amor fatal, amor prohibido, inaceptado, transgresor.

Merece la pena recordar aquí las palabras de Alabau en una entrevista con Félix Luis Viera:

> Me fui de Cuba porque no tuve otra alternativa. Después de estudiar artes dramáticas tres años y medio en la Escuela Nacional de Arte de Cubanacán, donde estaba becada, fui expulsada junto a un grupo de estudiantes de dicha escuela. Fuimos acusados de homosexuales o por sospechar que éramos homosexuales. Digo sospechar porque éramos muy jóvenes todos, no existían pruebas de contacto físico entre personas del mismo sexo, y creo que no sabíamos muy bien lo que éramos aún. Naturalmente, este evento definió nuestra identidad, al menos la mía. (Viera, "Magali").

La frase y el recuerdo de Alabau constatan la veracidad de esa idea de Said sobre cómo el exilio supone "la acción de unos seres humanos sobre otros"; acción que alcanza, en este caso, tal intensidad, que llega a marcar o, incluso, a definir la propia identidad.

Pero este no es ese el único sentido del título. *Amor fatal* es un poemario donde puede verificarse cierta afirmación de Librada Hernández sobre Alabau; la de ser la suya una poesía que da cabida a "un sujeto femenino víctima de una modernidad que destruye la identidad en aras del progreso" ("Marginalidad" 289) o también se halla en este libro esa que Carlota Cauilfield ha considerado una de las "coordenadas centrales de su obra: la laceración del sujeto poético (cuerpo y espíritu) en el espacio de la urbe newyorkina" (Caulfield, "Nueva York" 13).

El poema al que voy a referirme —sin título como todos los de este poemario— comienza con una mención directa al exilio:

Uno deja las predicciones,
se va de un lugar y ya no pertenece.
Con el tiempo usas tijeras que cortan
aquella vida que saltó al otro lado.
No hay palmas ni glorietas,
no hay agentes que lleguen de repente
a amenazarnos con fusiles sin balas.
(Alabau, *Amor* 98)

La no pertenencia, la pérdida del origen, aparecen en el inicio y en el centro del poema; los elementos de la cubanía (las palmas, las glorietas, también los agentes) están marcados como ausentes.

Pero me interesan, sobre todo, las huellas del espacio neoyorquino, que encontramos más adelante, en esa vida "que saltó al otro lado" y que constituye el núcleo del texto. La construcción del espacio neoyorquino nos lleva a afirmar que este poema es una reescritura de los *Versos libres* de Martí; no tanto de su "No, música tenaz", y su "no hay casa en tierra ajena" que, por supuesto, está latente aquí, como en muchos de los poemas hispanos escritos por exiliados (y viajeros) en Nueva York; sino, sobre todo, de su "Amor de ciudad grande", donde el sujeto poético da cuenta de la velocidad y de la rapidez de esa modernidad que está llegando y, específicamente, de la que supone la vida neoyorquina: "De gorja son y rapidez los tiempos" (Martí, *Poesía* 89), y donde este se posiciona con espanto ante la frivolidad y la sordidez del amor y de los sentimientos que surgen en la "ciudad grande": "¡Me espanta la ciudad! Toda está llena / de copas por vaciar, o huecas copas!" (90).

Habría que señalar que ese significativo poema martiano fue ya reescrito, como bien advirtió Dionisio Cañas, por Eugenio Florit (Cañas, *El poeta* 164), el exiliado doble (de España y de Cuba), en un texto de los años 50, titulado "En la ciudad grande", que lleva la dedicatoria: "(Con Martí)", escrito también en Nueva York, donde Florit decía: "¡Qué lindo ir despacio / por entre la prisa! / ¿Que el tren se nos marcha? / Más corre la vida" (Florit, *Órbita* 189).

En el poema de Alabau leemos sobre la vivencia en ese espacio *otro*, que transcurre, también, en "otro idioma":

> Entras por la calle principal, donde descubres
> hormigas caminando rápidas y eficientes
> como si el mundo estuviera a punto de acabarse,
> ejército uniforme de urnas, de familia,
> de préstamos y universidades.
> Roma enardecida donde Fortuna existe.
> País desordenado que respeta la miseria y la cría.
> Están los altos edificios, los besos rápidos,
> amores que hacen olvidar el ruido de la isla [. . .]
> (Alabau, *Amor* 98)

La rapidez de la vida neoyorquina adquiere en el texto un protagonismo notorio, subrayado con la reiteración del adjetivo: hormigas rápidas, besos rápidos; también el dinero, la Fortuna, los préstamos, aparecen entre los elementos de este espacio. Pero, llamativamente, Alabau, y según nos va revelando el poema, construye un sujeto poético que se posiciona de modo diferente a los enunciados por Martí y por Florit, tanto con respecto a la rapidez urbana en general, como en torno a las relaciones amorosas y a los sentimientos y emociones que estas conllevan. Así, en el texto de Alabau no habrá una defensa de la lentitud o de lo despacioso como elección vital decisiva para el sujeto humano y para las relaciones amorosas. Una defensa que, por contraste y con amargura, sí propone Martí en "Amor de ciudad grande", asociando, además, esta elección con la condición moral del sujeto hablante ("¡Así el amor, sin pompa ni misterio / Muere, apenas nacido, de saciado!", y al final: "Tomad vosotros, catadores ruines / De vinillos humanos [. . .] Tomad! ¡Yo soy honrado, y tengo miedo!") (Martí, *Poesía* 89-90). Una defensa que aparece también, de manera explícita y con serena convicción, aunque sin connotaciones morales, en Florit: "¡Qué lindo ir despacio / por entre la prisa!", sin que importe la marcha del tren.

Por el contrario, el sujeto poético de Alabau se deja arrastrar por la prisa del espacio neoyorquino, por esa ciudad que es Nueva York; se deja arrastrar por sus afectos fugaces, intempestivos; aunque sospeche, aunque sepa, incluso, que la ciudad *no es*, y que esa cara neoyorquina aparentemente amorosa, puede esconder un lado peligroso, sórdido[14], violento[15]; la enfermedad, tal vez el crimen. La multitud y su anonimato se vuelven adictivas: quizás, también, porque ese anonimato en el que no importa qué o quién se es, resulta un sitio tranquilizador, o incluso protector, para quien ha perdido su propia identidad:

> Ir a un bar, besar, tocar la piel,
> acariciar un cuello,
> sentir la espuma que te baña,
> no importa de cuál orilla sea.
> Un hotel lleno de luces de neón y muros plásticos
> donde uno busca a alguien o algo sin saber
> si ha de abrirnos las puertas,
> no importa que esté enfermo,
> que exista la posibilidad de asesinarnos.
> El amor anónimo nos hace adictos.
> (Alabau, *Amor* 99)

Hay, asimismo, un verso en el poema, "Estamos condenados a quedarnos" (*Amor* 99), que nos desvela esa especie de oxímoron que supone el exilio: esa necesidad de quedarse (en otra parte, en alguna parte), como condena irremediable de la que no es posible escapar.

Como París, como Miami, como en los poemas de Martí, Nueva York aquí tampoco *es*; pero no *siendo*, se convierte, sin embargo, en tentación que no se rechaza, aunque se le resista de algún modo denunciando su poder; enfermedad adictiva, ciudad que, acaso por la despersonalización, por el anonimato que supone y promueve (en ella caben todas las orillas y a veces es imposible detectarlas y tampoco tiene mucho sentido hacerlo), puede estar mejor facultada para impedir que el exiliado intente, como decía María Zambrano, "huir de la seducción de la patria que se le ofrece, corriendo delante de su sombra tentadora" ("El encuentro" 43).

Final en fuga: no hay casa en tierra ajena

Ni París, ni Nueva York (tampoco Miami), consiguen constituirse en espacios que logren realmente sustituir la patria perdida del exilio cubano, de esos sujetos que afloran en las voces de estas poetas exiliadas cubanas. Estas ciudades son, de una u otra forma, espacios usurpadores, no patrias, no casas, tierra ajena. Todas intentan reflejar, pero no lo consiguen. La sujeto del poema de Tejera se sitúa, en su mirada sobre París, más cerca de la posición ovidiana, esa que, al decir de Claudio Guillén, se constituye a partir de una "sensibilidad afligida, negativa, centrada en la protesta, la nostalgia, la lamentación" (*El sol* 31). La hablante de Alabau, por otra parte, parece asumir una posición llamativamente híbrida entre la de Ovidio y la de Plutarco, el otro modelo que propone Claudio Guillén, que sería la del contra-exilio[16]. Porque para el sujeto de Alabau Nueva York es un semblante que tienta, y casi parece ser, como para Plutarco, un lugar donde "ninguno es exiliado, ni forastero ni extranjero" (Guillén, *El sol* 21). Pero la nota ovidiana se advierte en el fondo, en ese "Estamos condenados a quedarnos" (Alabau, *Amor* 99).

El exilio, ese espacio sin lugar zambraniano, ese viaje que supone, según recalca Nancy, la partida absoluta, pudiera acaso pensarse, siguiendo a Foucault y a partir de estos poemas, como una heterotopía, más concretamente, como una "heterotopía de desviación"; que son "aquellas en las que se ubican los individuos cuyo comportamiento está desviado con respecto a la media o a la norma exigida" (Foucault, "De los espacios"). Entre estas, Foucault colocó las clínicas psiquiátricas y las prisiones. Llamativa, sintomáticamente, en ambos poemas hay significantes que evocan unas y otras; así, la clínica psiquiátrica, en esa perspectiva paranoica del poema de Tejera, donde la historia es vista como una "intriga" y también en su identificación del exilio con la locura; y la prisión, en el poema de Alabau, donde "quedarse" se percibe como una "condena". Cabe recordar además que una de las denominaciones elegidas por el régimen cubano para calificar las ideas y conductas de los disidentes, muchos de ellos convertidos —o forzados a convertirse— en exiliados, ha sido, precisamente, la de "desviacionismo ideológico".

En cualquier caso, las construcciones de los poemas de Tejera y de Alabau en torno a estas ciudades revelan radicalmente su marca, su dimensión exiliada, y ponen de manifiesto la veracidad de esa afirmación de María Zambrano: "de lo que huye el prometido al exilio, marcado ya por él desde antes, es de un donde, de un lugar que no sea el suyo" (Zambrano, "El encuentro" 43) y también, y sobre todo, de esta última: "Falta ante todo al exiliado el mundo, de tal manera es así que no sólo se es exiliado por haber perdido la patria primera, sino por no hallarla en parte alguna" (39).

Notas

1 La primera versión de este trabajo se presentó como ponencia en el V Coloquio Internacional de Literatura Comparada "Dinámicas del espacio: Reflexiones desde América Latina" (Universidad Católica Argentina, Buenos Aires, 2018). Una segunda versión, ampliada, de esa ponencia se publicó en *Mitologías hoy. Revista de Pensamiento, Crítica y Estudios Literarios Latinoamericanos* 25 (2022): 150–162.

2 La afirmación de María Zambrano enlaza con la etimología de "exilio" a la que se refiere el filósofo Jean Luc Nancy, quien, en su artículo "La existencia exiliada", y como recuerda Ana Bungdard, "afirma que la palabra está compuesta de *ex* y la raíz *el* que significa 'ir' (*ambulare, exulare*) y que significa la acción del *exul*, el que parte, el que sale 'no hacia un lugar determinado, sino el que parte absolutamente'" (Bungdard, "Exilio" 84).

3 Cfr. Fernando Ortiz. *Contrapunteo cubano del tabaco y el azúcar* (La Habana: Ciencias Sociales, 1983).

4 A pesar de sus matices distintivos, el exilio da cuenta así, incluso más que otros desplazamientos, de esa crisis a la que se refiere Gustavo Guerrero, la de "las identidades y culturas nacionales" (Guerrero, *Paisajes* 12), y de "[. . .] la necesaria redefinición de los vínculos entre cultura y nación" (8).

5 Recordemos que Foucault señala que el espejo es, a la vez, utopía y heterotopía: utopía porque es "un lugar sin lugar", donde "me veo donde no estoy, en un espacio irreal que se abre virtualmente detrás de la superficie estoy allá, allá donde no estoy, especie de sombra que me devuelve mi propia visibilidad, que me permite mirarme allá donde estoy ausente" ("De los espacios") y añade: "Pero es igualmente una heterotopía, en la medida en que el espejo existe realmente y tiene, sobre el lugar que ocupo, una especie de efecto de retorno; a partir del espejo me descubro ausente en el lugar en que estoy, puesto que me veo allá" ("De los espacios").

6 Dice Lydia Cabrera en *El Monte*: "Sin duda, como lo ha señalado un africanista norteamericano, 'Cuba es la más blanca de las islas del Caribe'; pero el peso de la influencia africana en la misma población que se tiene por blanca es incalculable, aunque a simple vista no puede apreciarse. No se comprenderá a nuestro pueblo sin conocer al negro" (*El Monte* 12–13).

7 Voz afrocubana, término de la santería, yényere significa sabrosura, rumba.

8 Conocí personalmente a Nivaria Tejera en 2011, en una rápida visita a su humilde apartamento del Barrio Latino de París. No voy a extenderme en describir esa visita, pero sí me parece necesario decir que me resultó perturbadora; que me sentí con ella como un "sujeto de algún modo exiliado" (Martín, "Exilio"), y puedo decir, en este sentido, con Said: "Ver a un poeta en el exilio —en contraposición a leer la poesía del exiliado— es ver las antinomias del exilio personificadas y soportadas con una intensidad únicas" ("Reflexiones" 180).

9   Este poema está incluido en *Otra Cuba secreta. Antología de poetas cubanas del XIX y del XX* (2011).
10 La perspectiva de este poema tiene claras concomitancias con la que ofrece la novela de Tejera *Huir de la espiral* (publicada en francés como *Fuir la spirale*, 1987) sobre la que escribe Andrea Gremels: "La novela se desarrolla en París. El protagonista y exiliado Claudio Tiresias Blecher va errante por las calles de la ciudad dentro de un paisaje irreal, que se parece a un infierno dantesco o más bien al submundo mitológico de Hades" ("¿Cuba francófona?" 277).
11 También Pío Serrano escribe sobre Nivaria: "En su experiencia francesa, los intelectuales, los periodistas, los latinoamericanos que han huido de otros horrores la interrogan perplejos antes de repudiarla. ¿Cómo se puede escapar del paraíso?" ("El verbo" 142).
12 Andrea Gremels señala también cómo la propia lengua francesa "aparece como otredad" ("¿Cuba francófona?" 278) en la obra de Tejera. Así, en la novela *Huir de la espiral*, la lengua francesa aparece como "una lengua exófona que irrumpe en el mundo aislado" del protagonista, Blecher (278).
13 Magali Alabau estudia teatro en La Habana, en la Escuela Nacional de Arte. Sale de Cuba en 1967 y se establece en Nueva York, donde trabaja como actriz y como directora de teatro hasta 1985. Ha obtenido diversos reconocimientos literarios, como el premio de la revista Lyra, la beca Cintas o el Premio del Instituto Latinoamericano de Poesía de Nueva York. Entre sus poemarios podemos mencionar: *Electra, Clitemnestra* (Concepción: Ediciones del Maitén, 1986), *La extremaunción diaria* (Barcelona: Rondas, 1986); *Ras* (New York: Medusa, 1987), *Hermana* (Madrid: Betania, 1989 y 1992), *Hemos llegado a Ilión* (Madrid: Betania, 1992), *Liebe* (Coral Gables: La Torre de Papel, 1993), *Dos mujeres* (Madrid: Betania, 2012), *Amor fatal* (Madrid: Betania, 2016). Su Poesía reunida se publicó con el título de *Ir y venir. Poesía reunida* (Leiden: Bokeh, 2017). Su libro más reciente es *Mordazas* (Leiden: Bokeh, 2019).
14 La sordidez es un rasgo que Alabau destaca en la Nueva York de sus textos. En uno de los poemas de su libro *Volver* (2012), escribe:

> Trenes aparecen
> con la velocidad del tiempo,
> repletos de basura,
> de cartas, de llamadas inconclusas,
> de notas y teléfonos rotos.
> Trenes ciegos
> apaleados por el aire
> con peste a orín y desgajadas heces.
> Domingo en Queens,
> en Brooklyn y en Manhattan [...] (Alabau, *Volver* 259).

15 En un artículo sobre el primer poemario de Alabau, *Electra, Clitemnesta*, escribe María A. Salgado: "personajes y lengua exhiben la más furiosa violencia de que era capaz el mundo clásico. Hoy en día dicha violencia tiende a asociarse a las grandes ciudades y en particular a Nueva York –el mundo vivencial de la autora [. . .]" (Salgado, "Familia" 77). En otro poema de *Amor fatal* leemos: "Manhatan late cortada en fragmentos, / tajadas en cada bar / desplegadas en pistas" (Alabau, *Amor* 18).

16 La posición ante el exilio del filósofo e historiador griego Plutarco aparece en su tratado *De exilio*: "Es este el límite de nuestra tierra natal, y aquí ninguno es exiliado, ni forastero, ni extranjero; aquí están el mismo fuego, el agua, y el aire; los mismos magistrados y procuradores y concejales —el Sol, la Luna, la Estrella Matutina; las mismas leyes para todos, promulgadas por idéntico mando y soberanía— el solsticio de verano, el solsticio de invierno, el equinoccio, las Pléyades, Arcturo, el tiempo de sembrar, el tiempo de plantar [...]" (Guillén, *El sol* 21).

Bibliografía citada

Alabau, Magali. *Amor fatal*. Prólogo de Manuel Adrián López. Madrid: Betania, 2016.
—. *Ir y venir. Poesía reunida*. Leiden: Bokeh, 2017.
Bundgard, Ana. "Exilio y trascendencia". *Aurora. Papeles del Seminario María Zambrano* 8 (2007): 83–89.
Cabrera, Lydia. "Carta a Octavio Paz", 8-7-1982. http://merrick.library.miami.edu/cdm/compoundobject/collection/chc0339/id/2010/rec/666
—. "Carta a Pierre Verger", 16-8-1983. http://merrick.library.miami.edu/cdm/singleitem/collection/chc0339/id/1624/rec/667
—. *El Monte*. La Habana: Letras Cubanas, 1993.
Cabrera, Yoandy. "Electra, Clitemnestra: el mito y el doble en la poesía de Magali Alabau". *La Habana Elegante* 53 (2013): s/p. http://www.habanaelegante.com/Spring_Summer_2013/Dossier_Poetas_Cabrera.html
Cabrera Infante, Guillermo. "Los poetas a su rincón". *Mea Cuba*. Madrid: Alfaguara, 1999. 335–364.
Cámara, Madeline. "Apuntes sobre las funciones de la palabra poética en Nivaria Tejera". *Canarias, Cuba y Francia: los exilios literarios de Nivaria Tejera*. María Hernández Ojeda, ed. Madrid: Torremozas, 2012. 15–28.
Campuzano, Luisa. "Tristes tropicales: exilio y mitos clásicos en poetas cubanas de la diáspora". La Gaceta de Cuba 6 (2008): 27–32.
Cañas, Dionisio. *El poeta y la ciudad. Nueva York y los escritores hispanos*. Madrid: Cátedra, 1994.
—. "Nueva York: centro y tránsito del nomadismo cultural hispano. Latin American contributions to the formation of New York as an Hispanic cultural center". *Latin America Literatures: Comparative History of Cultural Formations*, Djelal Kadir y Mario J. Valdés, eds. Oxford University Press: Oxford, 2004. [traducido por el autor; tomado de academia.edu].

Caulfield, Carlota. "Nueva York en la poesía de Magali Alabau". *Ínsula: revista de letras y ciencias humanas* 667–668 (2002): 13–16.

Estrade, Paul. *La colonia cubana de París (1895–1898)*. La Habana: Ciencias Sociales, 1984.

Ette, Ottmar. *Literatura en movimiento*. Madrid: Consejo Superior de Investigaciones Científicas, 2008.

Fernández Retamar, Roberto. *Hemos construido una alegría olvidada. Poesías escogidas 1949–1988*. Jesús Benítez, ed. Madrid: Visor, 1989.

Florit, Eugenio. *Órbita de Eugenio Florit*. Virgilio López Lemus, selecc, prólogo, cronología y bibliografía. La Habana: Unión, 2003.

Foucault, Michel. "De los espacios otros ('Des espaces autres')". Conferencia dicada en el Cercle des études architecturals, 14 de marzo, 1967, publicada en Architecture, Mouvement,Continuité 5(1984). Pablo Blitstein y Tadeo Lima, trad. http://www.fadu.edu.uy/estetica-diseno-i/files/2017/07/foucalt_de-los-espacios-otros.pdf

Gil, Lourdes. "La apropiación de la lejanía". *Encuentro de la Cultura cubana* 15 (1999–2000): 61–69.

Gremels, Andrea. "Cuba sumergida en las calles de París: el exilio en la poesía de José Triana y Nivaria Tejera", *Paisajes sumergidos. Paisajes invisibles. Formas y normas de convivencia en las literaturas y culturas del Caribe*. Ette, Ottmar y Müller, Gesine, eds. Berlín: Tranvía, Verlag Walter Frey, 2015. 161–171.

———. "¿Cuba francófona? Escritores cubanos en París entre exofonía, polifonía y traducción cultural: Nivaria Tejera y Eduardo Manet". *La traducción desde, en, hacia Latinoamérica: perspectivas literarias y lingüísticas*. Silke Jansen y Gesine Müller, eds. Madrid: Iberoamericana / Vervuet, 2017. 275–287.

Guerrero, Gustavo. *Paisajes en movimiento. Literatura y cambio cultural entre dos siglos*. Buenos Aires: Eterna Cadencia, 2018.

Guillén, Claudio. *El sol de los desterrados: Literatura y exilio*. Barcelona: Cuaderns Crema, 1995.

Hernández, Librada. "Marginalidad y escritura femenina: una poeta cubana en Nueva York". *Revista hispánica moderna* 2 (1992): 287–297.

Hernández Ojeda, María. "Introducción". *Canarias, Cuba y Francia: los exilios literarios de Nivaria Tejera*. María Hernández Ojeda, ed. Madrid: Torremozas, 2012. 5–11.

Manzoni, Celina. "Diáspora, nomadismo y exilio en la literatura latinoamericana contemporánea", LLILAS, The University of Texas at Austin, 2007. http://www.utexas.edu/cola/insts/llilas/

Martí, José. *Poesía completa*. Edición crítica. La Habana: Letras Cubanas / Centro de Estudios Martianos, 1985.

Martín, Francisco José. "Exilio y literatura". En Ávila, Mariela y Rojas, Braulio. *La experiencia del exilio y el exilio como experiencia*. Santiago de Chile: Ediciones UCSH, 2018. 223–238.

Nadeau, Maurice. "Paris Scarabée". *Encuentro de la Cultura Cubana* 39 (2006): 43.

Navarrete, William, selecc. y prólogo. *Ínsulas al pairo. Poesía cubana contemporánea en París*. Cádiz: Aduana Vieja, 2004.

Nistchack, Horst. "El sujeto del exilio". *La patria interrumpida: latinoamericanos en el exilio. Siglos XVIII-XX*. Carlo Sanhueza y Javier Pinedo, ed. Santiago de Chile: LOM, 2010. 226–235.

Pérez Firmat, Gustavo. *Cincuenta lecciones de exilio y desexilio*. Miami: Universal, 2000.

———. Gustavo. *Vidas en vilo. La cultura cubanoamericana*. Madrid: Colibrí, 2000 (*Life on the Hyphen*: Texas University Press, 1994).

Prado, Pura del. *La otra orilla*. New York /Madrid: Plaza Mayor, 1972.

Puppo, María Lucía. "Paisaje interior: algunas reflexiones acerca de los vínculos entre poesía y espacio". *Taller de Letras* 52 (2013): 85–96.

Rama, Ángel. "La riesgosa navegación del escritor exiliado". *Nueva Sociedad* 35 (1978): 95–105.

Rozencvaig, Perla. "Prólogo". *Poetas cubanas en Nueva York. Antología breve*. Madrid: Betania, 1991.7–12.

Rodríguez Gutiérrez, Milena, ed., introducción, notas y bibliografía. *Otra Cuba secreta. Antología de poetas cubanas del XIX y del XX*. Madrid: Verbum, 2011.

———. "Maneras de escribir el dulce nombre de la patria: poetas cubanas del exilio", en *Entre el cacharro doméstico y la Vía Láctea. Poetas cubanas e hispanoamericanas* , Sevilla: Renacimiento, 2012. 169–189.

Rojas, Rafael. "Diáspora y literatura. Indicios de una ciudadanía postnacional". *Encuentro de la Cultura Cubana* 12–13 (1999): 136–146.

———. *La vanguardia peregrina. El escritor cubano, la tradición y el exilio*, México: FCE, 2013.

Said, Edward. "Reflexiones sobre el exilio". *Reflexiones sobre el exilio. Ensayos literarios y culturales*, Barcelona: Debate, 2005. 179–195.

Salgado, María. "Familia, mito y metafísica en Electra, Clitemnestra, de Magali Alabau". *Americas Review* 21-2 (1993): 77–88.

Sánchez Cuervo, Antolín. "Republicanos y judíos. El exilio intelectual español de 1939 en perspectiva trasnacional". Ávila, Mariela y Rojas, Braulio. *La experiencia del exilio y el exilio como experiencia*. Santiago de Chile: Ediciones UCSH, 2018.165–194.

Serrano, Pío. "El verbo incandescente de Nivaria Tejera". *Canarias, Cuba y Francia: los exilios literarios de Nivaria Tejera*. María Hernández Ojeda, ed. Madrid: Torremozas, 2012.137–143.

Sznajder, Mario y Roniger Luis. *La política del destierro y el exilio en América Latina*. Traducción de Lucía Rayas, Fondo de Cultura Económica, 2013.

Tejera, Nivaria. *Rueda del exiliado. Poemas y dibujos de Nivaria Tejera*. Lisboa, 1983, s/p.

———. *Espero la noche para soñarte, Revolución*. Miami: Universal, 2002.

Viera, Félix Luis. "Magali Alabau, Nueva York". *Cubaencuentro*, 16-1-2012 https://www.cubaencuentro.com/txt/entrevistas/articulos/magali-alabau-nueva-york-272919

Zambrano, María. "Carta sobre el exilio". *El exilio como patria*. Ed., introducción y notas de Juan Fernando Ortega Muñoz. Madrid: Anthropos, 2014. 3–13.

———. "Carta testimonial del exilio de María Zambrano". *El exilio como patria*. Ed., introducción y notas de Juan Fernando Ortega Muñoz. Madrid: Anthropos, 2014. 15–26.

———. "El encuentro con el exilio. Reflexiones varias". *El exilio como patria*. Ed., introducción y notas de Juan Fernando Ortega Muñoz. Madrid: Anthropos, 2014. 27–53.

El texto / la tela: *El libro de las clientas* y la poética de Reina María Rodríguez[1]

Costura y poesía: la propuesta

"La costura y la poesía son enamoramientos caros y frágiles: puntadas para ensartar la trama de una pequeña existencia" (Rodríguez, "Cortar una seda"). Son palabras pronunciadas por Reina María Rodríguez (La Habana, 1952) en 2014, en su discurso en la entrega del Premio Pablo Neruda, que recibiera en la capital chilena[2].

Costura y poesía, costura y escritura, constituyen elementos, materiales, que la cubana relaciona y fusiona en su poética una y otra vez. Interconexiones que empiezan a plasmarse acaso más nítidamente en 2005, cuando publica el que puede considerarse su séptimo poemario, *El libro de las clientas*. Al inicio de aquel, y a manera de arte poética, aparecía ese texto suyo que luego ha ido desarrollándose y creciendo, "Prendida con alfileres", que comenzaba del siguiente modo:

> Desde que era una niña vi a mi madre agacharse para recoger los pedazos cortados a un dobladillo, a una bocamanga, a un doblez. Los alfileres que habían caído al suelo sin sonar (tan ligeros) zafándose del peso, eran recogidos también con un pequeño imán que ella frotaba y frotaba contra el piso, después de entallar los vestidos sobre cuerpos deformes. El sonido y el movimiento de las tijeras cortando una seda, un crepé, una ilusión, no debió ser una visión tan fuerte

en su conjunto, como aquella de recoger los restos, las hilachas sobrantes. Allí estaba humildemente mi madre barriendo el suelo con las manos, las pelusas. Esto me dio un sentido de la atracción terrible hacia el fondo de las cosas que yo veía caer como una imagen doble a través del espejo. Al tocar sus dedos siempre había algo herido, un arañazo, una rozadura, cuyo dolor aparecía después marcado con sangre en la tela. Eran dedos ásperos acostumbrados al hilo; ojos acostumbrados a mirar a través de un calado. Ella, mi madre, tenía que embarajar los pechos, la masa contrahecha, la sustancia (Rodríguez, *El libro* 7)

En las primeras frases de esta singular poética *costurera* hay, al menos, cinco elementos protagónicos: acaso, en primer lugar, el suelo (lo que está abajo y hay que agacharse para tocar); luego, los residuos (eso que aparentemente sobra o parece que no sirve); en tercer lugar, lo deforme (pero a lo que hay que intentar dar forma) y, por último, aunque no menos importante, la herida, el arañazo que provoca ese acto de recoger los residuos; estos elementos están atravesados por otro no menos significativo, el de esas dos figuras femeninas unidas por el ojo y la mirada, y por el vínculo afectivo: el modelo de la madre-espejo y la niña que la mira, que la observa.

Más adelante, el texto continúa estableciendo las vinculaciones, ya insinuadas, entre costura y poesía:

Si la poesía tiene que ver con alguna experiencia, cada uno de nosotros tendrá seguramente una anécdota origen que contar, pero creo que será una historia amanerada, o deformada también como los cuerpos por múltiples errores que luego llamamos experiencia: el oficio de contener un lenguaje, de merodear a través del sonido frufrú de una tela que se estampa en la carne. ¿Qué hacemos si no ensartar? ¿Volver y volver sobre las puntadas de un largo hilván que mientras más pasa el tiempo se zafa, y se zafa? Queremos apresar un tejido que por los bordes se deshace y poner un vivo de raso allí, para rematar. Pero la palabra insatisfecha se derrama por los bordes, porque la cosa está adentro de la palabra entallada, y el alfiler no puede sujetar los recovecos de un paisaje que se llama memoria. Al virar la tela por su envés, bajo el pisacosturas, está ese país que nos contiene a todos y donde habita mi madre, la Gran Costurera. (Rodríguez, *El libro* 7–8)

Aquí, las metáforas *costureras* se descubren en su relación plena con la escritura y la poesía; o quizás, podríamos decir que la metáfora de la costura se convierte en literalidad; porque escribir no va a ser otra cosa que "ensartar", "dar puntadas", "apresar un tejido". Escribir es intentar apresar la cosa dentro de la "palabra entallada", palabra que, sin embargo, se derrama, que el alfiler no consigue sujetar;

una costura, entonces, como señala Francisco Morán, "del descosido" (Ramos, Morán y Rodríguez, "Como de camino").

Asimismo, el oficio de la madre, que se recuerda en la memoria, se presenta como modelo para armar, para construir la poesía. "A mi madre, la modista", leemos más adelante en la dedicatoria del libro. Costura y poesía se superponen, o mejor, se anudan en esta propuesta: la poesía viene a ser, es, una especie de costura *otra*. La costura que puede, o consigue hacer esa hija de la modista cuando crece. Como señala María Ángeles Pérez López: "Cosido, zurcido, hilado trenzan vínculos poderosos entre genealogía y palabra, de modo que mientras la madre recoge restos, hilachas sobrantes, la hija recoge restos de lenguajes, alfileres que se clavan en bustos y maniquíes dejando rastros de sangre sobre la tela" (9).

Las fuentes y presencias

Antes de continuar, podríamos preguntarnos de dónde procede, o mejor, cuáles son las fuentes escritas y literarias de esta poética de Reina María Rodríguez. Vamos a intentar rastrear someramente algunas de ellas. Tendríamos acaso que comenzar mencionando a dos filósofos, Heidegger y Barthes. Un cita del autor de *Ser y Tiempo* abre *El libro de las clientas*:

> Cuando una obra es creada con esta o aquella materia prima, piedra, madera, bronce, color, palabra, sonido, se dice también que está hecha de ella . . . Así también es necesaria la hechura, porque el ser-obra de la obra tiene el carácter de la hechura. La obra como obra es en esencia algo que hace. Pero, ¿qué hace la obra? Llegaremos a saberlo cuando investiguemos esa llamada habitualmente hechura de las obras . . . (Rodríguez, *El libro* 6)[3]

Es llamativo lo que Reina María va a tomar de Heidegger; tanto la idea de la materialidad o sustancia de la obra como, también, y acaso en mayor medida, la dimensión significante del término "hechura . . . de las obras", que remite, o podría ser asociado, con la costura. La obra tiene una hechura, como una tela, una ropa, parece querer subrayarse en esta frase.

Por otra parte, la poeta ha mencionado también cómo Roland Barthes utilizó "una especie de lengua del vestido" (Rodríguez, "Cortar una seda"); aunque podría acudirse a otras ideas y elaboraciones del francés, autor que Reina María ha destacado como fundamental para su escritura[4], tal vez una de las citas de Barthes que mayor sintonía ofrece con esta poética de Reina María sea la que encontramos en "El placer del texto", donde el autor de *Crítica y verdad* escribe:

Texto quiere decir Tejido, pero si hasta ahora se ha tomado este tejido como un producto, un velo detrás del cual se encuentra más o menos oculto el sentido (la verdad), nosotros acentuamos ahora la idea generativa de que el texto se hace, se trabaja a través de un entrelazado perpetuo; perdido en ese tejido —esa textura— el sujeto se deshace en él como una araña que se disuelve en las segregaciones constructivas de su tela. Si amásemos los neologismos podríamos definir la teoría del texto como una hifología (hifos: es el tejido y la tela de la araña) (104)

Hay tres cuestiones que podemos hallar en las palabras de Barthes que están presentes en esta poética de Reina María. Primero, la idea de que la relación entre texto y tejido no es metafórica, no se trata de un símil o de una metáfora, sino de una equivalencia, que aparece aquí al hacerse aflorar la etimología de la palabra "texto" que es, precisamente, "tejido". El crítico subraya además el carácter significante de ese tejido textual: no hay un sentido oculto, se trata de una tela de araña; y, por último, hace surgir al sujeto detrás del tejido; un sujeto que, sin embargo, se deshace en medio de la tela.

Existe todavía una tercera fuente que no podemos obviar en esta breve exploración. Se trata de Virginia Woolf, figura que, como señala María Ángeles Pérez López, tendrá también "una presencia central" en la obra de Reina María (10), y, de manera particular, en este libro.

"Prendida con alfileres" se inicia con una cita de Virginia Woolf: " . . . Qué necesidad de alfileres tenía esa mujer . . . " (*El libro* 7); encontramos, además, otras citas de la autora de *Orlando* en el poemario. Pero para rastrear con mayor fidelidad esta tercera presencia quizás sería conveniente acudir también a otros textos de RMR. Como antes indicamos, esta poética de la escritora cubana se ha ido ensanchando y prolongando. Así, en 2013, en la revista *La Habana Elegante*, e incluido dentro del dossier que preparé en el número 53, dedicado a las poetas cubanas, Reina María publicó el texto titulado "Prendida con alfileres", que era y no era el que abre *El libro de las clientas*. Y es que esta nueva versión, además de contener la poética de *El libro* con el número I, está formada por cuatro nuevas secciones que no aparecen en el poemario.

Estas nuevas secciones desarrollan ese primer texto, ampliando su sentido y abriéndolo hacia nuevas resonancias. Allí se ofrecen otras referencias y citas de Virginia Woolf; específicamente se mencionan dos relatos: "El vestido nuevo" y "Momentos de vida. Los alfileres de Slater no tienen punta". Se trata, pienso, de dos cuentos esenciales en la elaboración de la poética *costurera* de RMR. Habría que decir que en ambos relatos de Woolf, la ropa, el vestido, o elementos que se les vinculan, como los alfileres, juegan un papel esencial; en ambos, también, como en gran parte de la obra de Woolf, son mujeres los personajes protagónicos; los dos suponen además reflexiones en torno a la existencia, percibidas desde ángulos asociados a la feminidad. En el primero, un vestido nuevo desencadena una reflexión en primera persona: ¿qué se es debajo o detrás de un vestido?, o ¿se puede ser *otra* debajo de un vestido nuevo?; en el segundo, el alfiler es metáfora de aquello que tendría que sujetar la vida sin conseguirlo; alfiler sin punta, ante el que la vida viene a ser como una especie de tela, o casi de maraña, de la que hay que tirar o que casi tira de nosotros: "el juego del tira y afloja era eterno, de un lado el ruiseñor o la vista de lo que amaba apasionadamente [...]; del otro, el camino húmedo, el horrendo y largo camino hacia una colina empinada que seguramente no le haría nada bien y le traería jaquecas al día siguiente" (Woolf, *Cuentos* 119).

Si RMR toma de Heidegger y Barthes la dimensión del lenguaje como tejido significante, Woolf (junto a la madre modista) es quien va a darle cuerpo y sangre (un texto no es, no puede ser una ropa vacía) y, también, perspectiva o sentido femenino a ese tejido.

Podríamos decir que mediante estas fuentes diversas y de distinto orden, reelaboradas en su escritura, la poeta entreteje sus poemas, convirtiéndolos en una "superficie de lo poli-lógico", a la manera en que ha señalado Ottmar Ette:

> [...] la literatura es una superficie de lo poli-lógico, en tanto permite pensar simultáneamente las lógicas más dispares e incluso nos obliga a hacerlo. Su polisemia fundamental provoca el desarrollo de estructuraciones y estructuras poli-lógicas, que no buscan un punto de vista fijo, sino que se orientan hacia los movimientos continuamente cambiantes y renovados de la comprensión (17–18)

Costura y poesía: los poemas

Pero acerquémonos a los poemas. En *El libro de las clientas*, tela y costura juegan, como hemos dicho, un papel determinante. Ya desde su título lo anuncian numerosos textos: "Sayuelas", "Hilos", "Huevos de zurcir", "Frufú", "Traje de novia", "El vestido" ... En unos cuantos poemas, la metáfora *costurera* va a estar presente; así, por ejemplo, en "Imán", la voz poética alude a su propio nacimiento y al vínculo con la madre diciendo: "y me tejí desde el vientre" (*El libro* 12) y en "A prima hora": "Mi madre ha cosido para mí / toda su vida remendada, / en apuros" (16).

Esta metáfora no solo se aplica al sujeto poético, sino que se extiende a los objetos, a lo exterior, como en "Frufú": "Debe haber algo inquietante en alguna parte / para continuar la búsqueda. / Un guisaso que no se haya desprendido aún / del dobladillo de seda de la tarde" (47).

En otras ocasiones, la tela es tomada en su literalidad; pero se trata de una tela convertida ella misma en motivo de reflexión, una tela traspasada, podría decirse, por el orden de lo filosófico, como sucede en "El vestido": "¿Quién puede traspasar la pasión de un vestido?" (71); o en "Reticello", donde nos sorprende esa especie de credo filosófico, de búsqueda de elevación o superación *costurera*: "'Pureza, perfección y trascendencia' —pedía a toda costa, la modista" (88); o en "¿Una cara de Reina?-dices", en que nos inquietan los desasosiegos existenciales de la modista y sus clientas: "Sabes lo que es sentirse dentro de una blusa / que antes perteneciera a otro corazón, / igual que un órgano robado?" (68).

Por otra parte, el vínculo directo entre costura y escritura, y entre costura y poesía, aparece en varios poemas, así, en "Las clientas": "Tenía el poema que casi descendía por la bata" (14); en "La pacotillera": "La receta de la poesía está en la mesa vacía, en los cuerpos por vestir" (98), o en "Céline y las mujeres", donde el gran escritor es ubicado en el espacio, en el terreno de las modistas y las costureras, y donde directamente se reivindica ese legado del zurcir y su capacidad para crear saber, conocimiento: "Soy el hijo de una zurcidora de puntillas antiguas / —decía Céline, reclamando un espacio— / y por eso conozco las delicadezas del infierno" (109).

Quiero detenerme en el que considero uno de los poemas más violentos y espléndidos del libro, que recoge, con gran intensidad, la dimensión de la escritura como arañazo o herida. Me refiero a esa especie de poema-fábula o, mejor, poema-antifábula, sobre cuatro mujeres, titulado "Las brutas"; texto que puede pensarse como una reescritura, en clave contemporánea y radical, sin concesión alguna, del emblemático poema de Gabriela Mistral, "Todas íbamos a ser reinas". La misma fábula de desamor y fracaso que contó Gabriela, esa de lo que pudo ser y no fue, la vuelve a contar, de otro modo, Reina María. Veamos el poema:

> Cuatro mujeres se ahorcaron en el altiplano
> degollaron con paciencia a sus animales
> sus veinte cabras
> sus dos perros de raza
> y los cuerpos
> colgaron al vacío.
> Pero el vacío tenía una luz morada ese día

El texto / la tela: El libro de las clientas

y había pájaros presenciando el desangramiento
de aquella sangre joven.
Eran hermanas
y los perros eran amantes
y las cabras pastaban sobre la misma colina
descruzaban sus patas delanteras
con un lento movimiento de felicidad.
Al levantarse, uno no estaba con ánimo de asistir al paisaje.
Uno no oyó el canto de las cabras
al concluir su camino.
Uno no oyó ladrar a los perros
(su silencio es la muerte)
y no hay que volver los ojos
sobre las cumbres nevadas
con las cuatro mujeres colgantes
(pueden ser de arcilla a esta distancia)
figuras de paja seca al sol
espantapájaros
alguna desilusión de ceniza en lo alto.
Detrás, sigue pasando el río
cada vez más claro, más manso.
El viento a cada rato, lo mece.
Nadie se atreve todavía a descolgarlas.
Nadie quiere concebir aquel aullido sin eco.
Mujeres sin hombres (bestias) con las rodillas flacas
—no fueron ellas las del grito, las de la queja—
fue más bien de los animales, la lamentación.
Suena un cuerno de caza medieval.
El hombre en una niebla de pasión, recuerdos
y amargura
(baja)
pero ha llegado tarde a rescatarlas.
Luciana se casaba la próxima semana.
No pudo aplazar la decisión colectiva
el rito de morir, de sus hermanas.
Justa zurcía para un orfelinato
y Quisque daba de comer a los animales.
Una vida sencilla, llevaban.
Quisque, Justa, Lucía y Luciana
reventaron el cordel que juntas las ató.
"Las brutas" —les decían.

> "Las sabias" —murmuraban.
> Contradicción de la representación.
> Formalidades.
> Cuatro figuras, veinte cabras
> y dos perros de raza
> caen como semillas en la escarcha.
> Una mano, el lomo de un perro, la falange
> un cuello largo cortado en cruz
> su hocico (el tuyo).
> ¿El cordel que las funde es el límite?
> El límite fue ese grito que nunca se escuchó?
> Cómo apartar los ojos de un paisaje
> sin perros ni cabras?
> (*El libro* 90–92)

Como en el poema de Gabriela, hay aquí cuatro mujeres protagonistas. Pero el poema de Reina María comienza anulando radicalmente el registro de lo imaginario que predomina en el de Mistral; no "Todas íbamos a ser reinas, / de cuatro reinos sobre el mar" (Mistral, *Tala* 93), sino "Cuatro mujeres se ahorcaron en el altiplano". Así, mientras en su poema Gabriela se centra en el relato, en la *novela imaginaria* de cada una de las cuatro mujeres (Rosalía, Soledad, Efigenia y Lucila), Reina María tacha esta *novela* desde el comienzo. Lo que aquí se cuenta no es lo que quisieron o pudieron ser estos cuatro personajes, Quisque, Justa, Lucía y Luciana; lo que se ofrece es una sugestiva visión (es bien acentuado el lado visual del poema) de sus cuerpos sin vida, cuerpos deformes que ya no pueden ser vestidos, cuerpos que cuelgan en el vacío como residuos, convertidos en tales por voluntad propia, meciéndose a la intemperie, en medio de un paisaje silencioso y árido. Estas mujeres no son ya más *las solas*, como podían haberse llamado en el poema de Gabriela, sino "las brutas" (¿radicalidad en el método de remediar la desdicha?), aunque, también, "las sabias" (¿radicalidad en el método de remediar la desdicha?).

Hay un motivo más, de tipo intertextual, para concebir este poema como reescritura del de Mistral, y es precisamente la cuestión del nombre propio. Dos de las mujeres de esta nueva historia se llaman Lucía y Luciana y, ¿no parecen estos nombres un pequeño o gran homenaje intertextual?; no habría aquí una, sino dos variaciones del nombre de Lucila, ese que Gabriela introduce en su poema y que apunta directamente a la autora y a su nombre verdadero, Lucila Godoy.

Pero podemos ir aún más lejos. Tendríamos que señalar que tal como Gabriela Mistral emplea su propio nombre (Lucila) en su poema para crear un personaje femenino que es una especie de doble de la autora, también Reina María ha utilizado en diversas ocasiones en su obra y específicamente en este libro ("Una cara de Reina?, -dices") las resonancias significantes de su propio nombre. Así, considerar que el de Gabriela funciona como modelo o hipotexto en este poema sugiere, de manera oblicua, la presencia de la propia autora, al leer, en la maraña del tejido y de los significantes, no solamente "Todas íbamos a ser reinas" sino, también: "Todas íbamos a ser Reinas"[5]; es decir, sería factible leer que "Las brutas" (pero también las sabias) son esas mujeres que saben, con Barthes y con Virginia Woolf, no solo que no es posible ser reinas, sino que ni siquiera es posible ser "Reina"; es decir, ser quien se es; porque no se trata solo del deshacerse, de la tachadura del sujeto femenino en su dimensión plural, sino también en su dimensión de sujeto femenino (y de sujeto sin más) individual. Toda una "poética de la carencia", para decirlo con las palabras de María Ángeles Pérez López.

Pero en el poema no hallamos exclusivamente la presencia del tejido a través de la maraña significante, sino que este aparece además como materia o sustancia, mediante la presencia de ese cordel, ese hilo que atraviesa a las mujeres y al poema; cordel que hace surgir la tela en su expresión mínima: mínimo trozo, mínimo fragmento de tejido; cordel-límite, que tacha la ilusión, que tacha el relato imaginario y aún la vida; cordel que se funde con el(los) cuerpo provocando la herida, el arañazo en su magnitud más contundente y extremada: la muerte.

En el texto publicado en *La Habana Elegante*, prolongación de "Prendida con alfileres", RMR comenzaba la segunda sección con la frase con que iniciábamos este artículo, y la completaba con una definición *costurera* del artista, del escritor; definición que resume su propio hacer. De este modo, podríamos definir a la poeta como "aberrojo que cruza de un sitio a otro transportando hilos, costumbres, sentidos y hasta el mismísimo aire que propicia o contamina el espacio que le tocó vivir. Motor o pisacosturas que amortigua o acelera su visión en la tela" (Rodríguez, "Prendida").

Notas

1 Publicado en *Ínsula: revista de letras y ciencias humanas* 853–854 (2018): 48–51.
2 La escritora ha recibido también el Premio de la crítica cubana y el Premio Nacional de Literatura, el Casa de las Américas en dos ocasiones, el de la revista Plural y la Orden de Artes y Letras de Francia, con Grado de Caballero.
3 La cita corresponde a "El origen de la obra de arte" (*Arte y poesía* 76).
4 Véanse las dos entrevistas de Reina María Rodríguez recogidas en la bibliografía.

5 En *El piano*, publicado en 2016, aparece un poema titulado "Pero, ¿todas no íbamos a ser reinas?", que comienza: "No soy una 'reina de lujo'. / Soy una reina pobre, sin belleza..." (115).

Bibliografía citada

Barthes, Roland. "El placer del texto". *El placer del texto seguido por Lección inaugural*. Madrid: Siglo XXI, 1993. 7–107.

Ette, Ottmar. "Mobbile mapping". *Nuevos Hispanismos. Para una crítica del lenguaje dominante*. Julio Ortega, ed. Madrid: Iberoamericana-Vervuet, 2012. 15–34.

Heidegger, Martín. *Arte y poesía*. Samuel Ramos, sel. y prólogo. Buenos Aires: Fondo de Cultura Económica, 1988.

Mistral, Gabriela. *Tala*. Buenos Aires: Losada, 1990.

Pérez López, María Ángeles. "Poéticas de la carencia. La poesía reciente de Reina María Rodríguez". Prólogo a *El libro de las clientas seguido de Catch and release*. Madrid: Amargord, 2016. 9–16.

Quevedo Rojas, Aleida. "'Si yo he tenido una religión ha sido la literatura'. Entrevista a Reina María Rodríguez". *Vallejo and Company*, 2017, 30 de marzo. http://www.vallejoandcompany.com/si-yo-he-tenido-una-religion-ha-sido-la-literatura-entrevista-a-reina-maria-rodriguez/

Ramos, Julio; Morán, Francisco; Rodríguez, Néstor. "'Como de camino hacia un parque. Conversando con Reina María Rodríguez". *La Habana Elegante* 48 (2010). http://www.habanaelegante.com/Fall_Winter_2010/Entrevista_Rodriguez.html

Rodríguez, Reina María. *El libro de las clientas*. La Habana: Letras Cubanas, 2005.

———. "Prendida con alfileres". *Poetas cubanas: lecturas desde el siglo XXI*. Milena Rodríguez Gutiérrez, ed. *La Habana Elegante* 53 (2013): s/p. http://www.habanaelegante.com/Spring_Summer_2013/Azotea_Rodriguez.html

———. "*Cortar una seda*. Palabras de Reina María Rodríguez, ganadora del Premio Iberoamericano de Poesía". *Plan Nacional de la Lectura*. Gobierno de Chile: Consejo Nacional de la Cultura y las Artes, 2014. http://plandelectura.gob.cl/wp-content/uploads/2014/08/Discurso-Reina.pdf

———. *El piano*. Leiden: Bokeh, 2016.

Woolf, Virginia. *Cuentos completos*. Buenos Aires: Godot, 2015.

Poéticas del bolso: reflexiones metapoéticas en Carilda Oliver, Fina García Marruz, Reina María Rodríguez y Damaris Calderón[1]

En su ensayo "El poema que no está", el uruguayo Eduardo Milán argumenta, desde la perspectiva del poeta, la necesidad de la metapoesía. Dice Milán citando a Pessoa-Caeiro: "O vento só fala do vento'" (Milán, "El poema" 93), y se pregunta: "Si el viento sólo habla del viento, ¿por qué un poema debe hablar de otra cosa?" (93). Pero expone también las reticencias que, desde su punto de vista, despierta la metapoesía:

> Se soporta poco el poema que habla del poema, la poesía que habla de la poesía. La poesía todavía debe ser conductora de algo, servir al tema, situarse por debajo de lo que el lenguaje del poema dice. Cuando no es así, a eso que es de veras se le llama metapoesía. O sea: lo que habla de sí mismo está más allá de sí mismo. El metaviento, por ejemplo. El poema fue hecho para hablar de las cosas humanas. 'Acostúmbrense a cantar / en cosas de jundamento', dice Martín Fierro. 'Cosas de jundamento' son las cosas humanas. El poema como materialidad sigue siendo para el lector medio 'fingimiento de cosas bellas / cubiertas y veladas / de muy fermosa cobertura', dice el Marqués de Santillana y repite dos veces la noción de cubrir. (Milán, "El poema" 93).

Y aún dirá Milán más adelante:

Poesía es lo que cubre la verdad como un velo de belleza. Y el poema en su materia no aparece en ese trato. Sigue sumergido debajo como lo que posibilita que aquello de arriba pueda ser dicho. Que el poema no aparezca es un pacto de seriedad con el oficio y un homenaje a la humanidad del lector. Es también un odio a la materialidad de la cosa. La cosa seria es la que no muestra su materia. (94)

Laura Scarano, una de las estudiosas de este "fenómeno autorreflexivo del discurso" (Scarano, "Escribo" 133), recuerda diversas definiciones del mismo; entre las que cita, puede tomarse la de Federico Peltzer: "el lenguaje del poema es, a la vez, un lenguaje sobre el lenguaje de la poesía y sobre lo concerniente a esta. ¿Qué hace el poeta en tal caso? Enuncia un programa estético, propone y realiza la creación mediante el poema mismo" (Peltzer, cit. en Scarano, "Escribo" 136)[2].

Alex Morillo, siguiendo a Hugo Friedrich en su célebre ensayo, *Estructura de la lírica moderna*, ofrece también una definición de metapoesía cuando escribe:

> [. . .] lo que encontramos en un texto metapoético es una inteligencia que forja una ficción muy particular desde una concientización que la induce a su desdoblamiento y a su extralimitación en pos de un conocimiento inédito sobre sí misma. Por esta razón, dicha ficción se empeña en desentrañar la relación entre la materialidad creada —la palabra como el punto de fijación pero también de fuga de la significación— y la materialidad que crea —una inteligencia en acto que arma y desarma imágenes y formas para hallar nuevas maneras de experimentar y pensar la poesía (Morillo, *La reinvención* 23)

El metapoema, como dice Milán, muestra su materia, habla, sin duda, como el viento, de sí mismo, y es un poema con una sobreabundancia de poesía. Pero, a pesar de la afirmación de Milán, no siempre el poema metapoético deja de hablar de otras cosas, deja de hablar de "cosas humanas". Al menos, eso es lo que pretendo mostrar en este capítulo, que trata, de manera específica, de cierta poesía, de ciertos poemas metapoéticos escritos por mujeres. Los poemas a los que voy a referirme tienen una característica peculiar: son poemas *metapoéticos* pero, al mismo tiempo, no lo son; es decir, no son estrictamente o, más bien, no son exclusivamente, poemas *sobre* la poesía (ninguno se titula, por ejemplo, "Arte poética"); son, diríamos, sobre todo, poemas *con* la poesía. Porque en ellos más que hablar de la poesía (aunque se hable de ella) se habla *con* ella, o, quizás mejor, desde ella, y, también, en estos textos, esa materialidad poética a la que alude Milán, no aparece *en bruto*, por así decirlo. Pero no exactamente porque se pretenda recubrirla de humanidad, o se quiera hablar de "cosas de fundamento", sino porque esa materialidad no se concibe como algo abstracto, sino que se piensa *ya* mezclada con otros elementos; una materialidad, podríamos decir, *impura*.

Para estos poemas metapoéticos a los que aludo podría funcionar como modelo el de Alfonsina Storni titulado "Un lápiz", ese antisoneto —así los llamó Alfonsina[3]— que constituye, en mi opinión, un arte poética implícita. En ese texto, la voz poética, marcada como femenina, se refiere a ese lápiz pequeño y barato, comprado en una esquina por apenas 10 centavos; un lápiz que ella, "distraída", echa en el bolso (Storni, *Antología* 282). Un lápiz que es metonimia de la escritura y que va agitándose en su bolso y mezclándose en este con todo su contenido: "pañuelos, cartas, / resecas flores, tubos colorantes, / billetes, papeletas y turrones" (282), mientras la urbana sujeto del poema, la flâneuse, se mueve, camina por las calles de la ciudad. Un lápiz que, al final del poema, queda definido con una contundente y sugestiva metáfora que da cuenta del poder de la escritura: "[...] iba mi bolso con su bomba adentro" (282)[4].

"Un lápiz" pone así de manifiesto cierto rasgo de las metapoéticas, y poéticas, de mujeres: ese mezclar, eso que tal vez podríamos llamar, tomando como referencia este poema de Alfonsina Storni, las "poéticas del bolso". Parafraseando a Alfonsina Storni, podríamos decir de este tipo de poemas metapoéticos: "iba el poema con su poética adentro".

Cabe notar que estas que estoy denominando como "poéticas del bolso" son poéticas que parecen construirse mediante el método propuesto por María Zambrano en *Claros del bosque*, ese texto fundamental donde la filósofa española comienza la construcción de su "razón poética". En este texto, Zambrano da cuenta de la búsqueda de un método *otro*, un método opuesto al "método tradicional", ese que es "continuo" frente a una conciencia que, por el contrario, es "discontinua" (Zambrano, *Claros* 125); un método tradicional que "se refiere tan sólo al conocimiento objetivo" (125) y donde el ser queda "desamparado" (125). Frente a ese "método tradicional", Zambrano propone la utilización de un método "que se hiciese cargo de esta vida, al fin desamparada dela lógica" (125); "un método surgido de un 'Incipit Vita Nova'[5] total, que despierte y se haga cargo de todas las zonas de la vida" (125). Un método, así, discontinuo, como la propia conciencia, como el ser.

Desde esta perspectiva, en la que Storni y Zambrano se cruzan, intento explorar poemas metapoéticos de autoras cubanas. En concreto, voy a detenerme en ciertos poemas de Carilda Oliver Labra (1922–2018), Fina García Marruz (1923–2022), Reina María Rodríguez (1952) y Damaris Calderón (1967).

Los poemas a los que voy a acercarme, utilizan modos diferentes de aproximación a la escritura poética, modos diversos de pensar y reflexionar sobre la poesía y el poema; a veces son monólogos; otras, diálogos con la propia poesía; en ocasiones, construcciones aparentemente poco hilvanadas[6]. Pero, a mi juicio, en todos los casos pueden identificarse en ellos esas que estoy llamando las "poéticas del bolso" y, también el empleo, para su construcción, de un método zambraniano "discontinuo", donde caben, además de lo metapoético, "todas" o al menos muchas "zonas de la vida".

Un poema con un siglo y un país adentro: "Una mujer escribe este poema", de Carilda Oliver Labra

El poema de Carilda Oliver (1922–2018), titulado "Una mujer escribe este poema", forma parte de su libro *Desaparece el polvo* (1984). Más que un poema-bolso, este es casi un poema-país, un poema-vida, por todo lo que contiene. En este poema, donde imperan las minúsculas y la ausencia de signos de puntuación, asoman la avitaminosis, la cosmonáutica, la bayoneta, el obús, la trombosis coronaria, la bomba, los lentes de contacto, el dinero para el alquiler, la soledad, la preparación combativa, la tristeza, el crepúsculo, el derrame de sinovia, los frijoles que tardan en hervir, el divorcio, la alarma aérea, los niños que duermen en la cuna, el retrato del Che, la pólvora, el *rimmel*, el uranio, el cobalto, los sueños, la baraja . . . Todo completamente mezclado en el poema. Pero la función de estos elementos, "cosas de fundamento", sin duda, no es la de re-cubrir la verdad del poema, como diría Milán, sino que, por el contrario, su función es la de de-velarla. Porque todos estos elementos están ahí para avisarnos, para mostrarnos, la dificultad, la casi imposibilidad que supone la escritura para ese sujeto poético femenino que, a pesar de todo, se empeña, insiste en escribir. Lo declara el poema desde su comienzo: "Una mujer escribe este poema / donde puede" (Oliver, *Error*197). Y continúa:

> [. . .] a cualquier hora de un día que no importa
> en el siglo de la avitaminosis
> y la cosmonáutica
> tristeza deseo no sabe qué
> esperando la bayoneta o el obús
> una mujer escribe este poema
> (Oliver, *Error* 197)

En el texto, la dificultad, la imposibilidad frente a la escritura poética procede de diversas "zonas de la vida", que parecen superponerse para impedir a la voz poética su trabajo y la posibilidad de realizar su vocación de escritora y poeta.

Entre estas zonas destacan, sobre todo, dos. En primer lugar, la asociada a la condición femenina de quien escribe, que se muestra tanto en sus obligaciones sociales (la atención a la cocina, simbolizada a través de esos "frijoles" que "se han demorado en hervir", 198, y en la necesaria crianza de los hijos, esos "niños que duermen en la cuna", 198), como en sus características psicológicas, dadas por esos complejos y a veces contradictorios rasgos que la constituyen ("tristeza, deseo, no sabe qué", 197; "fogosa, inalterable, arrepentida", 197; "tonta como balada / neurótica", 198); y aquí vemos como la voz poética hace suyos estos rasgos culturalmente atribuidos a la mujer. En segundo lugar, estaría la zona determinada por el acontecer diario del país, donde rigen, simultáneamente, un ambiente bélico y/o militar (la bayoneta o el obús que se esperan, la bomba que podría sonar, la preparación combativa, la alarma aérea, el "no pasarán", 198) y la urgencia vital (la búsqueda del dinero, de los "quince pesos para el alquiler", 197)[7]. Ambas zonas se mezclan en el texto e imponen su marca al sujeto poético femenino, como bien se manifiesta en esos tres espléndidos versos que sintetizan, de manera literal, la carga múltiple que lleva esta mujer poeta que intenta serlo en medio de circunstancias adversas: "cargada de ultimátum / de pólvora / de rimmel" (198).

Otro rasgo, en este caso formal, que también supone la mezcla de elementos diferentes, es la presencia de distintas personas verbales en el poema. Así, aunque en el texto predomina la tercera persona, que aparece, fundamentalmente, en ese verso que se va reiterando, "una mujer escribe este poema", encontramos también la segunda ("existes soledad", 197; "te juro que mañana presentaré el divorcio", 198); o la primera del plural ("caemos por turno frente a las estrellas", 197; "bailamos", 198; "hemos ganado porque morimos muchas veces", 198); o la segunda del plural ("vean si no se han roto los lentes de contacto", 197); y aún la tercera ("no pasarán", 198).

Habría, por último, que detenerse en ese verso "Una mujer escribe este poema", que da título al poema y que se repite hasta ocho veces a lo largo del texto. Es este verso el que encarna, prácticamente en solitario, el nivel metapoético del poema, y resulta revelador en diversos sentidos. Por una parte, da cuenta de la insistencia y persistencia del sujeto poético en la escritura, a pesar de todos los obstáculos, mostrando, tal como afirma Bibiana Collado, que el yo del poema "sólo logra definirse a través de la escritura" (Collado, "Promesa" 71). Asimismo, pienso que no debemos dejar de tener en cuenta el tiempo de ese verso, que es, también, el tiempo del poema; ese "escribe", que nos ubica en el presente. Es decir, el verso, y con este el poema, va dando cuenta de la propia escritura mientras esta transcurre, mientras esta se va construyendo. En ese sentido, ese verso sería equivalente a "Una mujer está escribiendo este poema". Se trata de un verso que constituye un enunciado performativo (Derrida), ese que, como ha estudiado Alex Morillo, aparece en ciertos poemas metapoéticos; ese enunciado que, a diferencia del enunciado denotativo "supera la función fáctica y se muestra como la expresión que ejecuta una acción a través de las palabras, esto es, signa una circunstancia particular donde el decir revela un hacer que parece concretarse en ese mismo instante" (Morillo, *La reinvención* 65)[8]. En este enunciado performativo resulta también esencial el adjetivo demostrativo *este*, que indica que es "este", y no otro, el poema que escribe "una mujer"; es decir, es al mismo poema que se va haciendo, que se va construyendo a lo largo de la propia escritura, al que se va refiriendo, una y otra vez, el verso. Por otro lado, y aunque pueda parecer contradictorio, este verso termina convirtiendo, sin embargo, esas zonas *otras* de la vida en elementos involuntarios, pero necesarios, de la metapoesía, porque son esas zonas *otras* de la vida las que constituyen finalmente, y valga la aparente paradoja, el poema metapoético de la sujeto que escribe. Así, ese "no hay tiempo para la poesía" (Oliver, *Error* 198), que leemos en otro de los versos, a la vez que de-vela la existencia del no- tiempo para escribir, de-vela también lo que la poesía, la escritura, y la poeta que escribe, pueden hacer, a pesar de todo, con ese no-tiempo. Veamos el final del poema:

> [. . .] una mujer escribe este poema
> cargada de ultimátum,
> de pólvora, de rimmel
> verde contemporánea lela
> entre el uranio
> y
> el cobalto
> trébol de la esperanza
> convaleciente de amor
> tramposa hasta el éxtasis
> tonta como balada
> neurótica
> metiendo sueños en una alcancía
> ninfa del trauma
> novia de los cuchillos
> jugando a no perder la luz en el último tute
> una mujer escribe este poema
> (Oliver, *Error* 198–199)

La poesía como desciframiento y deseo por venir: Fina García Marruz y el Jardín perdido y recuperado

El poema de Fina García Marruz, "El jardín", se incluye en su libro *Visitaciones* (1970). Tal vez sea este, de los elegidos, el poema que propone, en su sentido más literal, un diálogo *con* la poesía. Aquí, la voz poética se dirige a la poesía a través de una segunda persona, de un *tú* con el que se habla a lo largo del texto. "Tantas palabras / de otros, ay, haciéndome olvidar / tanto silencio tuyo!" (García Marruz, *El instante* 228), se le dice a la poesía. Como ocurre en diversas ocasiones en sus versos, Fina parece partir aquí, y reescribir, a José Martí[9]. Pienso, por ejemplo, en el último poema, el XLVI, de los *Versos sencillos*, donde el sujeto poético dialoga con el verso, y donde este es "amigo", "amoroso compañero", "aquel que nunca me deja" (Martí, *Ismaelillo*, 211); se trata de ese poema con sugestivo final, donde el héroe y revolucionario se reivindica, sobre todas las cosas, como poeta: "¡Verso, nos hablan de un Dios / A donde van los difuntos: / Verso, o nos condenan juntos, / O nos salvamos los dos!" (211).

En sus versos, Martí asume una absoluta radicalidad poética: después de la muerte, el verso y él, él y el verso, irán juntos, del brazo; lo cual equivale a decir que Martí quiere ser pensado, y recordado, como poeta o, en caso contrario, no ser recordado. Se trata de un poema metapoético, pero también, podría decirse, *metamartiano*: Martí hablando y concibiendo al propio Martí y haciéndolo, ante todo, como poeta.

La radicalidad poética de Fina es diferente a la de Martí; es, podríamos decir, una radicalidad *otra*. Así, en su diálogo con la poesía, lo que se pretende no es reivindicar la condición de poeta de la sujeto hablante, o tal vez sí, pero esa reivindicación vendría, en todo caso, por añadidura. En concreto, su texto pone de manifiesto la elección del sujeto poético, que propone la superioridad del mundo poético, del mundo que la poesía construye (mundo por venir, mundo de una realidad *otra*), frente a la propia realidad, ese mundo ya descifrado, como sin misterio, y visto, sin embargo, o por eso mismo, como una realidad en falta. Escribe, así, Fina:

> Qué faltaba
> al mar, que hallaba siempre en mi memoria
> el mar mejor, el tuyo, poesía
> posesión y deseo y remembranza?
> (García Marruz, *El instante* 228)

"Deseo y remembranza"; dos sustantivos con los que se define la poesía: lo que se añora y lo que se sueña; es decir, lo que no es. Y merece la pena recordar ese texto fundamental de Fina, "Hablar de la poesía", una de sus *Ars poética* en prosa, que podemos ver como complemento de "El jardín". Se dice al comienzo de "Hablar de la poesía": "Lo primero fue descubrir una oquedad: algo faltaba, sencillamente" (García Marruz, "Hablar" 433). Es, así, la falta, la oquedad, la que da lugar, la que origina y propicia la poesía. Poco después aparece el mar también en ese texto, del que dice: "El mar que tenía delante de los ojos era sólo aquel mar. En el misterioso deseo, en la nostalgia imprecisa, sentía una mayor intensidad de presencia. El mar en un verso de Keats se acercaba más a aquel mar total, bramador como el deseo o la esperanza" (433). Es decir, como en el "El jardín", el mar de la poesía vuelve a ser un mar "mejor", el mar total. Más adelante, en el poema, leemos:

> ¿Qué faltaba a la tarde, a las estrellas?
> ¿Quién me quitó la sal de los maternos
> labios, que los más bellos horizontes
> me parecieron pobres, con la enorme
> limitación de ser sólo presentes,
> cortados del ayer y del mañana? (228)

La realidad parece pobre, se vuelve pobre, ante la potencialidad, ante el horizonte que ofrece el universo poético; un modo de percibir que nos recuerda a Heidegger y su afirmación sobre el arte: "[...] lo que el arte instaura nunca se compensa ni se suple con lo existente disponible" (Heidegger, "El origen" 115). Se trata, sin embargo, de un universo frágil. Un horizonte que no es visto como un amigo, como hará Martí, sino como algo lejano, oscuro, indescifrable; la poesía es, así, "casual encuentro", "palabras que no fueron palabras":

> Esa huella he buscado en ti, poesía,
> paraje oscuro con la luz al fondo,
> casual encuentro, tarde lloviznada,
> y palabras que no fueron palabras,
> sentidos que descifro todavía (229)

La poesía, así, como aquello que se sigue buscando, aquello que aún no se sabe, la oscuridad con luz: "paraje oscuro con la luz al fondo" y, también, "sentidos que descifro todavía". Y al final, aparece, en su plenitud, la mezcla que, en este caso, y como suele ocurrir a menudo en la poesía de Fina, remite al ámbito religioso y católico: la poesía, ese mundo aún por descifrar, ese mundo por-venir, es, en última instancia, el "Jardín del Padre", abandonado, que se convierte, gracias a la poesía, en paraíso recuperado; su encuentro supone, por fin, la vuelta a casa, o más bien, a "Casa". Aunque habría que recordar también que el jardín, según Foucault, es una heterotopía; uno de cuyos rasgos fundamentales es "yuxtaponer en un solo lugar real múltiples espacios, múltiples emplazamientos que son en sí mismos incompatibles" (Foucault, "De los espacios otros"). Y recuerda Foucault que el jardín, "creación asombrosa ya milenaria, tenía en Oriente significaciones muy profundas y como superpuestas", y que el jardín tradicional de los persas "era un espacio sagrado que debía reunir, en el interior de su rectángulo, cuatro partes que representaban las cuatro partes del mundo". Y termina definiendo el jardín con las siguientes palabras:

> El jardín es una alfombra donde el mundo entero realiza su perfección simbólica, y la alfombra, una especie de jardín móvil a través del espacio. El jardín es la parcela más pequeña del mundo y es por otro lado la totalidad del mundo. El jardín es, desde el fondo de la Antigüedad, una especie de heterotopía feliz y universalizante (Foucault, "De los espacios otros")

Si el poema de Carilda era un poema-país, un poema-siglo, el de Fina es un poema-jardín, que equivale a decir, si atendemos a Foucault, un poema-mundo; es decir, un espacio, el espacio casi por excelencia, de la mezcla, de la totalidad. Desde esta visión foucaultiana, este poema-jardín de Fina sería entonces, también, como un bolso, un gran bolso, que de tanto contener, contiene, nada más y nada menos, que el mundo. En esa metáfora o espacio final estaría contenido, de manera implícita, el método zambraniano discontinuo, pues en ese poema-jardín, o en ese jardín que es la poesía, deben caber, caben, sin duda, "todas" las zonas de la vida. Leamos los últimos versos del poema:

> A mi pobreza acudes. Ya me bastas.
> Y no deseo más. Miro las ramas
> semidesnudas. Imperceptibles tiemblan.
> Los troncos en la luz, el breve pájaro
> picoteando. Es el inmenso, abandonado
> jardín del Padre. Y aquí estamos,
> para no irnos, con las vestiduras
> rotas del viaje, pero, al fin, en Casa! (230)

Reina María Rodríguez: "La isla de Wight" o el desdoblamiento del yo y la *otra* que escribe

"La isla de Wight", de Reina María Rodríguez, es el tercer poema al que propongo aproximarnos. Incluido en *La foto del invernadero* (1998), se trata de un poema-monólogo, aparentemente; escrito en minúsculas, como el de Carilda, aunque con algunos signos de puntuación, puntos y seguido; un rasgo que aparece con frecuencia en la escritura de la autora[10]. Tanto el poema de Reina María como el de Calderón, revelan, a través de distintos elementos, su estatuto radicalmente contemporáneo. En "La isla de Wight", las reflexiones sobre el ser —un ser que va mostrando como discontinuo, como desamparado a lo largo del poema—, enunciadas por un sujeto marcado como femenino, se van alternando con las reflexiones en torno al poema y a la poesía. La instancia existencial y la instancia poética se hallan así dentro del poema:

> yo era como aquella chica de la isla de Wight
> -el poema no estaba terminado
> era el centro del poema lo que nunca
> estaba terminado–
> ella había buscado
> desesperadamente
> ese indicio de la arboladura.
> había buscado ...
> hasta no tener respuestas ni preguntas [. . .]
> (Rodríguez, *La foto* 12)

Como ocurre en el poema de Carilda, en este hallamos también varias personas del verbo, en concreto, la primera y la tercera del singular; el *yo* y el *ella*, pero, en este caso, se trata de un *yo* que se va desdoblando. Es decir, aparece aquí ese estatuto "doppelgänger" propio de la metapoética que, al decir de Romano Sued, "parodia, replica, discute o refirma el discurso 'principal' de los textos" ("Metapoéticas" 15).

La aparición de la tercera persona, ese *ella*, tiene así un efecto de extrañamiento en el poema: el yo se distancia de sí mismo y se mira, se autoexamina, se autoanaliza, de manera rimbaudiana, como si fuera *otro*, u *otra*. *Je est un autre*, había dicho Rimbaud; *Yo es otra*, parece decirnos aquí Reina María (¿significarán lo mismo, por cierto, el *otro* y la *otra*?). Y esa *otra* es precisamente la que sabe, la que mira y analiza al desamparado *yo* al que convierte en *ella*: "ella había buscado

/ desesperadamente / ese indicio de la arboladura. / había buscado hasta no tener respuestas ni preguntas"[11].

Al comienzo del poema, tal como se aprecia en el fragmento anterior, las reflexiones metapoéticas van surgiendo a modo de acotaciones, como en un registro paralelo al transcurrir del que parece ser el asunto principal, los asuntos del ser. La función de esas acotaciones-reflexiones es, pues, la de intentar ordenar la discontinuidad del ser. Ante la percepción de la discontinuidad del ser, de su fractura (el yo "que se agrieta") el poema se ofrece así como una posibilidad de orden, como puede verse en este otro fragmento:

> [. . .] se que esa mentira que ha buscado
> obtiene algún sentido al derretirse
> en sus ojos oscuros. ha buscado el abrupto sentido del sentir
> que la rodea.
> (un poema es lo justo, lo exacto, lo irrepetible
> dentro del caos que uno intenta ordenar y ser) [. . .] (12)

Hacia la mitad del poema, sin embargo, esos dos registros empiezan a confluir, gracias a la *otra*, que se ha ido situando, desde el comienzo, como hemos dicho, lejos, distanciada del *yo*, pero, simultáneamente, cada vez más cerca del poema y de la escritura; y es que es esa *otra*, más que el *yo*, quien parece saber de la escritura; es, incluso, esa *otra* quien parece estar escribiendo el poema; es decir, como diría Romano Sued, esa *otra* estaría "refirmando" el poema. Y cabe traer aquí las palabras de Ángel Rama sobre Rimbaud y Whitman y sus hallazgos sobre el papel del *otro* en la escritura, en la poesía:

> En el momento correspondiente a los modernizadores, se percibe la génesis espontánea de la poesía en el psiquismo bajo la mirada atenta de un yo; este, merced a un subrepticio desdoblamiento, deviene un testigo, en el mejor de los casos un colaborador experto, de una operación creadora que realiza dentro del psiquismo un extraño, un autre cuya denominación es difícil y escurridiza, porque ya puede ser un paralelo del "yo" consciente y entonces es posible de ser encajado en una dicotomía tradicional, mediante reacomodación de sus términos, designándolo con el nombre de "alma", ya puede percibirse que es el "yo" terrenal, no metafísico, que se ha enajenado en otro. (Rama, "El Martí" 212)

Y sigue diciendo Rama: "[. . .] el fenómeno es autocontemplado por el escritor, con inquietud y perplejidad, sin lograr despejar su significación pero comprobando su existencia" (212).

"La isla de Wight" es, entonces, una constatación de ese fenómeno de la escritura extrañada, enajenada, realizada por un *otro-otra*; una *otra* que, como decíamos, es la que está verdaderamente cerca del poema, es quien escribe, quien "refirma" el poema. Sin embargo, hay en este texto una inversión en los papeles, porque no es el *yo* quien contempla, extrañado, a esa *otra*; es la *otra*, insistimos, la que habla, la que contempla al *yo* como si este fuera un extraño:

[. . .] despojada del poema y de mí
va buscando con su pasión de perseguir
la dualidad. ha perdido. ha buscado.
ha contrapuesto animales antagónicos que han venido a morir
bajo mi aparente neutralidad de especie,
un gato, un pez, un pájaro . . . sólo provocaciones.
(Rodríguez, *La foto* 13)

Antes de llegar a su final, de repente, de manera inesperada, entre el *yo* y el *ella* surge la segunda persona; un *tú* fugaz; la *otra* parece de pronto acercarse, hablarle al *yo*: "-te digo que los mires- / para hallar otra cosa entre esa línea demoledora de las formas / que chocan al sentir su resonancia" (13). La *otra* le habla al *yo* y alude también a la escritura, a la necesidad de estar *en ella*. Es a partir de este momento y ya en los últimos versos en que empieza a producirse la mezcla de los dos registros, el ser y la escritura y, llamativamente, también el acercamiento, la fusión entre el yo y la *otra*. El ser y el poema se mezclan, se juntan, confluyen, al mismo tiempo en que confluyen el yo y su otra. Aunque comienzan con ese verso-estribillo, que se reitera a lo largo del texto, "yo era como aquella chica de la isla de Wight" (13), esos últimos versos parecen así ser enunciados ya no por esa *otra* sino por el *yo*, que está dispuesta al encuentro, que percibe que puede realizarse a través del poema, de la escritura, y aún de su falta, de sus tachaduras. El encuentro con el ser, el encuentro con la otredad que somos, parece decirnos Reina María, puede producirse, se produce, a través de la escritura del poema, y no solo de lo que esta consigue en un sentido positivo, sino, quizás, todavía más, de aquello que no se consigue; es decir, a través de ese resto, o residuo, que son sus tachaduras. La materialidad del poema, sus tachaduras, sus borrones, suponen así el acceso a esa "otra zona" zambraniana de la vida. Y, asimismo, el peso que aquí tiene la materialidad, el residuo, hace que en este poema se verifique la idea de Guillermo Sucre sobre la poesía contemporánea que le hace distinguir el "obrar" de la "Obra" y escribir: "Toda obra es anti-obra en la medida [. . .] en que no es, no puede ser, la Obra. El absoluto de la poesía reside en una imposibilidad que, sin embargo, se vuelve una continua posibilidad: el poema nunca está hecho sino perpetuamente haciéndose (¿y, por ello mismo deshaciéndose?)" (Sucre, *La máscara* 229). La isla de Wight es, también, un poema que exhibe "el obrar" y su distancia con la Obra; un texto que está, continuamente, haciéndose, o deshaciéndose:

> yo era como aquella chica de la isla de Wight
> había buscado en lo advenedizo
> la fuga y la permanencia de lo fijo y me hallo
> dispuesta a compartir con ella a través de las tachaduras
> si el poema había existido alguna vez materialmente
> si había sido escrito ese papel
> para conservar el lugar de una espera. (13)

Damaris Calderón: "Mis cinco malditos minutos". La vocación poética y el uppercut en el estómago

En este último apartado vamos a detenernos en la propuesta de Damaris Calderón (1969), la de su poema "Mis 5 malditos minutos", incluido en su libro *Las pulsaciones de la derrota* (2013). Este poema indaga en el sentido de la escritura, indaga en torno al por qué se escribe y en torno a lo que se está dispuesto a hacer por o con esa vocación de poeta, de artista. Como suele ocurrir en la poesía de Damaris, la ironía y la violencia son protagonistas en estos versos; también, como antes señalamos, estamos ante un poema atravesado plenamente por la contemporaneidad.

Desde su título, el poema establece una continua relación de intertextualidad con Charles Bukowski; el título y el exergo con el que el poema comienza están tomados del poema de Bukowski "La muerte se está fumando mis cigarros". El verso de Bukowski, "Mis malditos 5 minutos", va a convertirse en *leitmotiv* y en contrapunto irónico en el texto de Calderón. El poema de Bukowski es, a su modo, al modo del poeta maldito que fue, un poema metapoético, como el de Damaris. El escritor norteamericano reivindica la poesía y el sentido de la escritura: "5 malditos minutos", por los que se está dispuesto a pasar, por los que se pasa, incluso, hambre; "5 malditos minutos" que valen mucho más que el dinero o la fama; "[...] 5 malditos minutos / 5 horas, / 5 días" (Bukowski, *La muerte* 61) para poder "[...] escribir la palabra / justa" (61) y burlar, así, a la muerte. La fugacidad de la vida contrarrestada por el sentido que se le da, determinado por la escritura, por el arte, por el propio hecho de escribir.

Pero si en el poema de Bukowski el sujeto poético elige el arte, "su" arte, y junto a este el hambre, en una actitud de rebeldía, despreciando la "fábrica de producción", la "tienda de departamentos" (61), previstos como destino para el sujeto poético en la sociedad utilitarista, en el de Calderón, por el contrario, el sujeto poético, marcado como femenino ("yo misma"), sugiere haber evitado el hambre mediante la beca Guggenheim; es decir, entrando a formar parte, ella misma, del entramado utilitarista, mercantil, que gira en torno al arte. En contraste con el de Bukowski, el sujeto poético de Calderón no elige, decíamos, pasar hambre por su arte: se coloca allí, se expone en esa nueva "tienda de departamentos" del arte, a pesar, incluso, de despreciar, según dice, "a Simon y a Peggy Guggenheim" (Calderón, *Las pulsaciones* 68), convirtiéndose en parte de ese "museo de arte de mascotas" (68).

Por cierto, que la perspectiva, la mirada de este sujeto poético de Calderón sobre el museo Guggenheim recuerda a la de Baudrillard ante el Beaubourg —antecedente del Pompidou—: "hipermercado" de la cultura que muestra "la hiperrealidad de la mercancía" (Baudrillard, *Cultura* 89), donde el objeto artístico circula de manera "acelerada" (90); un museo que es "proceso de simulación ininterrumpido" (89), con la función de "producir masa" (89); un museo de "cultura fetichizada" (92)[12]. Sin embargo, en medio de esa especie de simulación, de brillo falso, la palabra poética, "su arte", se impone, se abre paso, tal como transmite, con gran intensidad, ese verso de una única palabra solitaria, ese verso con un único verbo conjugado en primera persona: "escribí" (Calderón, *Las pulsaciones* 68). Verso de una "intransitividad radical", en el sentido en que dijera Foucault (*Las palabras* 294)[13]. Un verbo que no necesita complemento directo para expresar su sentido sino que, al contrario, precisamente porque no hay un complemento directo acompañándolo expresa su significado con mayor fuerza; fuerza que se intensifica con esos blancos que siguen al verbo en la misma línea y al comienzo del verso siguiente y con el complemento circunstancial de lugar implícito; *escribí* allí, en medio de ese "museo de mascotas". Como el "escribe" de Carilda, el "escribí" de Damaris es esencial en el poema. Si en el de Carilda, el verbo *escribir* conjugado en presente y en tercera persona daba su pleno sentido al poema e incluso lo iba *haciendo*, en el de Damaris, el mismo verbo, conjugado en pasado y en primera persona, constituye también su núcleo que, en este caso, es revelación de la vocación de poeta de la sujeto del discurso; no un escribir "como" se "puede" en medio de los obstáculos, que diría Carilda, sino un "pude escribir" con autenticidad, pude *escribir* a pesar de todo, incluso allí, en medio del brillo del simulacro del arte. En este momento, la escritura, la palabra, se convierten, finalmente, en acto de rebeldía, que termina igualando a esta sujeto poético —aunque se produzca en un movimiento posterior, en un movimiento en cierto modo inverso—, con el de Bukowski. Se trata de una rebeldía *otra* que consiste no en renunciar, en principio, a la "tienda de departamentos", sino en entrar en ella, y escribir en medio de ella, en medio de ese "museo de arte de mascotas"; mientras esta escritura, a la vez, delata la máscara y denuncia, simultáneamente, lo que esta "tienda", lo que este "museo" es.

La escritura, el acto de escribir, devuelve al sujeto poético su sentido, en su significado sobreabundante, polisémico, que abarca la materia y el alimento ("el hueso / arrancado a la noche"), el "deseo" y también el propio cuerpo ("el cuerpo humeante", "un uppercut al estómago") (Calderón, *Las pulsaciones* 68).

Habría acaso que detenerse en uno de estos sentidos, el del uppercut, que es ese golpe del boxeo que se da en la pelea cuerpo a cuerpo, de abajo arriba[14]. Un verso que continúa afianzando el diálogo con Bukowski de manera metonímica, al remitir al estómago, el órgano por excelencia del hambre; en el poema de Damaris, la escritura termina repercutiendo así en el mismo órgano corporal, aunque no sea a consecuencia del hambre que el hecho de dedicarse a esta puede suponer, sino del brusco, impactante golpe en el estómago que ella misma constituye cuando es auténtica. Ese "uppercut en el estómago" es un signo de violencia, de esa violencia que suele aparecer en los poemas de Damaris Calderón; una violencia que, en este caso, trasciende la del poema de Bukowski y revela además la dimensión residual de eso *otro*, ese resto que queda en la escritura después de la palabra y que muy bien expresa Barthes: "La escritura misma [. . .] es violenta. Es justamente lo que hay de violencia en la escritura lo que la separa de la palabra, lo que revela en ella la fuerza de inscripción, la añadidura de un trazo irreversible" (Barthes, "La escritura" 193–194).

Al final del poema hace su aparición la muerte. Esa "nena", que se "fumaba" los cigarros del sujeto poético en el poema del autor de *Factotum* y se paseaba por sus versos a lo largo del texto, tiene en el poema de Calderón una presencia más discreta y abstracta, sin personificación como mujer ("Y la muerte me alcanzará de todos modos", 68), aunque no menos decisiva. De hecho, podemos decir que la muerte en el poema de Damaris revela su condición de "catástrofe", condición a la que se ha referido Francine Massiello; porque es precisamente esa catástrofe mayor que es la muerte, o la conciencia de su existencia, la que otorga su mayor sentido a la escritura y la que hace que el propio cuerpo sea una superficie privilegiada para sentir, o *escribir*, sus efectos. Como escribe Masiello: "[. . .] la literatura trabaja la coyuntura entre la vida y la muerte: en los bordes de la crisis, el cuerpo se convierte en la superficie que muestra las marcas de este 'evento'" ("Cuerpo" 264).

Junto a la muerte, están también, en el poema de Calderón, esos otros "eventos" *catastróficos* de distinto orden: el miedo, el frío, la soledad. Ellos, también, justifican la escritura. El poema termina reivindicando así la escritura y su sentido, un sentido profundo, que vuelve a colocar al sujeto poético del poema de Calderón al lado del de Bukowski, porque se escribe, según se dice al final del poema: "No para calentarse al fuego mendigo"; es decir, no para poder entrar en "tiendas de departamento", o en los "museos de arte de mascota"; no para abrigarse y estar a salvo y dejar de pasar hambre, sino, al contrario, "para arder en el pozo solo, / que asciende de lo hondo a lo hondo, sin raíz". Una defensa de la poesía y del ser-poeta por encima de todo, durante esa frágil, corta, maldita representación que es la vida. Y aquí, una vez más, la escritura remite al cuerpo, con ese verbo que lo representa, ese *arder*: la escritura, la poesía se convierten en signo de un fuego *otro*, diferente y opuesto al fuego "mendigo"; un fuego que no protege de la soledad, del miedo; un fuego que, sin embargo, se inscribe, se escribe, en el cuerpo, y lo hace, como todo fuego verdadero, arder.

Junto al poema de Carilda Oliver, es quizás este de Damaris el que mejor nos acerca la metáfora del bolso de Alfonsina; un bolso que es, también aquí, la propia vida; ese sitio donde entran, donde caen y se mezclan, el arte, el hambre, Bukowski, Simon y Peggy Guggenhaim y su museo con sus colecciones de "mascotas", la propia artista y esa beca que tuvo allí, a la que se alude sin nombrarla explícitamente; la muerte que acecha, la soledad, el miedo, el cuerpo; y allí, en medio, el lápiz, es decir, la poética, ese "escribí", la "bomba adentro", la poesía, la escritura. Un bolso construido con el método zambraniano, donde el sujeto poético queda desamparado, desprotegido ante ese fuego *otro*, antilógico, que es la escritura de la poesía, que no abriga ni protege, pero que, sin embargo, arde. Veamos, para terminar, el poema de Damaris Calderón:

> *Por mi arte pasé hambre.*
> *Pasé hambre mis cinco malditos minutos*
> Bukowski

Doblándome
(literalmente)
como el insecto que carga una hoja
el doble de su peso
despreciando a Simon y a Peggy Guggenheim
y a su colección de perros
y a su colección de cuadros
y a su museo de arte de mascotas
de la que yo misma entré a formar parte,

escribí.
        Y la palabra fue el hueso
arrancado a la noche
el cuerpo humeante el deseo
un uppercut al estómago.
Y la muerte me alcanzará de todos modos.
De verdad hace miedo y frío y soledad
y tal vez por todo eso uno escribe.
No para calentarse al fuego mendigo
sino para arder en el pozo solo,
que asciende de lo hondo a lo hondo, sin raíz.
(Calderón, *Las pulsaciones* 68–69)

Notas

1 Publicado en *Poetas hispanoamericanas contemporáneas. Poéticas y metapoéticas*, ed. de Milena Rodríguez. Berlín: De Gruyter, 2021. 90-110.
2 Otra definición es la que ofrece Leopoldo Sánchez Torre en su estudio *La poesía en el espejo del poema*: "[. . .] diremos que son metapoéticos todos aquellos textos poéticos en los que la reflexión sobre la poesía resulta ser el principio estructurador, esto es, aquellos poemas en que se tematiza la reflexión sobre la poesía" (Sánchez, *La poesía* 85).
3 En 1938 declaraba Alfonsina: "Antisonetos, me permití llamarlos en una colaboración que de otra serie del mismo talante publiqué hace poco en *La Nación* de Buenos Aires. La denominación puede discutirse; o no tomarse en cuenta." (Storni, *Urbanas* 177–178).
4 Este poema de Alfonsina Storni tiene ciertas y llamativas concomitancias con el artículo "Ruta callejera. Una aventura en Londres", de Virginia Woolf. Textos urbanos ambos, con una flâneuse como protagonista y con un lápiz como motor. "Bomba," para Alfonsina; "tesoro", "botín", para Virginia Woolf, paseante que regresa de su deambular por la ciudad mientras nos dice: "Y ahí, examinémoslo con ternura, toquémoslo con veneración, está el único botín que hemos rescatado de todos los tesoros de la ciudad: un lápiz de mina." (Woolf, "Ruta" 55).
5 María Zambrano está aludiendo al célebre breviario de Dante, *Vita Nuova*, donde aparece esta frase.
6 Merece la pena citar a Leopoldo Sánchez Torre, quien llama la atención sobre "la polisemia del prefijo griego *meta*" (Sánchez, *La poesía* 20), sobre el que escribe: "En origen, pertenecía a la categoría de los adverbios que podían funcionar también

como preposiciones, y su sentido primario es 'en medio de' que se desplazó posteriormente en varias direcciones: 'entre', 'detrás de', 'a continuación', 'por medio de', 'junto a', 'de acuerdo con', etc. La lógica ha adoptado un sentido desplazado de *meta*, que el griego expresaba con *peri*" (20).

7 El poema está fechado en 1967 y recoge la realidad cubana de la época, marcada por lo militar y lo bélico; otro elemento epocal, presente en el poema de manera simbólica a través de un retrato, es la presencia de Ernesto Che Guevara, asesinado en Bolivia ese mismo año.

8 Morillo toma como referencia el artículo de Jacques Derrida "Firma, acontecimiento, contexto" (en *Márgenes de la filosofía*, trad. de Carmen Fernández Marín. Madrid: Cátedra, 2006).

9 Sobre las cercanías e intertextualidades martianas que aparecen en la obra de Fina García Marruz, puede consultarse el excelente artículo de Luisa Campuzano "José Martí en la poesía de Fina García Marruz".

10 En *La foto del invernadero* todos los poemas utilizan este recurso: una minúscula que abre el poema, o la prosa poética —que también aparece en este libro—, una frase que se cierra con un punto y seguido, y otra que sigue a continuación y que empieza nuevamente con una minúscula. Así, por ejemplo, en el comienzo del poema "—*al menos, así lo veía a contra luz—*", donde leemos: "he prendido sobre la foto una tachuela roja. / -sobre la foto famosa y legendaria" (Rodríguez, *La foto* 17).

11 Recordemos que, como señala Ángel Rama destacando los descubrimientos de Rimbaud y de Martí en torno a la otredad subjetiva, "habría dos fuentes separadas del actuar y del conocer, un 'yo' y un 'otro'. Este último no solo sabe más sino que registra la existencia de las 'leyes' rectoras, muy por encima de lo que puede percibir la subjetividad personal, vista como reducida y escasamente poderosa" (Rama, "José Martí" 218–219).

12 La presencia metaliteraria de la beca Guggenheim en el poema y el supuesto efecto perturbador de la obtención de dicha beca en la propia escritura nos hace recordar el poema de Tamara Kamenszain titulado "La novela de la poesía", cuya tercera parte se inicia con los versos: "Cuando ganó la beca Guggenheim / para escribir *La novela luminosa* / Mario Levrero empezó escribiendo 'El diario de la beca' / para no escribir *La novela luminosa*." (Kamenszain, *La novela* 391). Cabe la posibilidad de que el poema de Calderón establezca también una relación de intertextualidad con este de Kamenszain, incluido en su *Poesía reunida*, publicada en 2012, es decir, un año antes que *Las pulsaciones de la derrota*.

13 Al hablar de la literatura del siglo XX, fundamentalmente de la segunda mitad, dice Foucault: "[. . .] la literatura se distingue cada vez más del discurso de ideas y se encierra en una intransitividad radical" (Foucault, *Las palabras* 294).

14 Yoandy Cabrera se ha referido a la escritura de Damaris Calderón con la siguiente frase: "Como en un gimnasio, las palabras desnudas entrenan sus cuerpos sudorosos y vitales". (Cabrera, "Damaris" 20).

Bibliografía citada

Barthes, Roland. "La escritura del suceso". *El susurro del lenguaje. Más allá de la palabra y de la escritura*. C. Fernández Medrano, trad. Barcelona: Paidós, 1994. 189–195.

Baudrillard, Jean. *Cultura y simulacro*. Pedro Rovira, trad. Barcelona: Kairós, 1978.

Bukowski, Charles. *La muerte se está fumando mis cigarros (últimos poemas)*. Yanko González y Pedro A. Araya, trad. y sel. Santiago de Chile: Bajo el Volcán, 1996.

Cabrera, Yoandy. "Damaris Calderón: el doloroso acto de rumiar palabras", en Calderón, Damaris. *El infierno otra vez*. La Habana: Unión, 2010. 5-21.

Calderón, Damaris. *Las pulsaciones de la derrota*. Santiago de Chile: LOM, 2013.

Campuzano, Luisa. "José Martí en la poesía de Fina García Marruz". *Casa de las Américas* 198 (1996): 96–97.

Collado, Bibiana. "Promesa de transgresión: la feminidad encarnada de Carilda Oliver Labra". *Iberoamericana* 55 (2014): 49–74.

Foucault, Michel. *Las palabras y las cosas. Una arqueología de las ciencias humanas*. Elsa Cecilia Frost, trad. Buenos Aires: Siglo XXI, 1968.

———. "De los espacios otros". Pablo Blitstein y Tadeo Lima trad. [Des espaces autres]. Conferencia dictada en el Cercle des études architecturals, 14 de marzo de 1967. *Architecture, Mouvement, Continuité* 5, octubre, 1984. http://yoochel.org/wp-content/uploads/2011/03/foucalt_de-los-espacios-otros.pdf

García Marruz, Fina. "Hablar de la poesía". *Hablar de la poesía*. La Habana: Letras Cubanas, 1986. 433–441.

———. *El instante raro. (Antología poética)*. Milena Rodríguez Gutiérrez, ed. e intr. Valencia: Pre-Textos, 2010.

Heidegger, Martin. "El origen de la obra de arte". *Arte y poesía*. Samuel Ramos, trad. y prólogo. México: Fondo de Cultura Económica, 1988. 35–123.

Kamenszain, Tamara. *La novela de la poesía. Poesía reunida*. Violeta Kesselman, ed. Enrique Foffani, prólogo. Buenos Aires: Adriana Hidalgo, 2012.

Martí, José. *Ismaelillo. Versos libres. Versos sencillos*. Ivan A. Schulman, ed. Madrid: Cátedra, 2001.

Massiello, Francine. "Cuerpo y catástrofe". *El cuerpo de la voz (poesía, ética y cultura)*. Buenos Aires: Beatriz Viterbo, 2013. 255–272.

Milán, Eduardo. "El poema que no está". *Visión de cuatro poemas y el poema que no está*. Madrid: Libros de la Resistencia, 2016. 87–106.

Morillo, Alex. *La reinvención moderna de la poesía peruana desde la conciencia metapoética*. Lima: Universidad Nacional Mayor de San Marcos, 2017 (Tesis de Máster).

Oliver Labra, Carilda. *Error de magia*. Mayra Hernández Menéndez, sel. y notas; Virgilio López Lemus, prólogo. La Habana: Letras Cubanas, 2002.

Rama, Ángel. "José Martí en el eje de la modernización poética: Whitman, Lautréamont, Rimbaud". *Martí, modernidad y latinoamericanismo*. Julio Ramos y María Fernanda Pampín, sel. María Fernanda Pampín, presentación. Caracas: Fundación Biblioteca Ayacucho, 2015. 192-232.

Rodríguez, Reina María. *La foto del invernadero*. La Habana: Casa de las Américas, 1998.

Romano Sued, Susana. "Metapoéticas". Romano Sued, Susana; Berti, Agustín y Vera, Tomás. *Exposiciones. Metapoéticas de literatura argentina: Martínez Estrada-Lamborghini-Saer-Tizón.* Córdoba [Argentina]: El Emporio, Epoké, 2011. 11–18.

Sánchez Torre, Leopoldo. *El poema en el espejo de la poesía. La práctica metapoética en la poesía española del siglo XX.* Oviedo: Departamento de Filología Española, 1993.

Scarano, Laura. "Escribo que escribo: de la metapoesía a las autopoéticas". *Tropelías. Revista de Teoría de la Literatura y Literatura Comparada* 2 (2017): 133–152.

Storni, Alfonsina. *Antología mayor.* Jesús Munárriz, sel. y ed. Jorge Rodríguez Padrón introd. Madrid: Hiperión, 1997.

———. *Urbanas y modernas. Crónicas periodísticas de Alfonsina Storni.* de Mariela Méndez, Graciela Queirolo y Alicia Salomone, coord. Berta García Faet, prólogo. Valencia: Barlin Libros, 2019.

Sucre, Guillermo. *La máscara, la transparencia.* México: Fondo de Cultura Económica, 2001 [1975].

Vattimo, Gianni. *Poesía y ontología.* Antonio Cabrera, trad. e introducción. Valencia: Universitat de Valencia, col-lecció estètica & crítica, 1993.

Woolf, Virginia. "Ruta callejera. Una aventura en Londres". *La muerte de la polilla y otros escritos.* Gloria Fortún, presentación. Luïsa Moreno Llort, trad. Madrid: Capitán Swing, 2010. 37–55.

Zambrano, María. *Claros del bosque.* Mercedes Gómez Blesa, ed. Madrid: Cátedra / Fundación María Zambrano, 2011.

ANEXO
POEMAS ANALIZADOS
EN LOS ENSAYOS

Poemas analizados en Capítulo 1

GERTRUDIS GÓMEZ DE AVELLANEDA

A UN COCUYO

Dime, luz misteriosa,
Que ante mis ojos vagas,
Y mi interés despiertas,
Y mi vigilia encantas,

¿Eres quizás del cielo
Lumbrera destronada,
Que por la tierra mísera
Peregrinando pasas?

¿Eres un genio o silfo
De nuestra virgen patria,
Que de su joven vida
Contienes la ígnea savia?

¿Eres de un ser querido
Quizás errante ánima,

Que a demandarme vienes
Recuerdos y plegarias;

O bien fulgente chispa
De las brillantes alas
Con que sostiene al triste
La célica esperanza?

No sé; más cuando luces
Hermosa a mis miradas,
De tropicales noches
En la solemne calma,

—Ya exhalación perdida
Cruces la esfera diáfana,
Ya cual la brisa juegues
Meciéndote en las cañas;

Ya cual diamante puro
Te engastes en las palmas,
Cuyo susurro imitas,
Cuyo verdor esmaltas;—

Paréceme que siento
Revelación extraña
De místicos amores
Entre tu brillo y mi alma.

Paréceme que existen
Secretas concordancias
Entre el afán que oculto
Y entre el fulgor que exhalas.

¡Oh, pues, lucero o silfo,
Ánima o genio, lanza
Más vívidos destellos
Mientras mi voz te canta!

Los sones de mi lira,
Las chispas de tu llama,

Confúndanse y circulen
Por montes y sabanas,

Y suban hasta el cielo
Del campo en la fragancia,
Allá do las estrellas
Simpáticas los llaman...

¡Allá do el trono asienta
El que comprende y tasa
De toda luz la esencia,
De todo afán la causa!

[En Gómez de Avellaneda, Gertrudis. *Obras literarias de la señora Doña Gertrudis Gómez de Avellaneda. Tomo I Poesías líricas.* Madrid: Imprenta y Estereotipia de M. Rivadeneyra, 1869. 342–344.]

Poemas analizados en Capítulo 2

CAROLINA CORONADO

YO NO PUEDO SEGUIRTE CON MI VUELO

Tú, huéspeda de villa populosa,
yo de valle pacífico vecina,
tú por allá viajera golondrina,
yo por aquí tortuga perezosa:
tú del jardín acacia deliciosa,
yo del arroyo zarza campesina,
¿qué indefinible, rara inteligencia
enlaza seres de tan varia esencia?

El entusiasmo que hacia ti me impele,
la dulce fe que hacia mi amor te guía,
disponen que en amiga compañía,
mi canto unido a tus acentos vuele;
mas yo no sé, paloma, si recele
que, al fin, he de quedar sola en la vía,
pues tal vas ascendiendo por el cielo,
que no puedo seguirte con mi vuelo.

Tú desde el centro de la regia villa
domeñas con la voz los corazones,
yo sólo alcanzo a modular canciones
en honor de la simple florecilla;
ve si el ala podrá, corta y sencilla,
de la alondra, ganar esas regiones
que traspasas, de sola una carrera,
dejando un cielo atrás la compañera.

Si mi ardoroso empeño a ti me envía,
de ti me aparta el genio que te eleva
y sola a conquistar la prez te lleva
que no osara tocar mi fantasía:
pero no temas, no, que el alma mía
de su destino a murmurar se atreva,
pues que suyo será el bello destino
de alfombrarte de flores el camino.

Mas, al fijar la perspicaz mirada
en esa sociedad, cuya existencia
ha menester de intérprete a la ciencia
para ser comprendida y revelada;
afligida sintiendo y fatigada,
acaso tu sencilla inteligencia,
rechazarás el mundo con enojos
y hacia mi valle tornarás los ojos.

¿Y qué hallarás?... La garza en la ribera
del fresno cuelga su morada umbría
y allí anhelante a sus polluelos cría
al par de la amorosa compañera.
Guardan los canes la familia entera
que a su lealtad valiente se confía,
y fiel a su república la abeja
hijos y fruto a la colmena deja.

¿Todas las madres son tan cariñosas
entre esa gente de la raza humana?
¿Custodias tiene la nación hispana
de sus honras y haciendas tan celosas?
¿Las vidas de los hombres generosas

conságranse a la patria soberana?
¿O entre brutos a súbditos y reyes
su instinto vale más que nuestras leyes?

Donde el arte no está, donde alterada
no hallamos la creación en sus hechuras,
no ha menester que tengan las criaturas
muy alta comprensión ciencia elevada;
para cantar del campo embelesada
las risueñas perfectas hermosuras,
basta de mi garganta el leve acento,
y sobra tu magnífico talento.

¿Qué bien hiciera aquí?... ¿dar a estos seres
de paz y dicha y libertad lecciones?
¿Inspirar a las tórtolas pasiones
o a las hormigas enseñar deberes?...
Ve con tan noble empresa a las mujeres
que muestran los llagados corazones,
y de ese ardiente celo el bello fruto
dale a la humanidad, por buen tributo.

Deja que mis estériles canciones
mueran sobre este arroyo cristalino,
y sigue tú, paloma, ese camino
el vuelo remontando a otras regiones;
deja entre los agrestes pabellones
de la alondra perderse el vago trino:
y allá del grande pueblo en el altura,
difundan tus arrullos su dulzura.

Déjame a mí la gloria campesina,
brille en la sociedad tu bella ciencia
que allí a gloria mayor la providencia
tu corazón y tu saber destinas:
¡palpitante lección, viva doctrina
a la ignorancia y femenil demencia!
Serás, entre su especie degradada,
tipo de la mujer regenerada.

Ermita de Bótoa, 1846

[En Coronado, Carolina. *Poesía*. Noël Valis, ed., introd. y notas. Madrid: Castalia / Instituto de la Mujer. 1991. 523–526.]

EN EL CASTILLO DE SALVATIERRA

¿Por qué vengo a estas torres olvidadas
a hollar de veinte siglos las ruinas
espantando al subir con mis pisadas
las felices palomas campesinas?

¡Oh Walia! ¿no es verdad que prisioneras
la esclava del feudal y la del moro,
pobres mujeres de remotas eras,
regaron estas torres con su lloro?

¿Que perdido tu trono por Rodrigo
y derrotado el moro por Fernando
de tan largas batallas fue testigo
la misma torre donde estoy cantando?

¿Que inmóviles aquí tantas mujeres
tanto llanto vertieron de sus ojos
como sangre vertieron esos seres
que arrastraron de Roma los despojos?

¿Y que tendiendo sus amantes brazos
al árabe y al godo que morían
y arrancando sus tocas a pedazos
en inútil dolor se consumían?

¿Y que tras tantos siglos de combate
que empedraron de fósiles la tierra
subo a la misma torre de la Sierra
aún a pedir también nuestro rescate?

¡Ay! Que desde aquellas hembras que cantaron
gimiendo, como yo, sobre esta almena,
ni un eslabón los siglos quebrantaron
a nuestra anciana y bárbara cadena.

Y ya es preciso para hacer patente
la eterna condición de nuestras vidas,

unir las quejas de la edad presente
a las de aquellas razas extinguidas.

¿Quién sabe si en la choza y el castillo,
contemplando estos bellos horizontes,
fuimos por estas sierras y estos montes,
más dichosas, en tiempo más sencillo?

¿Quién sabe si el fundar el ancho muro,
que libertad al pueblo le asegura,
no nos trajo a nosotros más clausura
quitándonos el sol y el aire puro?

Palomas que habitáis la negra torre,
yo sé que es más risueña esta morada,
y ya podéis, bajando a la esplanada,
decir al mundo que mi nombre borre.

Yo soy ave del tronco primitiva
que al pueblo se llevaron prisionera,
y que vuelvo a esconderme fugitiva
al mismo tronco de la edad primera.

No pudo el mundo sujetar mis alas,
he roto con mi pico mis prisiones
y para siempre abandoné sus salas
por vivir de la sierra en los peñones.

Yo libre y sola, cuando nadie intenta
salir de las moradas de la villa,
he subido al través de la tormenta
a este olvidado tronco de Castilla.

Yo, la gigante sierra traspasando,
lastimados mis pies de peña en peña,
vengo a juntarme al campesino bando
para vivir con vuestra libre enseña.

Comeré con vosotras las semillas,
beberé con vosotras en las fuentes,
mejor que entre las rejas amarillas
en las tablas y copas relucientes.

Iremos con el alba al alto cerro,
iremos con la siesta al hondo valle,
para que el sol al descender nos halle
cansadas de volar en nuestro encierro.

Nadie vendrá a decir qué fue de Roma,
ni llegará el guerrero a la montaña,
y las nubes que bajan a esta loma
me ocultarán también la faz de España.

Aquí no han de encontrarme los amores,
aquí no han de afligirme las mujeres,
aquí no pueden los humanos seres
deshacer de estas nubes los vapores.

Es un nido que hallé dentro una nube,
mis enemigos quedan en el llano
y miran hacia aquí... ¡miran en vano,
porque ninguno entre la niebla sube!

Yo he triunfado del mundo en que gemía,
yo he venido a la altura a vivir sola,
yo he querido ceñir digna aureola
por cima de la atmósfera sombría.

Por cima de las nubes nos hallamos,
¡libertad en el cielo proclamemos!
Las mismas nubes con los pies hollamos,
las alas en los cielos extendemos.

¡Bajen hasta el profundo mis cadenas,
circule en el espacio el genio mío,
y haga sonar mi voz con alto brío,
la libertad triunfante en mis almenas!

Mas... ¿por qué me dejáis sola en el cielo
huyendo del castillo a la techumbre?
¿por qué se agolpa aquí la muchedumbre
de pájaros errantes en el suelo?

¡Oh! ¿Qué estrépito es ese que amedrenta?...
La torre se estremece en el cimiento...

he perdido de vista el firmamento...
me envuelve en sus entrañas la tormenta.

La torre estalla desprendida al trueno...
la sierra desparece de su planta...
la torre entre las nubes se levanta
llevando el rayo en su tonante seno.

El terrible fantasma hacia mí gira...
tronando me amenaza con su boca...
con ojos de relámpago me mira...
y su luz me deslumbra y me sofoca.

El rayo está a mis pies y en mi cabeza;
ya me ciega su lumbre, ya no veo.
¡Ay! ¡sálvame, señor, porque ya creo
que le falta a mi orgullo fortaleza!

¡Bájame con tus brazos de la altura
que yo las nubes resistir no puedo!
¡Sácame de esta torre tan oscura
porque estoy aquí sola y... tengo miedo!

Castillo de Salvatierra, 1849

[En Coronado, Carolina. *Poesía*. Ibid. 352–356.]

LUISA PÉREZ DE ZAMBRANA

A GERTRUDIS GÓMEZ DE AVELLANEDA

Por fin alzaste el vuelo majestuoso
en un rapto de amor de tu alma inquieta,
y te vemos llegar cuando orgulloso
te aclama el siglo su primer poeta.

Vuelves a Cuba, en fin, que tantas veces
lloró tu ausencia con acervo duelo,
y por fin, más espléndido apareces
¡astro deslumbrador! en nuestro cielo.

Tú, cuyo nombre de inmortal memoria
Egilona y Saúl ilustre hicieron,
tú que has llenado al mundo con la gloria
que Alfonso Munio y Baltasar te dieron.

Tú, a quien arroja el orbe entusiasmado
altos laureles y coronas de oro;
porque a la escena nacional has dado
con tus excelsas obras un tesoro.

Tú, que nos has llenado grande o triste
de entusiasmo, de lágrimas de miedo,
cuando al teatro esclarecido diste
al Príncipe de Viana y Recaredo.

Tú, aquella virgen que el laúd sencillo
en Cuba preludió tímida un día,
y que tanta grandeza y tanto brillo
ha dado a la española poesía.

Tú, vuelves de la patria al caro suelo
a arrobar deliciosa nuestras almas,
tornas, ¡oh dulce ruiseñor del cielo!
a cantar a la sombra de tus palmas.

Aquí hallarás apasionada y pura
admiración profunda en tus hermanos,
y amigas que llorando de ternura
estrechen, Tula, tus queridas manos.
Hallarás corazones que te adoren
y te formen de amor dulces cadenas,
hallarás, conmovida, ojos que lloren
con tus acerbas o calladas penas.

Y hallarás de sus bosques en la falda,
agua, sombra, verdura que te encante,
en cada fresco arbusto, una guirnalda,
en cada rama un pájaro que cante.

Y en el aire verás mil avecillas
que con viva sorpresa, al conocerte,

plieguen las lindas alas, y sencillas
se paren en los árboles a verte.

Encontrarás clarísimos espejos
que ondulando, los pies quieran besarte
y árboles que al mirarte desde lejos
se inclinen con amor a saludarte.

Y radiante de orgullo y de alegría
verás el sol con fúlgida belleza,
pararse en el ardiente mediodía
para ceñir de rayos tu cabeza.

¡Oh baja, egregia y celestial cantora!
del que Europa te alzó brillante solio
que hallarás en la patria que te adora
ofrendas, pedestal y Capitolio.

[En *Poesías de Luisa Pérez de Zambrana (publicadas e inéditas)*. Habana: Imprenta El Siglo XX de la Sociedad Editorial Cuba Contemporánea, 1920. 70–72.]

CONTESTACIÓN

A mi apreciable amigo D. Manuel Borges Navarro

Y tú me dices, respetable amigo,
que me entregue al estudio noche y día,
que abra espacio a mi mente, que me eleve
en alas de la hermosa poesía
a la etérea región, que abrace avara
la escena de los tiempos, que incansable
enaltezca mi ardiente fantasía
con objetos sublimes; que depure
mi gusto, y surque los inmensos mares,
y abriendo mi alma a grandes impresiones
osada pise en extranjeros lares?

Luego, llevado de tu afecto dices
que recompensa de mi afán un día
venturosa obtendré... mas ¡ay!, amigo,
¡tú no pensaste que a tan hondo estudio
ingenio rico necesario fuera
y brillantes modelos? ¿que me falta

para poder enaltecer la mente
de esos objetos el aspecto grande
que no puedo admirar? ¿no te acordaste
al invitarme a recorrer naciones,
que en el mundo implacable y malicioso
mujer, huérfana y joven nada puedo?

  ¡Oh y si supieras cómo mi alma ardiente
de emoción palpitante se recrea
con la embriagante y seductora idea
de ver abrirse las turgentes velas,
flotar el lino, levantarse el ancla,
crujir la quilla y como el viento raudo
volar meciéndose el bajel sereno
sobre la azul inmensidad...! ¡Dios mío!
¡Qué suprema ventura! y yo no puedo
tanta dicha gozar...! oh! cuál extingue,
cuál consume mi vida ese deseo
eterno, ardiente, inextinguible...! oh cielo!
Arranca, arranca, por piedad, del alma
esa ilusión irrealizable y loca,
esa idea tenaz que me arrebata
la dulce paz que disfrutar ansío!

  Mas perdona, perdona amigo mío,
mi delirio febril; no a mí me culpes,
que esa frenética ansiedad me mata,
y sin poder sofocar, eterna
bulle en mi mente y en mi seno vive.

  Con lástima me miras... te comprendo...
Te inspiro compasión... pues bien, ¿lo sabes?
yo no puedo ser nada, soy esclava
como mujer al fin, y el cuello doblo
al yugo fuerte que nos priva injusto
de la adorable libertad que el hombre
goza feliz en su extensión entera.
¡Cuántas veces lloré con amargura
costumbre tan fatal. . .!

        Mi buen amigo,
ya sabes cuánto se me opone, y cuánto
yo lucho por vencer...! oh! no te ofendas
si a tu afectuosa invitación no cedo,

pues tú bien sabes que en el mundo injusto
mujer, huérfana y joven nada puedo.

Enero de 1855

[En Pérez de Zambrana, Luisa. *Poesías completas (1853–1918)*. Ángel Huete, ensayo preliminar, compil., orden., tabla de variantes y notas. La Habana: Imprenta P. Fernández y Cía., colección Los Zambrana, Tomo XI, 1957. 69–70.]

Poemas analizados en Capítulo 6

FINA GARCÍA MARRUZ

SONETOS A LA LLUVIA
2

Escucho esa arpa eterna que es mirar desde lejos:
la familia en la sala se ha reunido.
¿Es de ayer esa luz que da a los muebles viejos
un brillo gris, autónomo? Respiro

a Casal. Es la tarde mejor, es la nocturna tarde
que conozco tan bien, que se irá con mi vida,
es la voz que me cava la tumba merecida,
la circunstancia eterna, para que no me tarde.

Quién tañe dulcemente ese conjunto
tan lejano y tan bello, con doradas agujas.
Quién guardará la gracia marchita de su "vámonos"

y la humilde alegría de su remoto mundo.
¡Y no estar yo en la sombra que dibujas,
ceniza que te quedas donde estábamos!

[En García Marruz, Fina. *Las miradas perdidas (1944–1950)*. La Habana: Úcar García, 1951. 10.]

UNA CARA, UN RUMOR, UN FIEL INSTANTE

Una cara, un rumor, un fiel instante,
ensordecen de pronto lo que miro
y por primera vez entonces vivo
el tiempo que ha quedado ya distante.

Es como un lento y perezoso amante
que siempre llega tarde el tiempo mío,
y por lluvia o dorado y suave hastío
suma nocturnos lilas deslumbrantes.

Y me devuelve una mansión callada,
parejas de suavísimos danzantes,
los dedos artesanos del abismo.

Y me contemplo ciega y extasiada
a la mágica luz interrogante
de un sonido que es otro y que es el mismo.

[En García Marruz, Fina. *Las miradas perdidas. Ibid.* 12.]

LOS EXTRAÑOS RETRATOS

Ahora que estamos solos,
infancia mía,
hablemos,

olvidando un momento
los extraños retratos
que nos hicieron.

Hablemos de lo que tú y yo,
por no tener ya nada,
sabemos.

Que esta solitaria noche mía
no ha tenido la gracia
del comienzo,

y entré en la danza oscura de mi estirpe
como un joven tristísimo
en un lienzo.

Mi imagen sucesiva no me habita
sino como un oscuro
remordimiento,

sin poder distinguir siquiera
qué de mi pan o de mi vino
invento.

En el oscuro cuarto en que levanto
la mano con un gesto
polvoriento,

donde no puedo entrar, allí me miras
con tu traje y tu terco
fundamento,

y no sé si me llamas o qué quieres
en este mutuo, extraño
desencuentro.

Y a veces me parece que me pides
para que yo te saque
del silencio,

me buscas en los árboles de oro
y en el perdido parque
del recuerdo,

y a veces me parece que te busco,
a tu tranquila fuerza
y tu sombrero,

para que tú me enseñes el camino
de mi perdido nombre
verdadero.

> De tu estrella distante, aparecida,
> no quiero más la luz tan triste
> sino el Cuerpo.
>
> Ahonda en mí. Encuéntrame.
> Y que tu pan sea el día
> nuestro.

[En García Marruz, Fina. *Las miradas perdidas*. Ibid. 65–67.]

EL DANZÓN DE CARLOS

Palabras, no le oí ninguna, o no las recuerdo. A veces, muy de tiempo en tiempo, venía del interior y hacía una visita corta. Con su cara patibular y terrosa, sentado en el piano, a él le oí los danzones más absolutos que haya yo oído tocar a nadie. No el danzón fantasioso, el arabesco bailable, el abanico cálido. Con un acompañamiento estremecedor de la mano izquierda y con un floreo serio y golpeado, tocaba un danzón tremendo, funéreo, sin voluptuosidad o quizás, con una voluptuosidad distinta, desierta. Se había hecho veterinario primero, y médico después. Era todo lo contrario de un "amante de la música". Sin embargo, era de su tierra natal, Remedios, lo recordaría después, de donde habían salido nuestros mejores músicos. Recordé a Carlos cuando oí por primera vez:

> Mamá, la muerte me está llamando
> para llevarme al cementerio
> y como me vio tan serio
> me dijo que era jugando.

¡Apiadarse la muerte, hablarnos como madre delante del gran susto! Mamá, mamá. "Ay, Palmarito". Pero aquellos sones iban más atrás, a una tierra sin consuelo. Entonces no supe —oímos tan distraídos lo más hondo— que había visto, por raro privilegio concedido a los que poco saben— uno de los rostros más ocultos de la patria. Nunca otra vez sería dado.

[En García Marruz, Fina. *Visitaciones*. La Habana: Unión, 1970. 39.]

Poemas analizados en Capítulo 7

FINA GARCÍA MARRUZ

LAGO DE MANAGUA

Desde lo alto de la avioneta, el lago de Managua
parece una lámina arrugada de plata.
Esto, supongo, lo habrán dicho muchos,
pero junto a un espejo ¿quién teme repetir?
De cerca, el lago tiene transparencias únicas.
Casi no se precisa dónde empieza el reflejo.
Claras se ven las nubes, de azules diferentes,
surcar el agua: qué raro, las honduras del cielo, abajo.
Desde muy alto, la laguna se diría que se adensa,
que el plata se hace sólido, y se pudiera
caminar, como Jesús, sobre las aguas.
Pero nos acercamos, y los grises plata
tienen suavidades de pluma de paloma.
Parece entonces que el lago,
de pronto, va a echarse a volar.

[En García Marruz, Fina. *Obra poética*. La Habana: Letras Cubanas, 2008, T II. 18.]

Poemas analizados en Capítulo 9

MAGALI ALABAU

Uno deja las predicciones,
se va de un lugar y ya no pertenece.
Con el tiempo usas tijeras que cortan
aquella vida que saltó al otro lado.
No hay palmas ni glorietas,
no hay agentes que lleguen de repente
a amenazarnos con fusiles sin balas.
El miedo se termina en ese cruce,
con el nuevo aire y el lenguaje
de una azafata sonriente
que nos habla en otro idioma.
Entras por la calle principal, donde descubres
hormigas caminando rápidas y eficientes
como si el mundo estuviera a punto de acabarse,
ejército uniforme de urnas, de familia,
de préstamos y universidades.
Roma enardecida donde Fortuna existe.
País desordenado que respeta la miseria y la cría.
Están los altos edificios, los besos rápidos,

amores que hacen olvidar el ruido de la isla.
Ese corazón tan aplastado, tan sin vida,
fabrica otra esperanza, otro oído, otro rostro
y se transforma en un hospital desconocido.
Estamos condenados a quedarnos.
Las sogas ya no existen, las desató
el pavimento gris, irreparable, raro.
Ir a un bar, besar, tocar la piel,
acariciar un cuello,
sentir la espuma que te baña,
no importa de cuál orilla sea.
Un hotel lleno de luces de neón y muros plásticos
donde uno busca a alguien o algo sin saber
si ha de abrirnos las puertas,
no importa que esté enfermo,
que exista la posibilidad de asesinarnos.
El amor anónimo nos hace adictos.

[En Alabau, Magali. *Amor fatal*. Madrid: Betania, 2016. 98–99.]

Poemas analizados en Capítulo 11

CARILDA OLIVER LABRA

UNA MUJER ESCRIBE ESTE POEMA

Una mujer escribe este poema
donde puede
a cualquier hora de un día que no importa
en el siglo de la avitaminosis
y la cosmonáutica
tristeza deseo no sabe qué
esperando la bayoneta o el obús
una mujer escribe este poema
sin atributos
a desvergüenza y dentellada
fogosa inalterable arrepentida pudriéndose
caemos por turno frente a las estrellas
todos tenemos que morir
no hay nada más ilustre que la sangre
una mujer escribe este poema
qué estúpida la línea que divide sol de sombra
el crepúsculo pasa

acumulándose al final de las azoteas
supimos de pronto de una trombosis coronaria
existes soledad
sonó una bomba
vean si se han roto los lentes de contacto
una mujer escribe este poema
separa quince pesos para el alquiler
mi amigo viejo
se desprende del mediodía por la próstata
bailamos
sigue la preparación combativa
no pasarán
una mujer escribe este poema
como quien ha perdido el tiempo para siempre
creo en el corazón de Denise Darval
hemos ganado porque morimos muchas veces
parece que tengo un derrame de sinovia
no hay tiempo para la poesía
de veras que los frijoles se han demorado en hervir
te juro que mañana presentaré el divorcio
una mujer escribe este poema
cómo hay fantasmas a las siete en mi pecho
entablillé una rama a la areca que está triste
mamá tú no sabes la falta que me haces
si suena la alarma aérea
recojan a los niños que duermen en la cuna
voy a guardar este retrato del Che
como calló el canario traje un tenor a casa
una mujer escribe este poema
cargada de ultimátum
de pólvora
de rimmel
verde contemporánea lela
entre el uranio
y
el cobalto
trébol de la esperanza
convalesciente de amor
tramposa hasta el éxtasis
tonta como balada
neurótica

metiendo sueños en una alcancía
ninfa del trauma
novia de los cuchillos
jugando a no perder la luz en el último tute
una mujer escribe este poema.

1967

[En Oliver Labra, Carilda. *Error de magia*. Mayra Hernández Menéndez, sel. y notas; Virgilio López Lemus, prólogo. La Habana: Letras Cubanas, 2002. 197–199.]

FINA GARCÍA MARRUZ

EL JARDÍN

Cuántas veces, hundida la cabeza
en los signos oscuros, habrán volado
los pliegues de morado del crepúsculo,
los grandes textos de la luz! Ajena

a la pureza del no-sucedido,
hundida en las veredas intrincadas
de alguna historia no vivida, habré
cambiado por las muertas, tardes vivas

que ya no volverán. Tantas palabras
de otros, ay, haciéndome olvidar
tanto silencio tuyo! Qué mirajes
me arrastraban, vedándome el instante,

el jamás poseído? Qué faltaba
al mar, qué hallaba siempre en mi memoria
el mar mejor, el tuyo, poesía
posesión y deseo y remembranza?

Qué faltaba a la tarde, a las estrellas?
Quién me quitó la sal de los maternos
labios, que los más bellos horizontes
me parecieron pobres, con la enorme

limitación de ser sólo presentes,
cortados del ayer y del mañana?
Algunas veces, en afortunados
parajes, sorprendí una poesía

esquiva, como un pájaro que heraldo
fuera de algún gran rey. Sus brincos leves
decían: "por aquí, allá, más lejos!"
El misterioso hálito del goce

dejábanme al pasar sus vuelos breves.
A ráfagas me viene: veo una calle
umbría en cuyo fondo una explanada
abríase, y más atrás, el mar.

Un tronco enorme de raíces gruesas
al aire, oscura e hilachada gruta,
cerraba ese sendero transversal,
de sombrío agradable, con tan vívido

resplandor a lo lejos. Caminaba
entonces distraída, hacia el colegio
recienmudado, a una casual
visita, por la tarde. No recuerdo

que entonces me gustara aquel paraje
de algún modo especial. Mas con los años
me vuelve, recorriéndome, ese sitio
de encanto indefinible: se me escapa,

vuelve a hundirse, y a trechos, reaparece.
Y es como una bienaventuranza.
Olvido fechas, rostros, y el aroma
de la vida no olvido. En esa pérdida

oscura, algo me nombra, algo reencuentro
sin mengua ya: sus tiempos reunidos
imagen son del tiempo que no cambia.
Esa huella he buscado en ti, poesía,

paraje oscuro con la luz al fondo,
casual encuentro, tarde lloviznada,

y palabras que no fueron palabras,
sentidos que descifro todavía.

A mi pobreza acudes. Ya me bastas.
Y no deseo más. Miro las ramas
semidesnudas. Imperceptibles tiemblan.
Los troncos en la luz, el breve pájaro

picoteando. Es el inmenso, abandonado
jardín del Padre. Y aquí estamos,
para no irnos, con las vestiduras
rotas del viaje, pero, al fin, en Casa!

1966

[En García Marruz, Fina. *El instante raro.* Milena Rodríguez Gutiérrez, ed., sel. y prólogo. Valencia: Pre-Textos, 2010. 228–230.]

REINA MARÍA RODRÍGUEZ

LA ISLA DE WIGHT

yo era como aquella chica de la isla de Wight
-el poema no estaba terminado
era el centro del poema lo que nunca estaba terminado–
ella había buscado
desesperadamente
ese indicio de la arboladura.
había buscado...
hasta no tener respuestas ni preguntas
y ser lo mismo que cualquiera
bajo esa indiferencia de la materia
a su necesidad, el yo se agrieta.
(un yo criminal y lúdico que la abraza
a través de los pastos ocres y resecos del verano).
ella había buscado "la infinitud azul del universo en el ser".
-lo que dicen gira en torno a sus primeros años
cuando el padre murió sin haber tenido demasiado
conocimiento del poema-,
se que esa mentira que ha buscado

obtiene algún sentido al derretirse
en sus ojos oscuros. ha buscado el abrupto sentido del sentir
que la rodea.
(un poema es lo justo, lo exacto, lo irrepetible
dentro del caos que uno intenta ordenar y ser)
y lo ha ordenado para que el poema no sea necesario.
despojada del poema y de mí
va buscando con su pasión de perseguir
la dualidad. ha perdido, ha buscado.
ha contrapuesto animales antagónicos que han venido a morir
bajo mi aparente neutralidad de especie,
un gato, un pez, un pájaro... sólo provocaciones.
-te digo que los mires-
para hallar otra cosa entre esa línea demoledora de las formas
que chocan al sentir su resonancia.
-también aquí se trata del paso del tiempo,
de la travesía del mar por el poema-
a donde ellos iban, los poemas no habían llegado todavía.
yo era como aquella chica de la isla de Wight
había buscado en lo advenedizo
la fuga y la permanencia de lo fijo y me hallo
dispuesta a compartir con ella a través de las tachaduras
si el poema había existido alguna vez materialmente
si había sido escrito ese papel
para conservar el lugar de una espera.

[En Rodríguez, Reina María. *La foto del invernadero*. La Habana: Casa de las Américas, 1998. 12–13.]

Latin America
Interdisciplinary Studies

Gladys M. Varona-Lacey
General Editor

Latin America: Interdisciplinary Studies serves as a forum for scholars in the field of Latin American Studies, as well as an educational resource for anyone interested in this region of the world. Themes and topics encompass social, political, historical, and economic issues, in addition to literature, music, art, and architecture.

For additional information about this series or for the submission of manuscripts, please contact:

Dr. Gladys M. Varona-Lacey
Ithaca College
Department of Modern Languages & Literatures
Ithaca, NY 14859

To order other books in this series, please contact our Customer Service Department at:

peterlang@presswarehouse.com (within the U.S.)
orders@peterlang.com (outside the U.S.)

Or browse online by series at:

WWW.PETERLANG.COM

www.ingramcontent.com/pod-product-compliance
Lightning Source LLC
Chambersburg PA
CBHW061711300426
44115CB00014B/2648